Donau-Radweg 2

Von Passau nach Wien

Ein original *bikeline*-Radtourenbuch

Esterbauer

bikeline®-Radtourenbuch **Donau-Radweg**, Teil 2, Passau – Wien

A-3751 Rodingersdorf, Hauptstr. 31
Tel: +43/2983/28982-0,
Fax: +43/2983/28982-500
E-Mail: bikeline@esterbauer.com
www.esterbauer.com

18. aktualisierte Auflage 2004

ISBN 3-85000-024-9

Bitte geben Sie bei jeder Korrespondenz die Auflage und die ISBN an!

Danke an alle, die uns bei der Erstellung dieses Buches tatkräftig unterstützt haben, auf Seite 177.

Bildnachweis: Archiv: 34, 36, 50, 54, 56, 69, 72, 75, 78, 86, 88, 90, 96, 98, 100, 104, 106 108L, 110, 112, 114, 116, 117R, 118, 120, 140, 142R, 143, 144, 146, 149; FVV Passau: 18; Gemeindeamt Niederkappel: 32; Tierpark Altenfelden: 34L; Marktgemeindeamt Ottensheim: 48; FVZ Linz: 52, 54, 56; Stadtgemeindeamt Steyregg: 60; TV St. Florian: 63; Tourismusverband Enns: 66; FVV Mitterkirchen: 74; Gemeinde Wallsee: 76; Donaukraft: 78; Gemeinde Baumgartenberg: 79; Tourismusverband Grein (Klemens Fellner): 82, 83, 84; Marktgemeinde Leiben: 93; Niederösterreich Werbung (Simoner): 94; Marktgemeinde Aggsbach: 102L; Marktgemeinde Schönbühel-Aggsbach: 102R; Marktgemeinde Rossatz/Arnsdorf: 108; Gemeinde Furth (Gartler): 117L; Gemeinde Tulln: 128; Stadtgemeinde Korneuburg: 142L, Österreich Werbung (Pfeifer): 148

Das *bikeline*-Team: Birgit Albrecht, Beatrix Bauer, Grischa Begaß, Karin Brunner, Anita Daffert, Michaela Derferd, Roland Esterbauer, Maria Galbruner, Jutta Gröschel, Dagmar Güldenpfennig, Carmen Hager, Karl Heinzl, Veronika Loidolt, Michael Manowarda, Mirijana Nakic, Niki Nowak, J. Andrea Ott, Maria Pfaunz, Toni Pointner, Jenny Reisinger, Petra Riss, Martha Siegl, Gaby Sipöcz, Matthias Thal.

bikeline

Was ist bikeline?

Wir sind ein junges Team von aktiven RadfahrerInnen, die 1987 begonnen haben, Radkarten und Radbücher zu produzieren. Heute tun wir dies als Verlag mit großem Erfolg. Mittlerweile gibt's bikeline© und cycline© Bücher in vier Sprachen und in vielen Ländern Europas.

Um unsere Bücher immer auf dem letzten Stand zu halten, brauchen wir auch Ihre Hilfe. Schreiben Sie uns, wenn Sie Fehler oder Änderungen entdeckt haben. Oder teilen Sie uns einfach die Erfahrungen und Eindrücke von Ihrer Radtour mit.

Wir freuen uns auf Ihren Brief,

Ihre bikeline-Redaktion

Vorwort

Der Donau-Radweg zwischen Passau und Wien gilt als die bekannteste und beliebteste Radroute Europas, und das mit gutem Grund: In kaum einem anderen Abschnitt der Donau begegnen Sie einer solchen Vielfalt an Landschaften und Kulturen, einer solchen Dichte an historischen Zeugnissen. Naturstille Täler, fruchtbare Ebenen und steile Weinterrassen wechseln einander ab, schmucke Bauernhöfe behaupten sich neben prachtvollen Stiften. Die Schlögener Donauschlinge, Stift Melk, die Wachau, das sind die Aushängeschilder der rund 330 Kilometer langen Radroute.

Präzise Karten, verlässliche Streckenbeschreibungen, zahlreiche Stadt- und Ortspläne, Hinweise auf das kulturelle und touristische Angebot der Region und ein umfangreiches Übernachtungsverzeichnis – in diesem Buch finden Sie alles, was Sie zu einer Radtour entlang der Donau benötigen – außer gutem Radlwetter, das können wir Ihnen nur wünschen.

Kartenlegende *(map legend)*

Die Farbe bezeichnet die Art des Weges:
(The following colour coding is used:)

Hauptroute (main cycle route)
Radweg / autofreie Hauptroute (cycle path / main cycle route without motor traffic)
Ausflug oder Variante (excursion or alternative route)
Radweg in Planung (planned cycle path)

Strichlierte Linien zeigen den Belag an:
(The surface is indicated by broken lines:)

asphaltierte Strecke (paved road)
nicht asphaltierte Strecke (unpaved road)
schlecht befahrbare Strecke (bad surface)

Punktierte Linien weisen auf KFZ-Verkehr hin:
(Routes with vehicular traffic are indicated by dotted lines:)

Radroute auf mäßig befahrener Straße (cycle route with moderate motor traffic)
Radroute auf stark befahrener Straße (cycle route with heavy motor traffic)
Radfahrstreifen (cycle lane)
stark befahrene Straße (road with heavy motor traffic)

starke Steigung (steep gradient, uphill)
leichte bis mittlere Steigung (light gradient)
3 Entfernung in Kilometern (distance in km)
Routenverlauf (cycle route direction)

Maßstab 1 : 50.000

1 cm ≙ 500 m 1 km ≙ 2 cm

0 1 2 3 4 5 6 7 8 9 10

Schönern sehenswertes Ortsbild (picturesque town)
( ) Einrichtung im Ort vorhanden (facilities available)
Hotel, Pension; Jugendherberge (hotel, guesthouse; youth hostel)
Campingplatz; Naturlagerplatz (camping site; simple tent site)
Tourist-Information; Einkaufsmöglichkeit (tourist information; shopping facilities)
Gasthaus; Rastplatz; Kiosk (restaurant; resting place, kiosk)
Freibad; Hallenbad (outdoor swimming pool; indoor swimming pool)
sehenswerte Gebäude (buildings of interest)
Mühle andere Sehenswürdigkeit (other place of interest)
Museum; Theater; Ausgrabungen (museum; theatre; excavation)
Tierpark; Naturpark (zoo; nature reserve)
Aussichtspunkt (panoramic view)
Parkplatz; Parkhaus (parking lot; garage)
Schiffsanleger, Fähre (boat landing; ferry)
Werkstatt; Fahrradvermietung (bike workshop; bike rental)
überdachter ~; abschließbarer Abstellplatz (covered ~; lockable bike stands)

Kirche; Kapelle; Kloster (church; chapel; monastery)
Schloss, Burg; Ruine (castle; ruins)
Turm; Funkanlage (tower; TV/radio tower)
Kraftwerk; Umspannwerk (power station; transformer)
Windmühle; Windkraftanlage (windmill; windturbine)
Wegkreuz; Gipfel (wayside cross; peak)
Bergwerk (mine)
Denkmal (monument)
Sportplatz (sports field)
Flughafen (airport, airfield)
Quelle; Kläranlage (natural spring, purification plant)

Gefahrenstelle; Text beachten (dangerous section; read text carefully)
Treppen; Engstelle (stairs; narrow pass, bottleneck)
X X X Rad fahren verboten (road closed to cyclists)

In Ortsplänen: (in city maps:)

Post; Apotheke (post office; pharmacy)
F H Feuerwehr; Krankenhaus (fire-brigade; hospital)

Staatsgrenze (international border)
Grenzübergang (border checkpoint)
Landesgrenze (country border)
Wald (forest)
Felsen (rock, cliff)
Vernässung (marshy ground)
Weingarten (vineyard)
Friedhof (cemetary)
Watt (shallows)
Dünen (dunes)
Wiesen, Weiden (meadows)
Damm, Deich (embankment, dyke)
Staumauer, Buhne (dam, groyne, breakwater)
Schnellverkehrsstraße (motorway)
Hauptstraße (main road)
Nebenstraße (minor road)
Fahrweg (carriageway)
Fußweg (footpath)
Straße in Bau (road under construction)
Eisenbahn m. Bahnhof (railway with station)
Schmalspurbahn (narrow gage railway)
Tunnel; Brücke (tunnel; bridge)

Inhalt

Der Donau-Radweg

Der **Donau-Radweg** hat sich im letzten Jahrzehnt zum wichtigsten Radfernweg Europas entwickelt. Grund dafür waren in erster Linie die landschaftliche Schönheit des Donautals sowie der kulturelle und historische Reichtum, der hier anzutreffen ist. Solche Besucherströme sind aber ohne gute Infrastruktur und dazugehöriges Serviceangebot nicht möglich. Dies bedeutet, im Fall des Donau-Radweges, gut ausgebaute beschilderte Radwege und mannigfaltige Dienstleistungen, die sich an den Bedürfnissen von Radreisenden orientieren. Im Folgenden sind einige praktische Hinweise zur Handhabung des Buches und zur Erleichterung der Vorbereitungen für die Tour angeführt.

Streckencharakteristik

Länge

Die Länge des Donau-Radweges mit Start in Passau und Ziel Wien beträgt 326 Kilometer. Ausflüge und Varianten am anderen Ufer sind dabei nicht berücksichtigt.

Wegequalität & Verkehr

Die Radroute entlang der Donau ist sehr gut ausgebaut, praktisch überall gibt es asphaltierte Radwege oder verkehrsarme Straßen, meist sogar beiderseits der Donau.

Beschilderung

Die Orientierung am Donau-Radweg wird durchgehend durch spezielle Wegweiser erleichtert, was jedoch nicht ausschließt, dass hie und da ein Radschild fehlt oder verdreht wurde. Die Radwege sind in Ober- und Niederösterreich mit grünen, rechteckigen Schildern versehen. Der Donau-Radweg ist in den meisten Fällen als solcher namentlich gekennzeichnet. An diesen schließen regionale Radwanderwege an. Ausflüge und Varianten folgen zum Teil solchen Beschilderungen, im Text wird darauf ausdrücklich hingewiesen.

Tourenplanung

Die Beschreibung des insgesamt 326 Kilometer langen Donau-Radweges erfolgt in diesem Buch in der Flussrichtung, das heißt, von West nach Ost. So nutzen Sie auf diese Weise die Hauptwindrichtung und das – wenn auch geringe – Gefälle der Donau.

Der Donau-Radweg verläuft zum größten Teil auf beiden Ufern und ist ohne Unterscheidung als solcher ausgeschildert. In diesem Buch werden die Routen an beiden Ufern beschrieben. Zuerst immer die Strecke am Nordufer, also am linken Ufer und danach die Strecke am Südufer, also am rechten Ufer. Die Abschnitte sind eingeteilt in Passau-Linz, Linz-Melk und Melk-Wien.

Die Bezeichnung linkes und rechtes Ufer ist stets in Flussrichtung gemeint. Die Zählung der Flusskilometer erfolgt an der Donau – im Gegensatz zu anderen großen Flüssen – von der Mündung aufwärts. Zur leichteren Orientierung sind hinter den Ortsnamen die jeweiligen Stromkilometer (z. B. Passau ≈**km 2226** oder Wien ≈**km 1929**) und das Donauufer (**L** oder **R**) angegeben. Die Stromkilometer finden Sie auch in den Karten (1925).

Die Einteilung in sechs Abschnitte dient mehr der großräumigen Orientierung und bezieht sich nicht unbedingt auf Tagesetappen. Wenn Sie auch Museumsbesuche und Badestopps in die Reise einplanen, sollten Sie für die Tour mit mindestens einer Woche rechnen. Im Buch stehen kurze Ausflüge ins Umland zur Auswahl, wodurch sich der Donau-Radweg je nach Lust und Interesse optimal ergänzen lässt.

Sollten Sie sich einmal bezüglich Routenlänge verplant haben, so stehen Ihnen für den Notfall im ersten Abschnitt regionale **Fahrradtaxi-Unternehmen** zur Verfügung. Die Telefonnummern finden Sie jeweils beim Ort. Über weite Strecken begleiten Eisenbahnlinien die Donau, so dass Sie auch mal ein Stück auf die Bahn umsteigen können.

Infostellen

Wenn Sie weitere Informationen benötigen, wenden Sie sich an regionale Tourismusverbände:

Oberösterreich Touristik GmbH, 4040 Linz, ✆ 0732/6630240, Fax: 0732/663025, E-Mail: info@touristik.at, www.touristik.at

Tourismuswerbegemeinschaft Oberes Donautal, Engelhartszell, ✆ 07717/805511

Landesverband für Tourismus in Oberösterreich, 4020 Linz, ✆ 0732/600221242

Werbegemeinschaft Donau Oberösterreich, Hopfeng. 3, 4020 Linz, ✆ 0732/772545, Fax: 0732/7725454, E-Mail:info.donau@oberoesterreich.at, www.danube.at

Werbegemeinschaft Donauland-Strudengau, Grein, ✆ 07268/26857

Tourismusverband Tullner Donauraum, Tulln, ✆ 02272/65836

Niederösterreich Information, Heidenschuss 2, 1014 Wien, ✆ 01/536106200

Tourist Information Wien, Obere Augartenstr. 40, 1020 Wien, ✆ 01/211140

Internationale Vorwahlen:

Deutschland 0049
Österreich 0043

Anreise & Abreise

Mit der Bahn:
Informationsstellen:
Österreichische Bundesbahnen: ✆ 01/51717
Radfahrer Hotline Deutschland: ✆ 01805/151415 (ÖZ: März-Nov., Mo-Fr 8-18 Uhr, Sa 8-12 Uhr), www.bahn.de
Fahrpläne und Preise: ✆ 01815/996633,
Am Hauptbahnhof von Passau halten alle Züge, die zwischen Wien und Frankfurt verkehren, die **Anreise** zum Tourbeginn lässt sich also mit der Bahn gut bewerkstelligen. Entlang der Donau sind Schnellzugstrecken zwischen Linz und Melk, sowie zwischen Tulln und Wien vorhanden. Keine Möglichkeit zum Umstieg auf die Bahn bietet das Donautal von Passau bis Linz.

Bike and Ride

An allen wichtigen Verkehrsknotenpunkten – vor allem bei U-Bahnstationen – geben öffentliche

Radabstellanlagen für etwa 14.000 Räder Gelegenheit zum Umsteigen auf öffentliche Verkehrsmittel. Das Abstellen des Rades ist gratis, eine Sicherung zum Schutz gegen Diebstahl ist troztdem zu empfehlen.

Fahrradtransport

Fahrradmitnahme/Reisegepäck: Wenn Sie in Deutschland Ihr Fahrrad im Voraus als **Reisegepäck** zum Zielort schicken wollen, so wird dies vom Hermes Versand abgewickelt. Der Transport kostet € 23,50, für jedes weitere Fahrrad werden € 18,40 berechnet. Die Lieferzeit beträgt 2 Werktage. Zustell- und Abholzeiten sind Mo-Fr 9-17 Uhr. Das Kurier-Gepäck-Ticket kaufen Sie entweder direkt mit Ihrer Bahnkarte oder über den Hermes Versand, ✆ 01805/4884.

Sie sollten dabei jedoch Folgendes beachten: das Fahrrad wird nur direkt von Haus zu Haus zugestellt, d. h. keine Lagerung am Bahnhof. Wenn Sie einen Bahnhof als Zustelladresse angeben, müssen Sie das Fahrrad direkt in Empfang nehmen.

Weiterhin besteht für die Verschickung von Fahrrädern **Verpackungspflicht**. Verpackungen können Sie bei der Bahn AG entweder leihen oder kaufen. Nähere Informationen erhalten Sie von Montag bis Samstag unter ✆ 01805/4884.

Für den **Gepäcktransport** in **Österreich** geben Sie Ihr Fahrrad am Bahnhof direkt auf und holen es nach 24 Stunden am Zielbahnhof ab. Die Kosten betragen pro Beförderung € 6,54. Wenn Sie ein Umweltticket oder eine gültige Fahrradmitnahmekarte besitzen, dann zahlen Sie nur den halben Preis.

Im Internationalen Verkehr kostet das Versenden des Rades € 8,18 bzw. € 10,17.

Die **direkte Fahrradmitnahme** ist in Deutschland und Österreich nur in Zügen, die im Fahrplan mit dem Radsymbol 🚲 gekennzeichnet sind, möglich, und nur wenn Sie im Besitz einer Fahrradkarte sind und genügend Laderaum vorhanden ist, eine Stellplatzreservierung ist deshalb empfehlenswert. Der Preis beträgt für alle Entfernungen in Deutschland € 6,– und bis einschließlich 100 Kilometer in Zügen des Regionalverkehrs € 3,–. Die Preise für die österreichischen Fahrradkarten sind wie folgt:

Fahrrad-Tageskarte:	€ 2,90
Fahrrad-Wochenkarte:	€ 7,50
Fahrrad Monatskarte:	€ 22,50

Rad & Bahn entlang der Strecke

Rad-Tramper: Dieser spezielle Zug der ÖBB führt adaptierte Waggons mit Fahrradständern und fährt von Wien/Franz-Josefs-Bahnhof (ab 9^{20}) nach Passau (an 15^{10}) über St. Pölten, Linz und Wels (vom

29. Mai bis 19. Juni und vom 9. Sept. bis 25. Sept., nur Fr-So. Vom 24. Juni bis 4. Sept. täglich).
Es verkehrt außerdem ein Zug über Krems a. d. Donau, der einen Fahrradwaggon mitführt – Sie müssen in St. Valentin nach Passau umsteigen, während Ihr Fahrrad im Waggon lediglich umgekoppelt wird.
Vorsichtshalber sollten Sie sich einen Tag vor der Rückfahrt aus Wien um die Rückfahrt und den Rücktransport der Fahrräder kümmern. Der Rad-Tramper hält auch in **Klosterneuburg** – wer sich also lieber nicht mit dem Fahrrad in die Großstadt Wien vorwagen möchte, kann daher auch schon vor Wien Endstation machen und von hier aus mit Rad und Zug die Heimreise antreten. Nähere Informationen erhalten Sie unter der Wiener Telefonnummer ✆ 01/93000-0.

Radverleihstationen: An den unten angegebenen Bahnhöfen entlang des Donau-Radweges können Sie Fahrräder mieten.
In **Österreich** ist hierzu lediglich ein Lichtbildausweis erforderlich. Der Mietpreis beträgt pro Tag € 6,54, (bei Anreise mit der Bahn € 3,63). Für längere Touren gibt es bei der ÖBB eine günstigere „5-Tage-Pauschale". Telefonische Vorbestellung ist empfehlenswert.
In **Deutschland** sollten Sie sich immer im Voraus an der Vermietstation über Preise und Öffnungszeiten informieren. Zum Mieten eines Fahrrades benötigen Sie einen gültigen Lichtbildausweis und € 127,82 für die Kaution. Die Mietgebühren sind teilweise sehr unterschiedlich, sie betragen zwischen € 3,07 und 12,78 pro Tag.
Das geliehene Rad kann in Österreich bei jedem besetzten ÖBB-Bahnhof zurückgegeben werden. Das Rad in Passau auszuleihen und in Wien zurückzugeben ist also möglich. In Österreich besteht außerdem die Möglichkeit, für Gruppen bei rechtzeitiger Vorbestellung in jedem Bahnhof einen mobilen Fahrradverleih in Anspruch zu nehmen. Packtaschen werden nicht verliehen.

Passau, ✆ 0851/4907765 od. 66
Linz Hauptbahnhof, ✆ 0732/1700 od. 564113459
Mühlkreisbahnhof Linz-Urfahr, ✆ 0732/564115010
Mauthausen, ✆ 07238/2207
Enns, ✆ 07223/2133
Grein/Bad-Kreuzen, ✆ 07268/334
Ybbs/Donau, ✆ 07412/2600
Pöchlarn, ✆ 02757/7301-385

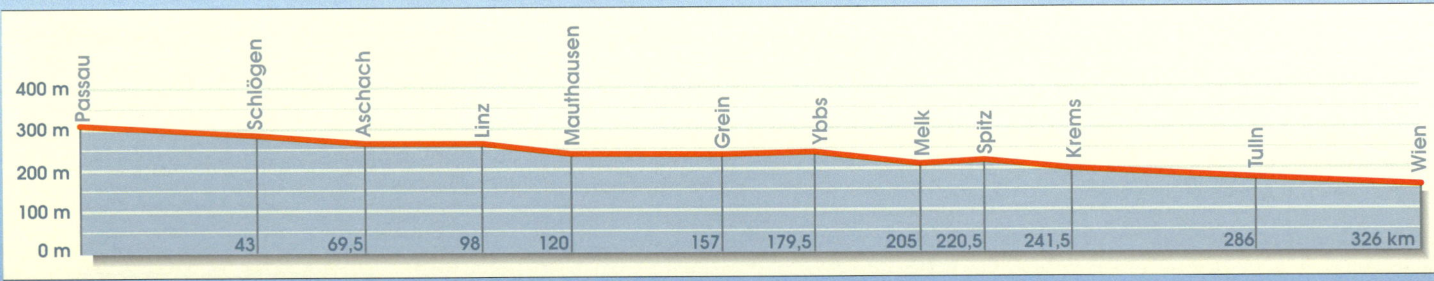

Melk, ✆ 02752/2321
Spitz ✆ 02713/2220
Krems ✆ 02732/82536-357
Stockerau ✆ 02266/62721-0
Korneuburg ✆ 02262/72467
Klosterneuburg-Weidling, ✆ 02243/2073
Wien Westbahnhof ✆ 01/5800-32985
Wien Südbahnhof ✆ 01/5800-35886

Rad & Schiff entlang der Strecke

Das Reisen mit dem Schiff stellt eine reizvolle Ergänzung zur Radtour dar. Die Strecke Passau-Engelhartszell-Brandstatt-Linz und zurück, sowie Passau-Wien wird von den Linienschiffen der Schifffahrtsgesellschaft bedient: **Wurm + Köck**, Höllg. 26, ✆ 0851/929292, Fax 35518, E-Mail: wurm-koeck@t-online.de, internet: www.donauschifffahrt.com. Fahrtzeiten: Passau-Linz-Passau, April-Okt., Mo-So; Passau-Obernzell-Passau April-Okt., Mo-So; Passau-Engelhartszell-Passau, April-Ende Okt., Mo-So.

Passau-Linz-Wien dauert je 2 Tage. Fahrtzeiten Linz-Wien-Linz (Passau-Linz siehe oben) an 9 Terminen zwischen April und Okt., jeweils Sa hin und So zurück.

Zwischen Linz und Krems verkehrt die **Donauschifffahrt Ardagger** in der Zeit von Mai-Sept., So, Di, Do ab Linz, Mo, Mi, Fr ab Krems, Auskunft: ✆ 07479/64640.

Die Strecke Krems (bzw. Dürnstein)-Wien bedient die **Blue Danube Schifffahrt GmbH** März-Okt., Sa, So, Auskunft: ✆ 01/727500.

Nähere Informationen über Donaureisen mit dem Schiff und örtliche Unternehmen finden Sie zusätzlich im jeweiligen Datenblock.

Rad & Bus entlang der Strecke

Auf folgenden Linien in der Donauregion können Sie das Fahrrad in Bundesbussen mitführen: Linie 2006 Passau-Linz, Linie 2146 Aschach-Linz, Linie 2202 Grein-Perg, Linie 2216 Grein-Amstetten.

Generell nehmen die Busse 5-7 Fahrräder mit. Bei größeren Gruppen ist eine Vorbestellung eines Radanhängers (bis 20 Fahrräder) möglich. Information: Linz, ✆ 0732/1671.

Rad & Info

Entlang des Donau-Radweges sind speziell für Radtouristen Informationsstellen eingerichtet worden. Sie geben Auskunft über das touristische Angebot und die Sehenswürdigkeiten einer Region und vermitteln auch Unterkünfte. In folgenden Orten (oft neben einem Kraftwerk) sind derzeit solche Radstationen zu finden: Passau (Hauptbahnhof), Engelhartszell (Marktgemeindeamt), Haus am Strom in

Jochenstein, Aschach, Mauthausen und Mitterkirchen.

Übernachtung

Infolge des lebhaften (Rad-)Tourismus in der Donauregion können in der Hochsaison die Gasthöfe und Hotels in manchen Abschnitten ausgebucht sein. Das gilt vor allem für das relativ dünn besiedelte Donautal zwischen Passau und Aschach. Deshalb haben sich manche Beherbergungsbetriebe abseits der Donau hier und im Nibelungengau zwischen Ybbs und Melk darauf eingestellt, Radtouristen vom Radweg abzuholen. Probleme kann es manchmal auch zwischen Tulln und Wien geben, hier sollten Sie auf jeden Fall vorreservieren.

Insgesamt empfiehlt es sich, die Unterkunft der nächsten Etappe in den Sommermonaten 1-2 Tage im Voraus telefonisch zu sichern. Auf den letzten Seiten dieses Radtourenbuches finden Sie ein umfassendes Übernachtungsverzeichnis, das Ihnen bei der Zimmersuche wertvolle Dienste leisten wird.

Reisezeit

Wegen der großen Beliebtheit des Donau-Radweges ist in der Hochsaison im Sommer mit regem Radverkehr vor allem auf der Hauptroute zu rechnen.

Das Donautal unterliegt zumeist dem Einfluss von atlantischen Großwetterlagen, das Windaufkommen kann sich durch die West-Ost-Tallage der Donau noch verstärken. Das verheißt für Sie auf der Fahrtrichtung nach Osten angenehmen Rückenwind, schließt aber gelegentlich Tage anhaltender Ostwinde nicht aus. Weiter östlich nimmt teilweise schon kontinental-pannonisches Klima Einfluss auf das Wetter, was auch stabilere Schönwetterperioden ermöglicht.

Wenn Sie in Hinblick auf zu erwartende Windverhältnisse während der Reise sicher gehen wollen, informieren Sie sich beim **Wetterdienst** der Zentralanstalt für Meteorologie in Wien (✆ 01/3656702310).

Mit Kindern unterwegs

Der Donau-Radweg zeichnet sich unter anderem dadurch aus, dass er fast zur Gänze auf asphaltierten Wegen verläuft und so gut wie keine Steigungen aufweist. Außerdem fahren Sie auf jener Strecke, die in diesem Buch für die Hauptroute ausgewählt wurde, auf Radwegen oder auf verkehrsarmen Landstraßen. Die Hauptroute ist daher für Kinder ab 8 Jahren ohne weiteres zu empfehlen, nur selten kommen Sie direkt mit Autoverkehr in Berührung und meist kann hier auf eine Alternativroute oder eventuell auch den Zug umgestiegen werden: Strudengau, zwischen Wallsee und Ardagger-Markt (Landstraße), Wachau (schmaler Zweirichtungsradweg entlang der Bundesstraße).

Grundsätzlich gilt: Überschätzen Sie die Ausdauer der Kinder nicht, planen Sie auch die Möglichkeit ein, eine Strecke einmal mit einer Zug- oder Schifffahrt zurückzulegen. Kinder bewältigen je nach Sportlichkeit durchaus Etappen zwischen 30 und 50 Kilometern. Bedenken Sie aber, dass Kinder sich nicht stundenlang auf verkehrsgerechtes Fahren konzentrieren können. Wählen Sie vorrangig Radwege und schwach befahrene Straßen. Das Kinderfahrrad sollte, um unnötige Mühsal zu ersparen, in der Qualität zumindest dem Standard Ihres eigenen Rades entsprechen.

Das Rad für die Tour

Der Donau-Radweg ist praktisch mit jedem funktionstüchtigen Fahrrad zu bewältigen, denn die Route enthält keine Steigungen und verläuft durchwegs auf gut asphaltierten Wegen. Ein Fahrrad mit Übersetzung brauchen Sie unbedingt nur bei manchen Ausflügen, die aus dem Donautal hinausführen. Den besten Reisekomfort bieten jedenfalls Tourenräder und Trekkingbikes, die auf langen, ebenen Strecken das beste Verhältnis zwischen Geschwindigkeit und Robustheit herstellen.

Radfahren in Wien

Wiener Radwege haben, wie Sie sehen werden, so ihre Eigenart, daher seien hier die wichtigsten Regeln erwähnt:

Bei Radwegende oder beim Verlassen einer sogenannten Radfahranlage (Radweg, Radstreifen, Mehrzweckstreifen, Radfahrerüberfahrt) haben Radfahrer in Österreich **Nachrang**! Auf Radfahrerüberfahrten (Blockmarkierung auf dem Boden) haben Pedalritter Vorfahrt, dürfen aber nicht schneller als 10 km/h fahren! Radfahren gegen die Einbahnstraße ist nur dann erlaubt, wenn dies ausdrücklich angegeben ist. In der Wiener Fußgängerzone herrscht für Radfahrer derzeit Fahrverbot.

Fahrradtransport in öffentlichen Verkehrsmitteln

U-Bahn: Mo-Fr 9-15 Uhr und ab 18.30 Uhr, So/Fei ganztägig. In der U6 dürfen Fahrräder nur in den Niederflurwaggons transportiert werden – Einstieg nur bei den mit einem Fahrradsymbol gekennzeichneten Türen erlaubt. Halbpreis-Fahrschein: € 0,80.

Schnellbahn: In Zügen, die in den Fahrplänen mit einem Fahrradsymbol gekennzeichnet sind, ist die Mitnahme jederzeit möglich. Fahrradtageskarte € 2,90 (mit Vorteilskarte 50% billiger).

Anreisevariante Inn

Als Alternative zum Startort Passau können Sie Ihre Radtour auch am Inn-Radweg beginnen. Dazu müssen Sie nicht die ganzen 380 Kilometer von Landeck herunterradeln, das 15 Kilometer vor der Mündung gelegene barocke Städtchen **Schärding** eignet sich auch als Anfang. Zur Streckenführung auf dem Inn-Radweg gibt es natürlich auch ein ***bikeline***-Radtourenbuch Inn-Radweg.

Sie können bei Anreise mit dem PKW Ihr Auto in Schärding stehen lassen (Hotel) – der Radtramper-Zug verkehrt täglich zwischen Wien und Schärding und es gibt einen Bus-Transfer.

Top Rad Stop! GEPRÜFT DONAU

Geprüfte Gastronomie für Radfahre

Alle Radler-Vorteile auf einen Blick:

Ihre TopRadStops …

- ☺ … geben Auskunft zur weiteren Fahrtstrecke, über Donaufähren, alternative Radrouten, Entfernungen, etc…
- ☺ … buchen Ihre nächste Übernachtung in einem TopRadStop-Betrieb, Sie dürfen die Fahrt dorthin in Ruhe genießen.
- ☺ … gewähren Kindern bis 6 Jahre Gratis-Übernachtung im Zimmer zweier Erwachsener, einzig das Frühstück ist zu bezahlen.
- ☺ … stellen gesicherte, teilweise überdachte Radabstellplätze zur Verfügung.
- ☺ … haben ein "Erste-Hilfe"-Werkzeug für Ihr Fahrrad
- ☺ … bieten Ihnen einen Trockenraum für nasse Kleidung
- ☺ … servieren Ihnen den ganzen Tag über leichte Radlfahrer-Imbisse und preisgünstige Getränke.
- ☺ … im Internet: www.tiscover.com/top-rad-stop

LOGIKA

Top-Rad-Stop Service

Wein-Schwerpunkt:
In den Top-Rad-Stops mit dem Weinsymbol werden mind. 4 österreichische Qualitätsweine offen ausgeschenkt und mind. 10 österreichische Qualitätsweine in der 0,7l Flasche angeboten.

Bei Betrieben mit dem Sonnenschirm-Symbol gibt's einen einladenden Gastgarten!

Neu ab 2004: Radtaschen Verleih
Sie möchten den Donauradweg ohne lästiges Gepäck erleben? Einfach bei den gekenntzeichneten Betrieben Radtaschen gegen eine Gebühr ausleihen und nach Ihrer Radtour zurückgeben.

Betriebe mit dem Parkplatz Symbol bieten Ihren Gästen eine kostenlose Parkmöglichkeit während Ihrer Donauradtour. (Gilt nur bei einer Nächtigung im Betrieb) P

5% Top-Rad-Stop-Bonus:
Ab der ersten Nächtigung in einem unserer Top-Rad-Stop Betriebe erhalten Sie bei Reservierung oder Weiterempfehlung (nur gültig mit Stempel und bei Barzahlung, **in den extra gekennzeichneten Betrieben**) 5% Ermäßigung auf den Nächtigungspreis.

Top-Rad-Stop Donau Oberösterreich

Werbegemeinschaft
Lindengasse 9, A-4040 Linz
☎ +43-732-7277-800
℻ +43-732-7277-804
email: info.donau@oberoesterreich.at
web: www.donauradweg.at

on Passau bis Wien 326 km

Ihre Top-Rad-Stop Betriebe

- Golf & Tagungshotel "Am Jesuitenschlößl" - Passau
  Tel.: +49-851-386401
  www.hotel-am-jesuitenschloessl.de
- Landgasthof "Zum Kirchenwirt" - Kellberg
  Tel.: +49-8501-8116
  www.kirchenwirt-kellberg.de
- Flair - Hotel Obermüller - Untergriesbach
  Tel.: +49-8593-90050
  www.flairhotel-obermueller.de
- Gästehaus "Donautal" - Vichtenstein
  Tel.: +43-7714-6310
  www.tiscover.com/donautal
- Hotel-Gasthof "Goldenes Schiff" - Engelhartszell
  Tel.: +43-7717-8009
  www.tiscover.com/zum.goldenen.schiff
- Gasthof Luger Schattental - Wesenufer
  Tel.: +43-7285-507
  www.tiscover.com/gasthof-luger
- Frühstückspension "Feiken" - Wesenufer
  Tel.: +43-7718-7506
  www.tiscover.com/feiken
- Gasthof-Pension "Schütz" - Wesenufer
  Tel.: +43-7718-7208
  www.tiscover.com/gasthof-schuetz.at
- Gasthof-Pension "Draxler" - Niederranna
  Tel.: +43-7285-511
  www.tiscover.com/draxler
- Hotel Pointner - Haibach
  Tel.: +43-7279-8226
  www.gasthof-pointner.at
- Restaurant-Pension Schlögen - Haibach
  Tel.: +43-7279-8241
  www.schloegen.at
- Hotel-Restaurant "Faust-Schlössl" - Aschach
  Tel.: +43-7233-7402
  www.faustschloessl.at
- Gasthof "Zum schwarzen Adler" - Ottensheim
  Tel.: +43-7234-82224
  www.tiscover.com/schwarzer.adler.ottensheim
- Best Western "Spitz Hotel" - Linz
  Tel.: +43-732-7364410
  www.spitz.at/hotel
- Hotel-Restaurant Weissenwolff - Steyregg
  Tel.: +43-732-640039
  www.weissenwolff.at
- Gasthof "Erzherzog Franz Ferdinand" - St. Florian
  Tel.: +43-7224-4254-0
  www.hotel-st-florian.at
- "Zum Goldenen Schiff" - Enns
  Tel.: +43-7223-86086
  www.tiscover.com/hotel.brunner
- Hotel-Restaurant Lauriacum - Enns
  Tel.: +43-7223-82332
  www.lauriacum.at
- Hotel am Limes - Enns
  Tel.: +43-7223-86401
  www.hotel-am-limes.at
- Gasthof "Zur Traube" - Mauthausen
  Tel.: +43-7238-2023-0
  www.tiscover.com/gasthof.traube
- Gasthof Jägerwirt - Au/Donau
  Tel.: +43-7262-58514
  www.tiscover.com/jaegerwirt-au
- Hotel-Restaurant - "Goldenes Kreuz" - Grein
  Tel.: +43-7268-316-0
  www.tiscover.com/goldenes.kreuz
- Hotel zur Post - St. Nikola
  Tel.: +43-7268-8140-0
  www.hotelpost.at
- Rad-Gasthof "Zur schönen Wienerin" - Marbach
  Tel.: +43-7413-7077
  www.wienerin.co.at
- Hotel Garni Weinberghof - Spitz
  Tel.: +43-2713-2939
  www.weingut-lagler.at
- "Zum Goldenen Engel" - Krems
  Tel.: +43-2732-82067
  www.tiscover.com/hotel-goldener-engel
- Hotel Appartementhaus "Andrea" - Klosterneuburg
  Tel.: +43-2243-25022
  www.hotel-andrea.net
- Frühstückspension "Alte Mühle" - Klosterneuburg
  Tel.: +43-2243-37788
  www.hotel-altemuehle.at

F07

Zu diesem Buch

Dieser Radreiseführer enthält alle Informationen, die Sie für den Radurlaub entlang der Donau benötigen: Exakte Karten und Stadtpläne, eine detaillierte Streckenbeschreibung, ein ausführliches Übernachtungsverzeichnis und die wichtigsten Informationen und Sehenswürdigkeiten.

Und das alles mit der **bikeline-Garantie**: jeder Meter in unseren Büchern ist von einem unserer Redakteure vor Ort auf seine Fahrradtauglichkeit geprüft worden!

Die Karten

Einen Überblick über die geographische Lage des Donau-Radweges gibt Ihnen die Übersichtskarte auf der vorderen inneren Umschlagsseite. Hier sind auch die Blattschnitte der einzelnen Detailkarten eingetragen. Diese Detailkarten sind im optimalen Maßstab 1 : 50.000 (2 Zentimeter = 1 Kilometer) erstellt. Zusätzlich zum genauen Routenverlauf informieren die Karten auch über die Beschaffenheit des Bodenbelages (befestigt oder unbefestigt, Steigungen (stark oder schwach), Entfernungen sowie über kulturelle und touristische Einrichtungen entlang der Strecke.

Beachten Sie, dass die empfohlene Hauptroute immer in Rot oder Violett, hingegen Varianten und Ausflüge in Orange dargestellt sind. Die genaue Bedeutung der einzelnen Symbole wird in der Legende auf Seite 4 erläutert.

Höhen- und Streckenprofil

Das Höhen- und Streckenprofil gibt Ihnen einen grafischen Überblick über die Steigungsverhältnisse, die Länge und die wichtigsten Orte entlang der Radroute. Es können in diesem Überblick nur die markantesten Höhenunterschiede dargestellt werden, jede einzelne kleinere Steigung wird in dieser grafischen Darstellung jedoch nicht berücksichtigt. Die Steigungs- und Gefälleverhältnisse entlang der Route finden Sie im Detail mit Hilfe der Steigungspfeile in den genauen Karten.

Der Text

Der Textteil besteht im Wesentlichen aus der genauen Streckenbeschreibung, die besonders in Siedlungsgebieten wichtig ist. Der Blick auf die Karte kann jedoch nicht ersetzt werden. Der fortlaufende Text beschreibt die empfohlene Hauptroute flussabwärts. Diese stichwortartigen Streckeninformationen werden, zum leichteren Auffinden, von dem Zeichen → begleitet.

Unterbrochen wird dieser Text gegebenenfalls

durch orange hinterlegte Absätze, die Varianten und Ausflüge behandeln.

Ferner sind alle wichtigen Orte zur besseren Orientierung aus dem Text hervorgehoben. Neben dem Ortsnamen im Ortsbalken befinden sich gegebenenfalls Flusskilometer oder Höhenangaben. Gibt es interessante Sehenswürdigkeiten in einem Ort, so finden Sie unter dem Ortsbalken die jeweiligen Adressen, Telefonnummern und Öffnungszeiten. In Großstädten bieten wir Ihnen allerdings nur eine Auswahl der wichtigsten Sehenswürdigkeiten an.

Die Beschreibung größerer Orte, sowie historisch, kulturell und naturkundlich interessanter Gegebenheiten entlang der Route tragen weiters zu einem abgerundeten Reiseerlebnis bei. Diese Textblöcke sind kursiv gesetzt und unterscheiden sich dadurch optisch von der Routenbeschreibung.

Zudem gibt es kurze Textabschnitte in den Farben Violett oder Orange, mit denen wir Sie auf bestimmte Gegebenheiten aufmerksam machen möchten:

Textabschnitte in Violett heben Stellen hervor, an denen Sie Entscheidungen über Ihre weitere Fahrstrecke treffen müssen; z. B. wenn die Streckenführung von der Wegweisung abweicht, oder mehrere Varianten zur Auswahl stehen u. ä.

Textabschnitte in Orange stellen Ausflugstipps dar und weisen auf interessante Sehenswürdigkeiten oder Freizeitaktivitäten etwas abseits der Route hin.

Übernachtungsverzeichnis

Auf den letzten Seiten dieses Radtourenbuches finden Sie zu fast allen Orten an der Strecke eine Auswahl von günstig gelegenen Hotels und Pensionen. Dieses Verzeichnis enthält auch Campingplätze und Jugendherbergen. Ab Seite 169 erfahren Sie Genaueres.

Von Passau nach Linz am linken Ufer

98 km

Ausgehend von der Dreiflüssestadt Passau fließt die Donau durch die dicht bewaldeten Hänge des engen Tals zwischen Bayerischem Wald und Sauwald bis zur Schlögener Donauschlinge. Hier erwartet Sie ein Naturschauspiel ganz besonderer Art: die Donau fließt quasi rückwärts, denn der harte Granit zwingt den Fluss zu einer extrem engen Schleife. Bei Aschach weitet sich das Tal und die Donau ergießt sich in das fruchtbare Land des Eferdinger Beckens. Ziel des Abschnitts ist die Stahlmetropole Linz, die aber entgegen ihrem Ruf viel Kulturelles zu bieten hat.

Zwischen Passau und Linz ist das linke Ufer fast durchgehend beschildert. Die Route verläuft zum Teil auf Radwegen, zum Teil auf Nebenstraßen. Steigungen kommen keine vor. Bei Schlägen führt die Route bis Inzell nur am rechten Ufer.

Passau

Die Radtour beginnt am **Hauptbahnhof** von Passau, hier befindet sich eine Rad-Infostelle für Passau sowie für Oberösterreich.

Vor dem Bahnhofsgebäude zunächst rechts, um dann gleich links in die **Park- oder Badhausgasse** abzubiegen ~ an der **Donaulände** rechts und nach 50 Metern bei einem Parkplatz auf den Uferweg wechseln.

Tipp: Flussaufwärts macht das auffällige Männchen des Rotel Inn auf sich aufmerksam. Wenn Sie sich für die Donaustrecke vor Passau interessieren, steht Ihnen das *bikeline*-Radtourenbuch Donau-Radweg, Teil 1: Donaueschingen-Passau zur Verfügung.

Immer am Ufer entlang auf die Innenstadt zu, die sich bald mit Souvenirläden und einladenden Straßencafés zeigt.

Tipp: Vor dem Renaissance-Rathaus zweigt dann die Route für die Stadtbesichtigung und weiter für die Südufer-Variante ab. Hier am Eck finden Wissendurstige auch die Tourist-Information.

Die Nordufervariante verläuft geradeaus bis zur nächsten Brücke, der Luitpoldbrücke, und überquert dann die Donau.

Passau (D) ≈km **2226 R**

PLZ: 94032; Vorwahl: 0851

Tourist-Information, Bahnhofstr. 36, ✆ 955980

Tourist-Information, Rathauspl. 3, ✆ 955980

Donauschifffahrt Wurm + Köck, Höllg. 26, ✆ 929292. Dreiflüsserundfahrten von März-Okt., tägl. Linienfahrten nach Engelhartszell, Schlögen und Linz von April-Okt. Fahrradmitnahme gratis.

Inn-Schifffahrt Schärding, ✆ 07712-3231, tägl. Kursfahrten am Inn vom 1. April-26. Okt. nach Wernstein-Neuburg, Ingling und Schärding.

Museum in der Veste Oberhaus, ✆ 396-312, ÖZ: Mitte März-Ende Okt., Mo-Fr 9-17, Sa, So/Fei 10-18 Uhr. Historisches Stadtmuseum mit Exponaten zur Stadtgeschichte, Böhmerwald-museum und Neue Galerie der Stadt. Aussichtsturm. Pendelbus ab Rathaus von April bis Ende Okt., 11.30-

17 Uhr alle 30 Min.

Domschatz- und Diözesanmuseum, Zugang durch den Dom, ✆ 393374, ÖZ: 2. April-31. Okt., Mo-Sa 10-16 Uhr. Geschichte des einst größten Bistums im Hl. Römischen Reich.

Römermuseum Kastell Boiotro, Innstadt, Lederg. 43, ✆ 34769, ÖZ: März-Nov., Di-So 10-12 Uhr und 14-16 Uhr, Juni-Aug., Di-So 10-12 Uhr und 13-16 Uhr. Neben freigelegten Kastellfundamenten sind archäologische Funde aus Passau und Umgebung zu sehen.

Passauer Glasmuseum, im „Wilden Mann", Rathausplatz, ✆ 35071, ÖZ: Mo-So 10-16 Uhr, Vor-/Nachsaison 13-16 Uhr. Die Sammlung dokumentiert mit 30.000 Exponaten das weltberühmte „Böhmische Glas" von Biedermeier über Jugendstil bis Art Deco.

Museum Moderne Kunst - Stiftung Wörlen, Altstadt, Bräug. 17, ÖZ: Di-So 10-18 Uhr. In einem der schönsten Altstadthäuser Passaus finden wechselnde internationale Ausstellungen mit Kunst des 20. Jhs. statt.

Dom St. Stephan. Der älteste Dom wurde 977 zerstört, 1407 erfolgte die Grundsteinlegung für einen spätgotischen Dom, der 1662 bei einem Stadtbrand zerstört wurde. Der anschließend erbaute Dom gilt als der größte sakrale Barockraum nördlich der Alpen. Besonders sehenswert die Stuckarbeiten, die Fresken, die weltgrößte Orgel und die mächtigen Marmoraltäre. Orgelkonzerte: Mai-Okt.,Mo-Sa 12-12.30 Uhr außer So/Fei.

Rathaus, Rathausplatz, ÖZ (Rathaussaal): Ostern-Okt., 10-16 Uhr. Besonders sehenswert der Große Saal (um 1405) mit Kolossalgemälden vom Historienmaler Ferdinand Wagner (19. Jh.). Glockenspiel des Rathausturmes: Mo-So 10.30, 14 und 19.25 Uhr, Sa auch 15.30 Uhr.

Neue Residenz, Residenzplatz. An der Stelle des frühmittelalterlichen Königshofes und Anfang des 18. Jhs. entsprechend dem Repräsentationsbedürfnis der Fürstbischöfe errichtet. Die schmucklose Fassade stellt einen bedeutenden Bau des Wiener Frühklassizismus in Passau dar.

Nibelungenhalle, Kleiner Exerzierplatz. Mit Baujahr 1935 ist sie traditioneller Austragungsort der „Europäischen Wochen", einer Demonstration westlich-abendländischer Kultur seit 1952 und bis zur politischen Wende gegen den Eisernen Vor-

Passau
Donau
Inn
Ilz
Veste Oberhaus
St. Bartholomäus-Kirche
St. Salvator-Kirche
Veste Niederhaus
Am Säumertor
Gampertsteig
Angerstraße
Neue Rieser Str.
Alte Rieser Str.
Rathaus (Außenstelle)
Stumbergw.
Parkstraße
Schanzlbrücke
Neue Ilzbr.
Obernzeller Straße
Kirchg.
Mittelstr.
Steig
Löwenmühlstr.
Klosterberg
Luitpoldbrücke
St. Johannes-Spitalkirche
Fritz-Schäffer-Promenade
Donaulände
Untere Donaulände
Obere Donaulände
Regensburger Str.
Badhausg.
Am Schanzl
Rindermarkt
Roßtränke
Heuwinkel
Kl. Klingerg.
Gr. Klingerg.
Bratfischwinkel
Brunngasse
Saug.
Frauen.
Wittg.
Ludwigstraße
St. Paul Pfarrkirche
Seminarkirche
Domplatz
Dom
Luragog.
Kastnerg.
Schlossersteige
Steinweg
Höllgasse
Bergg.
Pfaffeng.
Kl. Messerg.
Gr. Messerg.
Steiningerg.
Neues Rathaus
Altes Rathaus
Rathausplatz
Fischmarktg.
Römerplatz
Residenzplatz
Schustergasse
Bischöfliche Residenz
Michaelig.
Lukas-Kern-Str.
Jesuiteng.
Bräugasse
Parzg.
Hirschwirtsgaßl
Kloster Niederburg
Klosterwinkel
Jesuitenkirche
Innkai
Schaiblingsturm
Innbrückg.
Klosterg.
Europaplatz
Bahnhofstr.
Zollamt
Bahnsteg
Votivkirche
Ludwigsplatz
Zwinger
Evangelische Kirche
Roseng.
Grabeng.
Carloneg.
Theresienstraße
Bankg.
Heiliggeistgasse
Heilig-Geist-Kirche
Nikolastraße
Schiessgrabeng.
Henneng.
Oberer Sand
Innpromenade
Mariahilfstr.
Marienbrücke
Leopoldstr.
Schillerstr.
Firmianstr.
Erhardstr.
Heuwieserstr.
Nibelungenhalle
Karolinenplatz
Dr. Hans-Karpfinger-Straße
Neuburger Str.
Kleiner Exerzierplatz
Innstraße
Altkatholische Kirche
St. Nikola-Kirche
Universität
Universitätsbibliothek
Innsteg
Hollergrippew.
Franz-Stockb.-Weg
Treppe
Löwengr.
St. Gertraud-Kirche
Kirchenplatz
Lederergasse
Schmiedgasse
Kapuzinerplatz
Kapuzinerstraße
Römerstr.
Fuchsen-J.-G.
Neutorgraben
Innstadt-kellerw.
Mariahilfstiege
Mühltalstr.
Jahnstraße
Sterkweg

hang gerichtet, heute Festspielwochen in Niederbayern, Oberösterreich, Böhmen und Passau.

Stadttheater, Innbrücke. Das ehemalige fürstbischöfliche Opernhaus von 1783 ist heute der einzige erhaltene frühklassizistische Theaterbau Bayerns.

Veste Oberhaus, Georgsberg. Neben dem Dom und der Wallfahrtskirche Mariahilf eine der drei städtebaulichen Dominanten der Stadt. Die mächtige Anlage entwickelte sich von einer bischöflichen Gründung gegen die aufständische Bürgerschaft im Jahr 1219 zur Landesfestung im 19. Jh.

Veste Niederhaus, über der Ilzmündung. Dem Oberhaus vorgelagert und vermutlich im 14. Jh. errichtet. Im 17. Jh. diente sie als Gefängnis, später als Arbeitshaus, heute in Privatbesitz.

St. Severin, beim Innsteg. Die Kirche geht vermutlich auf das 5. Jh. zurück und birgt die Klosterzelle des Hl. Severin.

Kloster Niedernburg, Ortsspitze. Niedernburg zählt zu den ältesten kontinuierlich genutzten Klöstern Bayerns. In seinem Innern befindet sich das Grab der Seligen Gisela, Königin und Gemahlin des ungarischen Königs Stephan.

Wallfahrtskirche Mariahilf, Mariahilfberg. Mit dem Bau der Kirche wurde 1627 begonnen. Nach dem Sieg über die Türken 1683, Kaiser Leopold I. flüchtete während der Belagerung Wiens nach Passau, stieg das Gnadenbild zum habsburgischen „Staats-Gnadenbild" auf.

Fahrradklinik Passau, Bräug. 10, ✆ 33411

Die „Dreiflüssestadt" **Passau** *wurde schon früh als eine der schönsten Städte Deutschlands bezeichnet. Die einmalige Lage am Zusammenfluss von Donau und Inn, die von Norden noch Verstärkung durch die Ilz bekommen, schuf dafür günstige Rahmenbedingungen. Mit Kultur „gefüllt" wurde dieses Naturgeschenk dann von der ruhmreichen Geschichte der Stadt als Bistum und Herrschaftszentrum des Katholizismus. Um 460 ließ der Heilige Severin hier ein Kloster errichten, das drei Jahrhunderte später zum Bischofssitz wurde. Pilgrim von Pöchlarn, der erste große Passauer Bischof, ließ vermutlich das Nibelungenlied aufzeichnen. Er hatte auch bei der Missionierung des Donauraumes großen Erfolg, der Einfluss reichte bis nach Ungarn. Selbst der Wiener Stephansdom ist eine Passauer Gründung.*

Das Stadtbild spiegelt heute noch die große Bedeutung des Bischofssitzes wider, obwohl viele Bauten durch den verheerenden Brand von 1662 verloren gingen. Auf den gotischen Ruinen wurde eine neue Stadt im italienischen Barockstil errichtet, die mehr denn je Macht und Autorität repräsentieren.

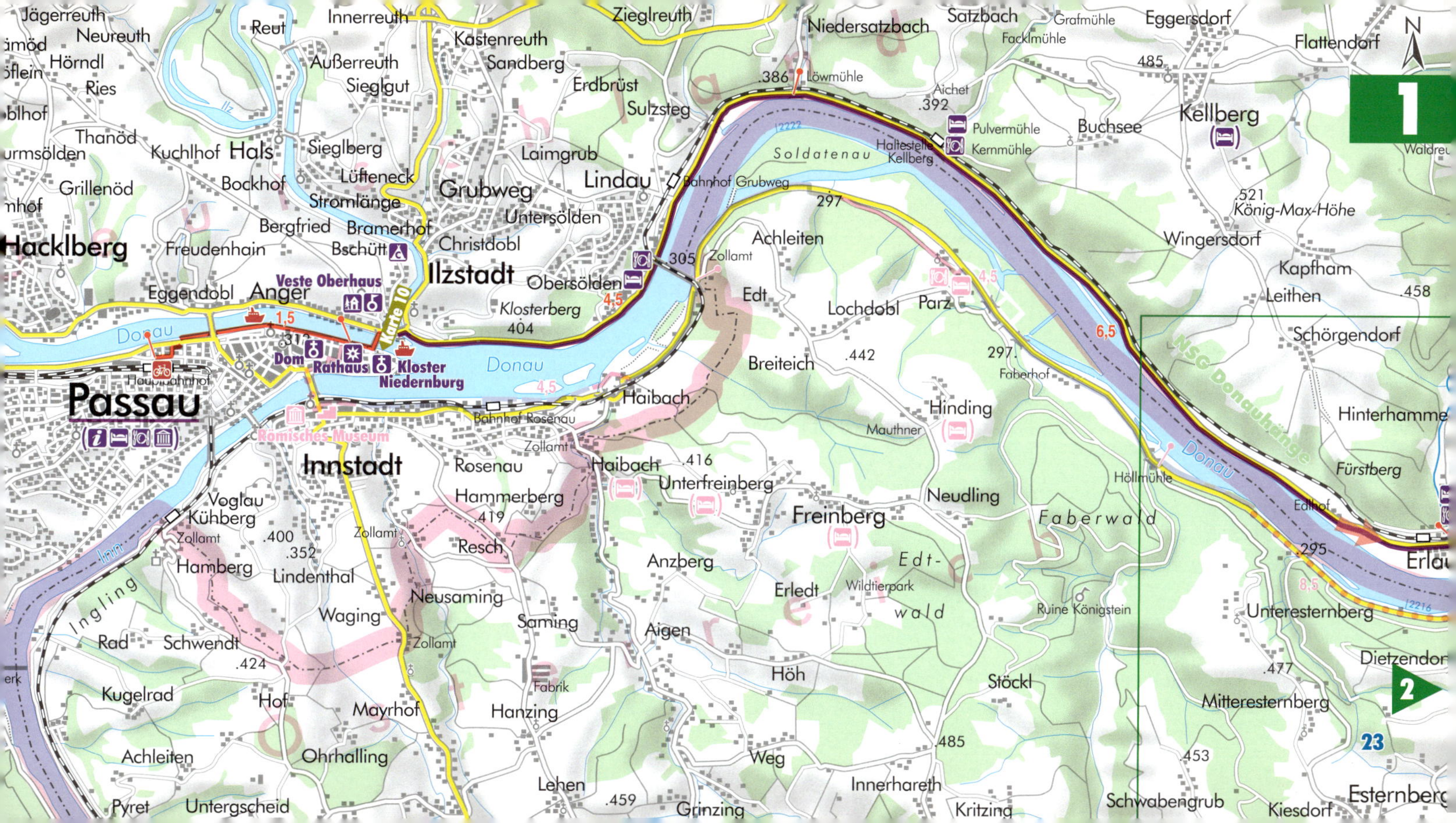
Jägerreuth
Neureuth
Reut
Innerreuth
Zieglreuth
Niedersatzbach
Satzbach
Grafmühle
Fackmühle
Eggersdorf
Flattendorf
Hörndl
Ries
Außerreuth
Kastenreuth
Sandberg
Sieglgut
Erdbrüst
Sulzsteg
Löwmühle
Aichet
Pulvermühle
Kernmühle
Buchsee
Kellberg
1
Thanöd
Kuchlhof
Hals
Sieglberg
Laimgrub
Haltestelle Kellberg
Soldatenau
Grillenöd
Bockhof
Lüfteneck
Grubweg
Lindau
Bahnhof Grubweg
König-Max-Höhe
Stromlänge
Untersölden
Hacklberg
Bergfried
Bramerhof
Freudenhain
Bschütt
Christdobl
Achleiten
Wingersdorf
Zollamt
Kapfham
Veste Oberhaus
Ilzstadt
Obersölden
Eggendobl
Anger
Klosterberg
Edt
Lochdobl
Parz
Leithen
Karte 10
Donau
Schörgendorf
Dom
Rathaus
Kloster Niedernburg
Breiteich
Faberhof
NSG Donauhänge
Hauptbahnhof
Passau
Haibach
Hinding
Hinterhamme
Römisches Museum
Bahnhof Rosenau
Mauthner
Innstadt
Rosenau
Unterfreinberg
Höllmühle
Fürstberg
Voglau
Kühberg
Hammerberg
Neudling
Edlhof
Zollamt
Resch
Freinberg
Faberwald
Inn
Hamberg
Lindenthal
Anzberg
Edt-wald
Erlau
Ingling
Neusaming
Erledt
Wildtierpark
Ruine Königstein
Unteresternberg
Waging
Saming
Aigen
Rad
Schwendt
Dietzendor
Kugelrad
Hof
Fabrik
Höh
Stöckl
Mitteresternberg
Mayrhof
Hanzing
2
Achleiten
Ohrhalling
Weg
Innerhareth
Lehen
Pyret
Untergscheid
Grinzing
Kritzing
Schwabengrub
Kiesdorf
Esternberg

Von Passau nach Engelhartszell 26,5 km

Die **Wegstrecke** am linken Ufer überquert die Donau gegenüber der Veste Oberhaus auf der **Luitpoldbrücke** ~ drüben nach rechts wenden, durch den Tunnel und über das Flüsschen Ilz.

Tipp: Zur Veste Oberhaus biegen Sie hier links ab und kehren bei der nächsten Brücke auf die andere Seite zurück, um dann halbrechts den Berg zu bezwingen.

Weiter auf dem **Donauradweg** rechts halten und auf dem Rad- und Gehweg entlang der Bundesstraße Richtung Obernzell ~ unter der **Eisenbahnbrücke** bei Lindau hindurch, an der Löwmühle und der **Kernmühle** vorbei weiter nach Erlau.

Erlau

*Das **Naturschutzgebiet Donauleiten** erstreckt sich entlang der Donau linksufrig von Passau bis zur Landesgrenze bei Jochenstein. Die sechs Landschaftsteile wie Fuchsberg, Fürstberg oder Jochenstein umfassen zusammen 405 Hektar. Die steil aufragenden Leiten (Talhänge) bilden den Südrand des Bayerischen Waldes. Die Donau hat sich hier bis zu 300 Meter in das harte Gestein des Mittelgebirges eingetieft, welches sich auf österreichischer Seite im Sauwald fortsetzt. Zum größten Teil sind die Hänge von vielgestaltigen Laub- und Mischwäldern bedeckt, nur in den steilsten Partien steht das nackte Gestein in bizarren Felsbastionen an.*

Der hohe Sonnengenuss der südseitigen Leiten sind günstige Lebensbedingungen für eine Vielzahl seltener, wärmeliebender Pflanzen- und Tierarten. Bemerkenswert ist, dass an den Donauleiten Pflanzenarten verschiedenster Gebietsherkunft zusammentreffen. Vertreter der vor- und ostal-

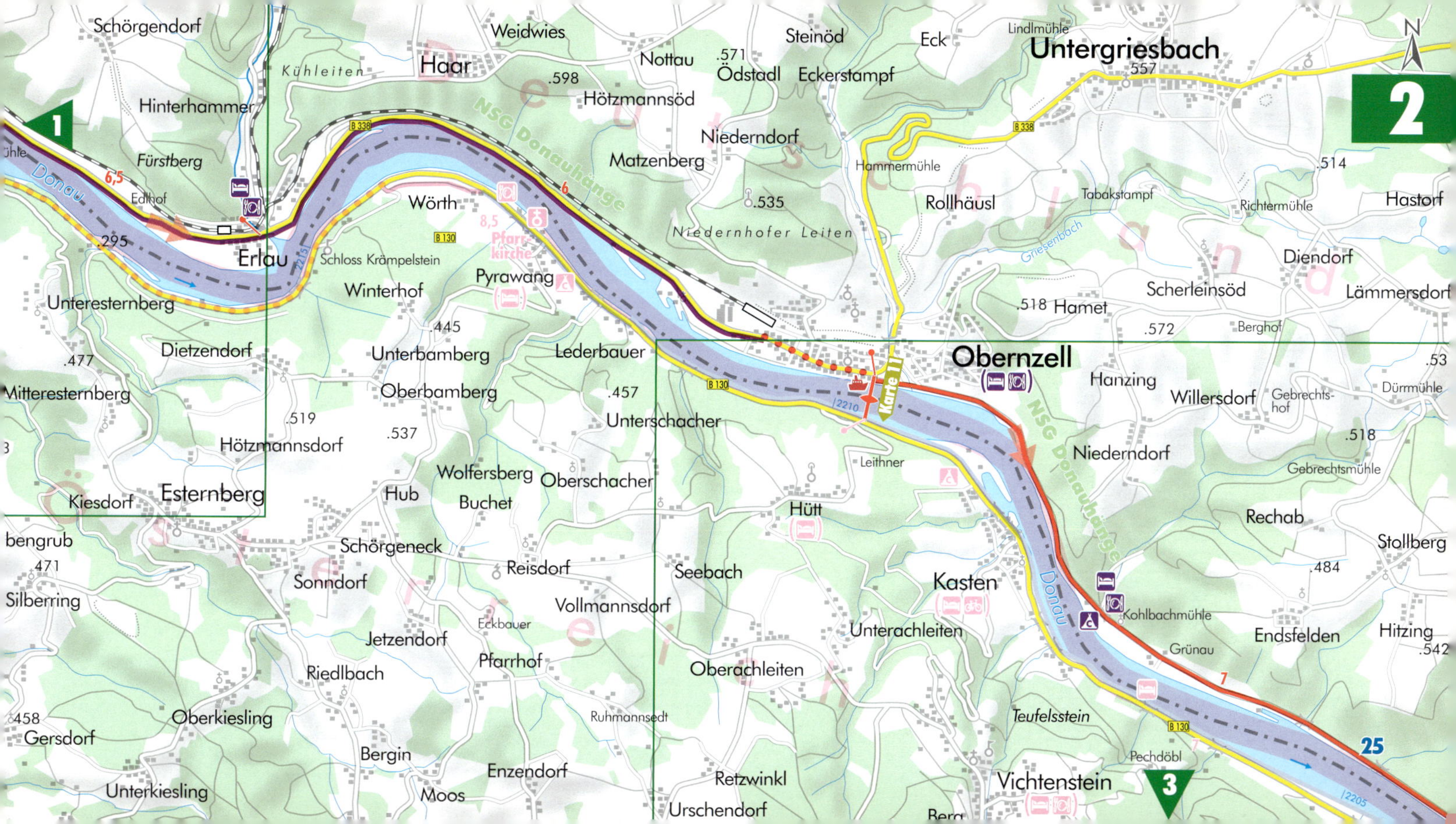
Schörgendorf
Weidwies
Haar
Kühleiten
Nottau
.571
Ödstadl
Steinöd
Eckerstampf
Eck
Lindlmühle
Untergriesbach
557
2
Hinterhammer
1
Fürstberg
Edlhof
6,5
Donau
.598
Hötzmannsöd
NSG Donauhänge
Niederndorf
Matzenberg
B 338
Hammermühle
.514
.535
Rollhäusl
Tabakstampf
Richtermühle
Hastorf
Wörth
8,5
Pfarrkirche
B 130
.295
Erlau
Schloss Krämpelstein
Niedernhofer Leiten
Griesenbach
Diendorf
Winterhof
Pyrawang
Unteresternberg
.445
.518
Hamet
Scherleinsöd
Lämmersdorf
.572
Berghof
Dietzendorf
Unterbamberg
Lederbauer
Obernzell
.477
Oberbamberg
.457
Karte 11
Hanzing
Willersdorf
Gebrechtshof
.53
Dürrmühle
Mitteresternberg
.519
.537
Unterschacher
2210
.518
Hötzmannsdorf
Leithner
Niederndorf
Gebrechtsmühle
Wolfersberg
Oberschacher
Kiesdorf
Esternberg
Hub
Buchet
Hütt
Rechab
bengrub
Schörgeneck
Stollberg
.471
Reisdorf
Sonndorf
Seebach
Kasten
.484
Silberring
Vollmannsdorf
Donau
Kohlbachmühle
Eckbauer
Unterachleiten
Endsfelden
Hitzing
.542
Jetzendorf
Grünau
Pfarrhof
Riedlbach
Oberachleiten
7
.458
Oberkiesling
Ruhmannsedt
Teufelsstein
Gersdorf
Bergin
Pechdöbl
25
Enzendorf
Retzwinkl
Vichtenstein
3
Unterkiesling
Moos
Urschendorf
Berg
2205

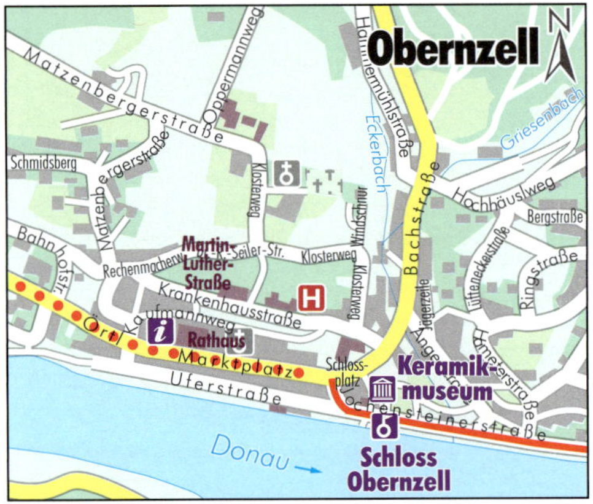

pinen Flora wie z. B. Alpenveilchen wachsen hier neben Besen-Beifuß oder Ästiger Graslilie aus südlichen und östlichen Wärme- und Trockengebieten.

Auch die Tierwelt der Donauleiten zeichnet sich durch das Nebeneinander von charakteristischen Berglandbewohnern und wärmeliebenden „Südländern" aus. Landesweit einzigartig ist die Reptilienfauna des Gebietes: Sieben der neun einheimischen Eidechsen- und Schlangenarten kommen hier vor. Zudem sind zwei seltene, aus Südeuropa stammende Arten wie die Smaragdeidechse und die Äskulapnatter, die größte und vielleicht schönste der heimischen Schlangen, an den Donauleiten ansässig.

In der kleinen Siedlung **Erlau** (gegenüber Schloss Krämpelstein) über den gleichnamigen Bach und auf Flussniveau dicht unter dem Hang weiter nach Obernzell.

Gegenüber das Kirchlein von Pyrawang, in dem vor einigen Jahren frühgotische Fresken freigelegt wurden.

Obernzell (D) ≈km **2210,5 L**

PLZ: 94130; Vorwahl: 08591

Tourist-Information, Marktpl.42, ✆ 9116119. Obernzell-Führungen von Mai-Sept. jeden Fr. 10 Uhr, 1 1/2 Std. Treffpunkt vor dem Schloss

Fähre nach Kasten: 1. Mai-Winterbeginn, Mo-Fr 6.15-18.15 Uhr, Sa, So, Fei 7.30-18.15 Uhr.

Schifffahrt mit dem Gemeindeschiff Obernzell, ✆ 9116111, Schiffsanlegestelle Wurm & Köck.

Keramikmuseum, Schloss Obernzell, ✆ 1066, ÖZ: 1. April- 6. Jan. Di-So 10-17 Uhr. Zweigmuseum des Bayerischen Nationalmuseums. Die Schau umfasst Keramik von der Jungsteinzeit bis in die Gegenwart, so auch Irdenware, Schwarzware, Steinzeug, Fayencen, Steingut und Porzellan. Freier Eintritt.

Schloss. Hauptattraktion in der einstigen Nebenresidenz der Passauer Bischöfe (16. Jh.) ist der Rittersaal im Stil der Passauer Renaissance.

Gasthof Alte Schiffspost, Marktpl. 1. Die sehenswerten Puttenreliefs des 1805-1810 entstandenen Gebäudes, welche fröhliche Szenen der Zubereitung und Verkostung des Weins zeigen, erinnern an die Vergangenheit Obernzells als Weinort.

Pfarrkirche, Marktplatz. Erbaut im Stil des Rokoko.

Freibad am Ortsanfang

Radsport Müller, Marktplatz, ✆ 2890

Der Ort hieß lange Zeit Hafnerzell, dies wegen der zahlreichen Hafner (=Töpfer), die hier tätig waren. An diese Tradition knüpft das reichhaltige Keramikmuseum im Schloss an.

Vor dem **Schloss** flusswärts wenden ~ vorbei an der Fähre auf einer ruhigen Nebenstraße die Donau entlang ~ 3 Kilometer weiter teilen ein Gasthof und der dazugehörige Campingplatz den schmalen Uferstreifen miteinander.

*Gegenüber, auf der anderen Seite der Donau, erhebt sich **Burg Vichtenstein**, eine mächtige Anlage aus dem 12. Jahrhundert. Dahinter der Haugstein, mit 895 Metern die höchste Erhebung des Alpenvorlandes.*

Nach weiteren 4 Kilometern ist die **Staustufe Jochenstein** erreicht.

Tipp: Für den Besuch vom südufrigen Engelhartszell stehen die Überfahrt beim Kraftwerk Jochenstein (Überfahrt von 6-22 Uhr) oder

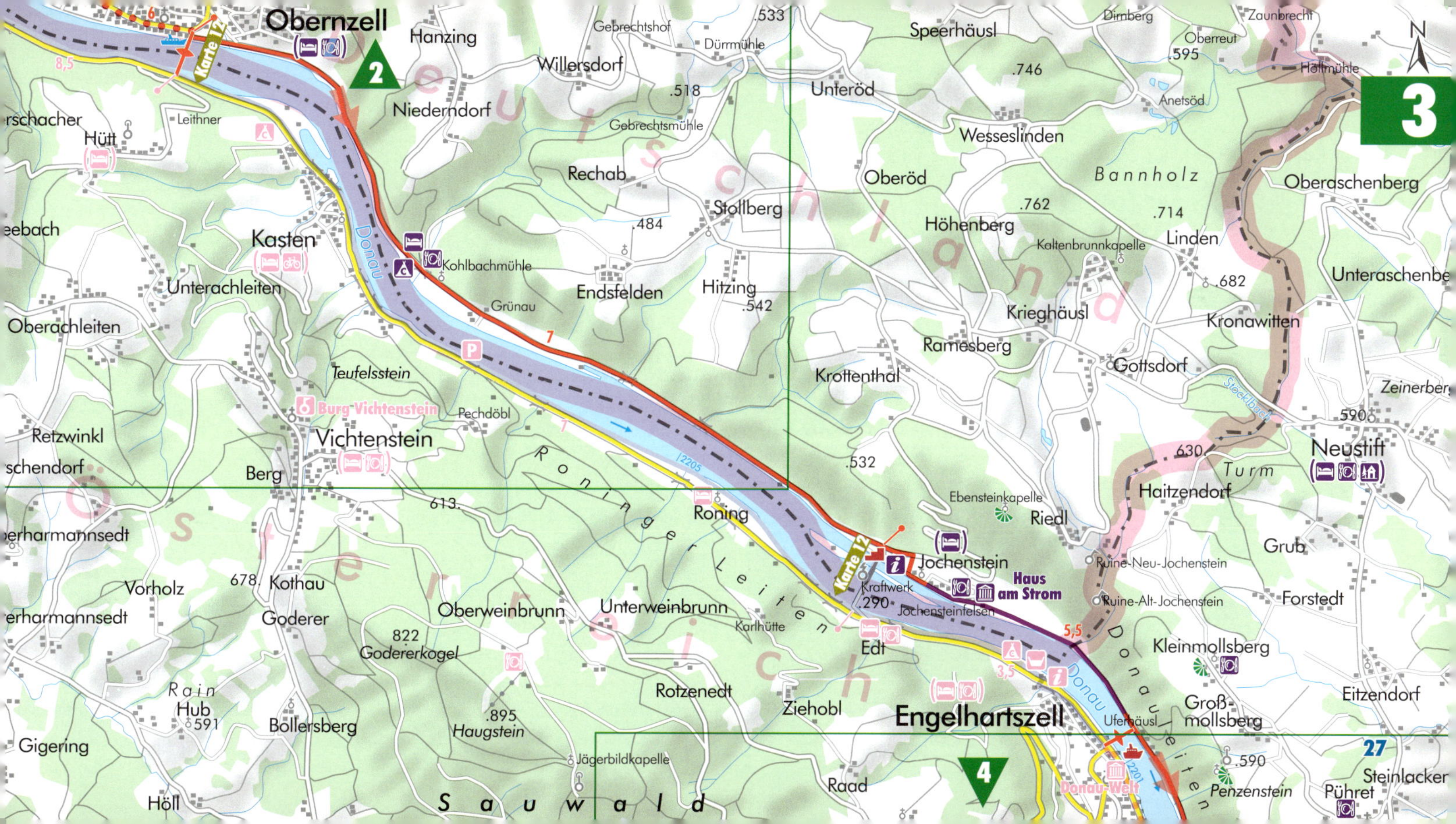

Obernzell
Karte 12
Hanzing
Gebrechtshof
.533
Dürrmühle
Willersdorf
2
Niederndorf
.518
Gebrechtsmühle
8,5
rschacher
Leithner
Hütt
Rechab
Stollberg
eebach
Kasten
Donau
.484
Kohlbachmühle
Unterachleiten
Endsfelden
Hitzing
.542
Grünau
Oberachleiten
7
Teufelsstein
Burg Vichtenstein
Pechdöbl
Retzwinkl
Vichtenstein
schendorf
Berg
Roninger Leiten
2205
Roning
613.
Deutschland
Österreich
Speerhäusl
Dirnberg
Zaunbrecht
Oberreut
.595
Höllmühle
.746
Unteröd
Anetsöd
3
Wesselinden
Bannholz
Oberöd
Oberaschenberg
.762
.714
Höhenberg
Kaltenbrunnkapelle
Linden
Unteraschenbe
.682
Krieghäusl
Kronawitten
Ramesberg
Gottsdorf
Krottenthal
Stöcklbach
Zeinerber
590.
Neustift
630.
Turm
Haitzendorf
.532
Ebensteinkapelle
Riedl
Grub
Jochenstein
Haus am Strom
Ruine-Neu-Jochenstein
Kraftwerk
.290
Jochensteinfelsen
Ruine-Alt-Jochenstein
Forstedt
5,5
Kleinmollsberg
Donauleiten
erharmannsedt
Vorholz
678.
Kothau
Goderer
Oberweinbrunn
Unterweinbrunn
Karlhütte
Edt
3,5
822
Godererkogel
Rain
Hub
591
Bollersberg
Rotzenedt
Ziehobl
Engelhartszell
Uferhäusl
Groß-mollsberg
Eitzendorf
Gigering
.895
Haugstein
Jägerbildkapelle
Höll
Sauwald
Raad
4
Donau-Welt
2201
.590
Penzenstein
27
Steinlacker
Pühret

weiter flussabwärts die Fähre zur Verfügung (s. S. 46).

Jochenstein (D) **≈km 2203 L**

PLZ: 94107; Vorwahl: D-08591

Tourist-Information Untergriesbach, Marktpl. 24, ✆ 08593/1066

Donauerlebnisweg Jochenstein-Engelhartszell mit Exponaten der Landesausstellung.

Informationszentrum Jochenstein, ÖZ: April-Okt., Mo-So 9-18 Uhr, Nov.-März, Sa, So/Fei 9-16 Uhr. Themen: Wasserkraft und Wasserbau, Technik für Mensch und Natur.

Kunst im Ländlichen, nähe Rad- und Wanderparkplatz beim Kraftwerk, ganzjährig zu besichtigen, eigener Lageplan erhältlich. Themen: Werke von Holzbildhauern aus aller Welt.

Haus am Strom, am Kraftwerk 4, ✆ 912890. ÖZ: Mo-So 9-17 Uhr. Thema: Das Wasser in all seinen Facetten. Mit Skulptur Isa-Tor.

Weiter am Nordufer unterwegs, nach dem Umspannwerk rechts in das Weglein **Am Jochenstein** ~ immer in Ufernähe durch die Ortschaft **Jochenstein** und danach dem mit Betonplatten befestigten Weg folgen, der zur Grenze abzweigt.

Vor Ihnen ragt der sagenumwobene **Jochensteinfelsen** *aus der Donau, der als Sitz der Donaunixe „Isa", einer Schwester der Loreley, gilt.*

Beim Dantlbach über die **Grenze** zwischen Deutschland und Österreich ~ nun in Österreich wird die Tour auf dem Treppelweg und begleitet von den Wegweisern des „Oberösterreichischen Landesradwanderweges" fortgesetzt ~ etwa 700 Meter weiter befördert die **Radfähre** ihre Gäste von 9 bis 19 Uhr ans andere Ufer, nach Engelhartszell.

Tipp: Der Donaumarkt mit dem einzigen Trappistenkloster des Landes ist gewiss einen Besuch wert.

Engelhartszell

Tipp: Für die Weiterfahrt nach Schlögen (ca. 15 Kilometer) lohnt sich die Rückkehr ans linke Ufer, denn der ruhigere Weg verläuft bis nach Schlögen am Nordufer. Am Südufer verläuft die Strecke auf der Bundesstraße und ist verkehrsreich (s. S. 46).

Von Engelhartszell nach Niederranna — 10 km

Ab der **Engelhartszeller Radfähre** führt die ruhigere Route am Nordufer weiter auf dem gut ausgebauten Treppelweg, an dem früher Pferde die langen Schiffszüge stromaufwärts zogen ~ vor der Einmündung der Ranna in die Donau trifft der Weg auf eine Landstraße, Richtung beibehalten ~ über dem Tal liegt beherrschend das **Schloss Rannariedl** ~ **in Niederranna** nach der Kirche rechts ab ~ an der nächsten Kreuzung verläuft die Route geradeaus, nur zu Schiffstation und Gasthaus geht es nach rechts ab.

Niederranna **≈km 2194,5 L**

PLZ: 4085; Vorwahl: 07285

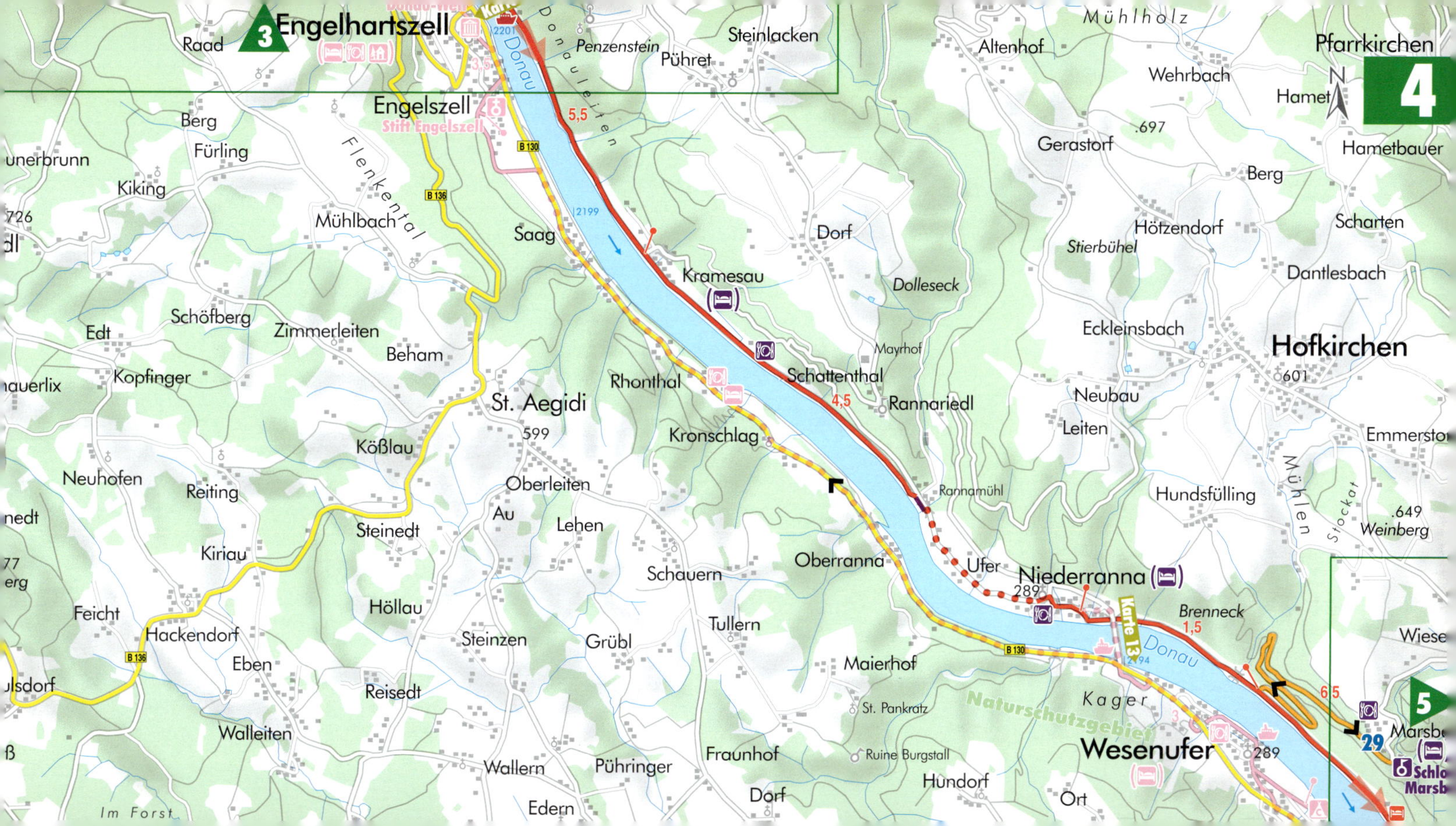

3
Engelhartszell
Raad
Engelszell
Stift Engelszell
Donau
Donauleiten
Penzenstein
Steinlacken
Pühret
Mühlholz
Altenhof
Pfarrkirchen
Wehrbach
Hamet
4
5,5
3,5
2201
B 130
B 136
Berg
Fürling
Kiking
Flenkental
Mühlbach
Saag
2199
Dorf
Kramesau
Dolleseck
Gerastorf
.697
Hametbauer
Berg
Scharten
Hötzendorf
Stierbühel
Dantlesbach
Eckleinsbach
Hofkirchen
601
Neubau
Leiten
Emmerstorf
Mayrhof
Schattenthal
4,5
Rannariedl
Rhonthal
Kronschlag
St. Aegidi
599
Schöfberg
Zimmerleiten
Beham
Edt
Kopfinger
Kößlau
Neuhofen
Reiting
Oberleiten
Au
Lehen
Steinedt
Kiriau
Rannamühl
Hundsfülling
Mühlen
Stockat
.649
Weinberg
Oberranna
Ufer
Niederranna
289
Schauern
Höllau
Feicht
Hackendorf
Eben
Steinzen
Grübl
Tullern
Brenneck
1,5
Karte 13
Donau
2194
Wiese
Maierhof
St. Pankratz
Kager
Naturschutzgebiet
6,5
3
Reisedt
Walleiten
Wallern
Pühringer
Fraunhof
Ruine Burgstall
Hundorf
Wesenufer
289
29
5
Edern
Dorf
Ort
Im Forst
.726
.77

Marktgemeindeamt Hofkirchen, ✆ 7011

Haus am Strom, ✆ 0049/8591-912880, ÖZ: Mai-Sept.

Schloss Rannariedl. Bis 1357/58 Falkensteiner Besitz, dann gehörte es mit Unterbrechungen den Passauer Fürstbischöfen. Der Wohnflügel mit Laubenhof stammt aus dem 16. Jh., der hohe Rundturm ist noch mittelalterlich.

Tipp: Die verkehrsärmere Route führt zwar am linken Ufer weiter, am rechten Ufer bietet sich jedoch der Ort Wesenufer bzw. das Naturschutzgebiet „Tal des Kleinen Kößlbaches" zu einem Besuch an. Sie können in Niederranna vom Nordufer über die Brücke fahren und auf dem Fahrradweg in die Ortschaft Wesenufer. Es empfiehlt sich für die Weiterfahrt ans linke Ufer zurückzukehren, Sie können aber auch auf der Bundesstraße weiter nach Schlögen radeln.

Von Niederranna nach Obermühl 14,5 km

Am Ende von Niederranna schwenkt der Weg nach rechts unter der Donaubrücke hindurch ~ die Route verläuft auf einer schmalen Straße am Fluss ~ nach 6 Kilometern entlang der Donau ist Au/Schlögen erreicht. ~ die Route führt nun direkt zur berühmten Schlögener Schlinge, einige hundert Meter hinter der Feldzunge fließt die Donau bereits „rückwärts"! Von der anderen Flussseite grüßt der namensgebende Ort **Schlögen** mit einer großen Hotelanlage.

Tipp: Hier finden Sie auf den nächsten 700 Metern drei Fährmöglichkeiten: Radfähre Schlögen, ÖZ: April 10-17 Uhr, Mai-Sept. 9-19 Uhr, Okt. 10-17 Uhr. Zwei weitere Überfuhrgelegenheiten finden sich 600 Meter weiter entfernt bei Au: Radfähre Au „Zur Fährfrau", ÖZ: April 7.30-19.30 Uhr, Mai-Sept. 7-20 Uhr, Okt. 7.30-19.30 Uhr, Längsfähre „Santa Maria", ÖZ: Mai-2. Wochenende im Okt. Mo-So 9-18 Uhr. Die Längsfähre legt direkt bei der Radfähre Au ab, fährt 5 Kilometer durch die Donauschlinge und legt am linken Ufer bei Grafenau oder am rechten Ufer bei Inzell an. Der Radweg führt von da aus sowohl am Nord-, als auch am Südufer weiter.

Obermühl ≈km 2178 L

PLZ: 4131; Vorwahl: 07286

Tourismusverband Obermühl-Kirchberg, Gasthof Aumüller, ✆ 07286/7216

Fähre: März, April, Okt., Nov. 7.30-17 Uhr, Mai-Sept. 7.30-18 Uhr, Juni, Juli, Aug. 7.30-19 Uhr.

Kornspeicher, am östlichen Ortsrand. Erbaut wurde er mit dem auffälligen 16 m hohen Dachstuhl im Jahre 1618 und diente als Zollstation. Dieses bedeutende Renaissance-Wirtschaftsbauwerk, dessen charakteristischer Dachstuhl renoviert wurde, entging nur knapp den Folgen des Kraftwerksbaus.

5
4
6
31
Wiesen
Grub
Mittermühl
Niederkappel
549
Mayrhof
Starz
Schalenböck
Oberwimm
Lehen
Rumersdorf
Haarmühl
Mittereck
Haar
Unteredt
Humasedt
Steinerberg
.540
Oberbumberg
Niederbumberg
Pührethäusl
Mayrhof
Grub
Ramesedt
Weikersdorf
Reithofstatt
Seibersdorf
Freizell
Dorf
Naturlehrpfad Donauschlinge
Inzell
Karte 14
Grafenau
2180
Obergschwendt
Kobling
Obermühl
Ebersdorf
Wölfing
Burgstall
591
Kirchberg
.583
Gumpesber
558
B 130
543
Steiner Felsen
2185
2,5
Untergschwendt
Stieberberg
Wolkersdorf
.570
Donau
Vornwald
47
Ruine Haichenbach
Eckersdorf
Lehen
Witzersdorf
Oberhub
Au
Mannsdorf
Au
Haiden
0,5
Schauerdoppl
Winzberg
.538
Erledt
Berg
Linetshub
Oedt
Pasching
Schlögen
Pamet
.490
Straß
Mitterberg
Schlögenleiten
Pühret
Rennersdorf
Dorf
Saulehen
Dorf
2170
3
5
6
6,5
1,5
10
10,5

Von Obermühl nach Aschach 19,5 km

In Obermühl am historischen Getreidespeicher und der Fähre vorbei ~ 7 Kilometer dauert die Fahrt bis zur nächsten Behausung, dem **Gasthof in der Exlau** ~ weiter auf einem schmalen Asphaltband durch die Hinteraigener Donauschlinge ~ vor der Einmündung der Großen Mühl in die Donau unter der Brücke hindurch, um den Bach zu überqueren.

Tipp: ⚠ Im Ort Untermühl sollten Sie unbedingt ans rechts Ufer wechseln. Auf der linksufrigen Variante bis Neuhaus müssen Sie sich auf eine etwa 600 Meter lange wirklich gefährliche Schiebepartie auf einem schmalen Pfad gefasst machen. Nur ohne Gepäck und mit starken Nerven versuchen. Das Rad muss stellenweise getragen werden. Auf dem Weg befindet sich auch ein Hinweis, dass der Radweg endet und über das Wasser fortgesetzt werden muss.

Untermühl ≈km 2168 L

- **Fähre**: Mai-Juni, 9-19 Uhr, Juli-Aug., 9-20 Uhr, Sept., 9-20 Uhr.
- **Schlösschen Partenstein**, am Gumpenbach nahe der Donaumündung. Die Burg entstand als passauische Festung auf einem Felsen beim Mühl-Knie und wird erstmals 1262 genannt. Heimatkundliche Sammlung.

Auf dem Steig auf dem Nordufer bergauf an den steilen Hängen zur Donau ~ auf dem Treppelweg weiter ~ vor dem **Kraftwerk Aschach** an einem kleinen Hafen vorbei, ein Übertritt auf der Sperrmauer ist nicht möglich.

Tipp: Nach der Brücke an der Kreuzung bei einem großen Bauernhof können Sie auf die Route am Südufer wechseln. Dafür lesen Sie auf Seite 56 weiter.

Von Aschach nach Ottensheim 18 km

Am linken Ufer bei der ersten Gelegenheit nach rechts ab ~ unten bei der Kreuzung mit dem Bauernhof am Eck links ~ etwa 300 Meter weiter, in **Unterlandshaag**, der Beschilderung des Donauradwegs geradeaus folgen ~ Felder, Obstgärten und alte Vierkanthöfe säumen die ruhige Straße, die immer wieder markante Haken schlägt ~ in Feldkirchen an der ersten größeren Kreuzung rechts ab zur Donau.

Feldkirchen an der Donau L

PLZ: 4101; Vorwahl: 07233

- **Tourismusverband**, Hauptstr. 1 ✆ 7190
- **Pfarrkirche.** Die gotische Staffelkirche mit Netzrippengewölbe wurde um 1510 errichtet.
- **Kneippen** im traditionsreichen modernisierten Kurhaus Bad Mühllacken.
- **Feldkirchner Freizeiteldorado**, ÖZ: Mai-Okt., bei den Feldkirchner Badeseen nahe der Donau mit Wasserskilift, Campingplatz, Golfplatz, Buffets, Mostbauern und einem Rundkurs durch eine einzigartige Erholungs-Aulandschaft, ✆ 6727.
- **Modelleisenbahn**, Goldwörth (5 km südöstlich). Hier gibt es die größte Modelleisenbahnanlage Österreichs im Maßstab 1:8 zu bewundern.
- **Naturschutzgebiet Pesenbachtal**

Tipp: Von Feldkirchen bietet sich ein Ausflug zum Tiergarten Walding an. Die Strecke ist in der Karte in orange dargestellt.

Die **Hauptroute** am linken Ufer führt von **Feldkirchen** wieder zur Donau zurück ~ am Ortsrand Richtung **Weidet** ab ~ in der kleinen Siedlung beschreibt die Straße einen Rechtsknick ~ 300 Meter weiter, bei der kleinen **Holzkapelle**, links ab ~

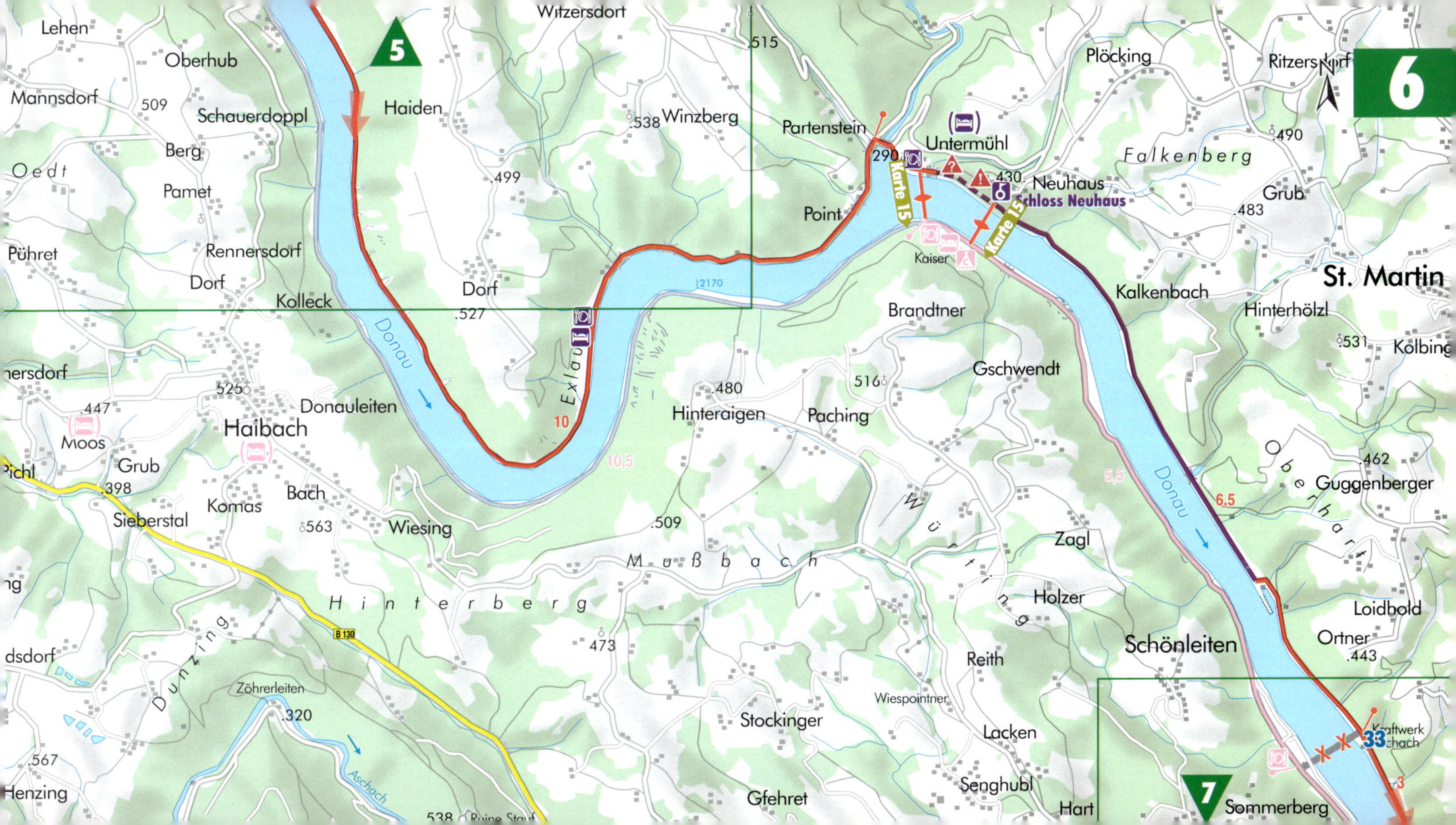
6
5
7
Lehen
Oberhub
Mannsdorf
509
Schauerdoppl
Haiden
Witzersdorf
515
538 Winzberg
Partenstein
Untermühl
Plöcking
Ritzersdorf
490
Falkenberg
Berg
Oedt
Pamet
499
290
Karte 15
430
Neuhaus
Schloss Neuhaus
Grub
483
Point
Pühret
Rennersdorf
Kaiser
Dorf
Kolleck
Dorf
527
2170
Brandtner
Kalkenbach
St. Martin
Hinterhölzl
531
Kolbing
Donau
Exlau
Gschwendt
hersdorf
525
516
480
447
Donauleiten
Haibach
Hinteraigen
Paching
Moos
10
10,5
Grub
Pichl
398
Sieberstal
Komas
Bach
563
Wiesing
509
Oberhart
462
Guggenberger
5,5
6,5
Zagl
Würting
Mußbach
Hinterberg
Holzer
Loidhold
B 130
Dunzing
473
Reith
Schönleiten
Ortner
443
dsdorf
Zöhrerleiten
320
Wiespointner
Stockinger
Lacken
Kraftwerk
Aschach
33
567
Henzing
Gfehret
Senghubl
Hart
Sommerberg
538
Ruine Stauf
3

an einem schmalen Uferwald und einen Begleitgraben vorbei ~ wieder weiter auf dem Treppelweg am Damm ~ gut asphaltiert und schnurgerade weiter, bis Ottensheim sind es noch 12 Kilometer.

Tipp: Nach 1,5 Kilometern kommen Sie nahe an den Feldkirchner Badeseen vorbei, wo Sie mit dem Wasserschilift auch mal ein anderes Fortbewegungsmittel ausprobieren können. Den See erreichen Sie auf einem schmalen Pfad, der vom Damm

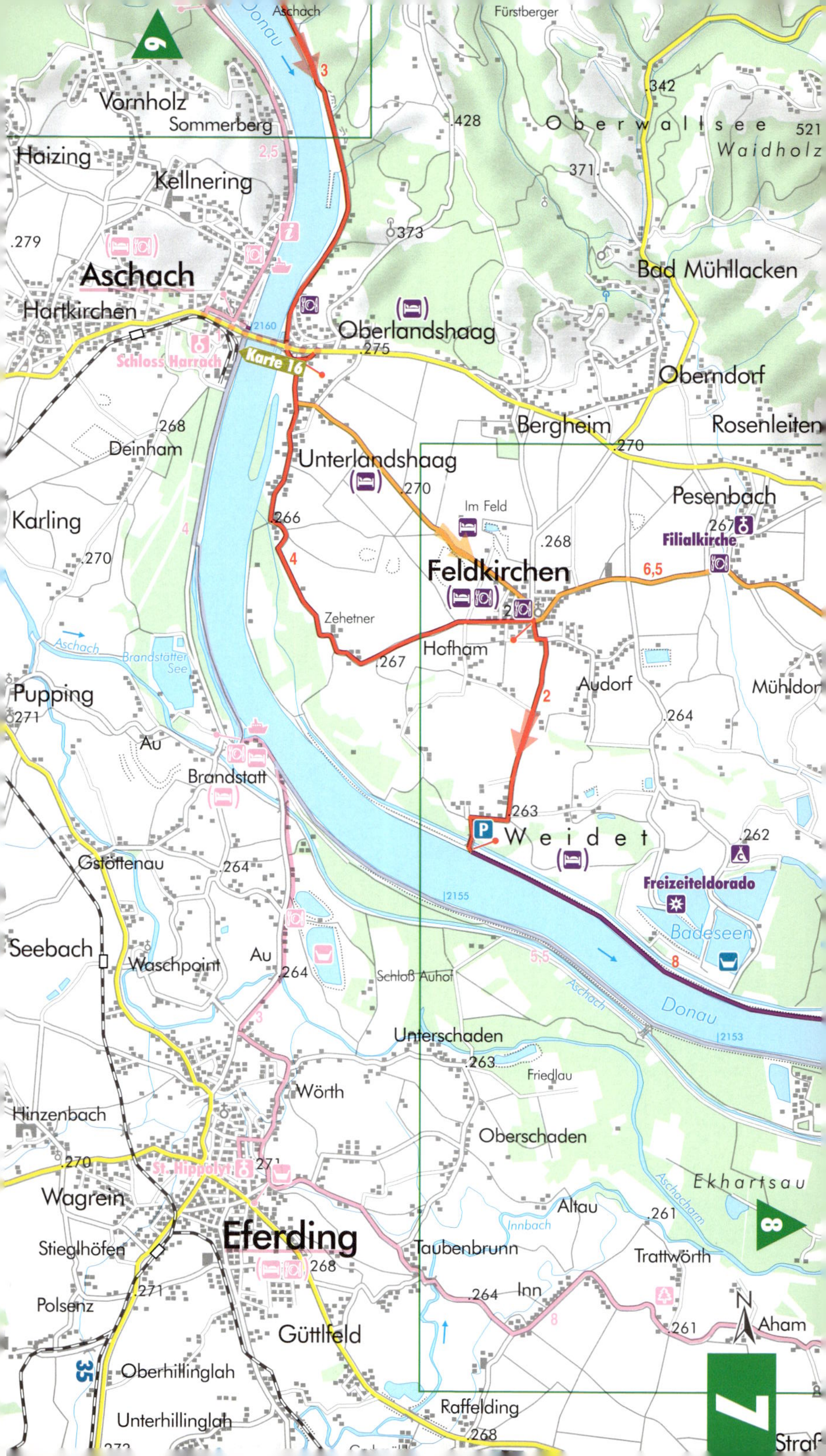

Aschach
Donau
Fürstberger
Vornholz
Sommerberg
Oberwallsee
Waidholz
Haizing
Kellnering
Bad Mühllacken
Aschach
Hartkirchen
Schloss Harrach
Oberlandshaag
Karte 16
Oberndorf
Bergheim
Rosenleiten
Deinham
Unterlandshaag
Pesenbach
Im Feld
Filialkirche
Karling
Feldkirchen
Zehetner
Hofham
Aschach
Brandstätter See
Audorf
Mühldorf
Pupping
Au
Brandstatt
Weidet
Gstöttenau
Freizeiteldorado
Badeseen
Seebach
Waschpoint
Au
Schloß Auhof
Donau
Unterschaden
Friedlau
Wörth
Hinzenbach
Oberschaden
Ekhartsau
St. Hippolyt
Wagrein
Altau
Aschacharm
Innbach
Eferding
Stieglhöfen
Taubenbrunn
Trattwörth
Polsenz
Inn
Aham
Güttlfeld
Oberhillinglah
Unterhillinglah
Raffelding
Straß

hinunterführt, und über einen Steg, der über den Begleitgraben führt.

Die Fahrt am Damm erfordert weiter keine Orientierungskünste, das Bild wird zunehmend vom Kraftwerk Ottensheim bestimmt.

Tipp: Wenn Sie nach einer Einkehrmöglichkeit Ausschau halten, so nehmen Sie am besten die zweite Abzweigung nach Goldwörth. Sie befindet sich 3 Kilometer nach den Badeseen. Ein befestigtes Weglein geleitet Sie dann über zwei Wasserarme und linksherum in das einstige Goldwäscherdorf.

Gold und Perlen aus der Donau

Neben Fischfang, Schiffswesen und Energiegewinnung waren diese „Wirtschaftszweige" am Fluss freilich immer nur Zwerge, kulturgeschichtlich sind sie aber um so interessanter. Es waren vor allem die Nebenflüsse der Donau, die aus dem Norden, aus dem Urgestein kommen, begehrte Fundorte für die Perlfischer. Perlbäche dürfen nicht viel Kalk enthalten. Die wasserklar bis rot-grünen Kugelchen bilden sich in der etwa 10 cm langen Flussperlmuschel (Margaritana margaritifera). Durch ein Sandkörnchen entsteht eine Stelle, an der die Muschel Perlmutt ablagert, ein Prozess, der 15 bis 20 Jahre dauert. Allerdings barg nicht jede Schale eine Kostbarkeit, so gab es unter 500 bis 2.000 Muscheln nur eine mit einer Perle.

In der Diözese Passau wurde die Perlgewinnung sogar systematisch betrieben und die „Passauer Perlen" erfreuten sich lange Zeit großer Beliebtheit. Aber auch anderswo sind Wertgegenstände mit Flussperlen aus der Donau geschmückt, etwa die Mitra (Bischofsmütze) der Linzer Stadtpfarrkirche.

Ähnlich war's beim Gold: Trotz der scheinbaren Aussichtslosigkeit des Unterfangens, sind an der Donau eine Reihe von Goldwäschen sogar aus der jüngeren Vergangenheit belegt. Im Jahre 1733 wurden beispielsweise 93,3 g Linzer Waschgold bei der Wiener Münze eingelöst und in Mauthausen gab es noch im 19. Jahrhundert eine bescheidene Goldgewinnung, betrieben vorwiegend von Roma. Ortsnamen wie Goldwörth a. d. Donau, das sich bis ins 11. Jahrhundert zurückverfolgen lässt, geben von dieser „Zunft" Zeugnis.

Die Methoden waren relativ einfach. Durch ein Holzgitter wurde Schotter auf einen Waschtisch geworfen. Der Schotter blieb im Gitter, der Sand wurde fortgeschwemmt, Goldflitter und Mineralkörner blieben im Wolltuch hängen. Aus diesem Stoff entfernte man schließlich mittels Magnet die restlichen Eisensteinchen. Der nunmehr gebliebene Goldschlich wurde mit Quecksilber legiert, in einen Lederbeutel gefüllt, das flüssige Schwermetall wurde durchgepresst und das Gold blieb im Beutel. Der Ertrag dieser mühsamen Prozedur war denkbar gering, die Jahresmenge eines erfolgreichen Goldwäschers war ein haselnussgroßes Goldklümpchen. Man nimmt an, dass die gesamte Aus-

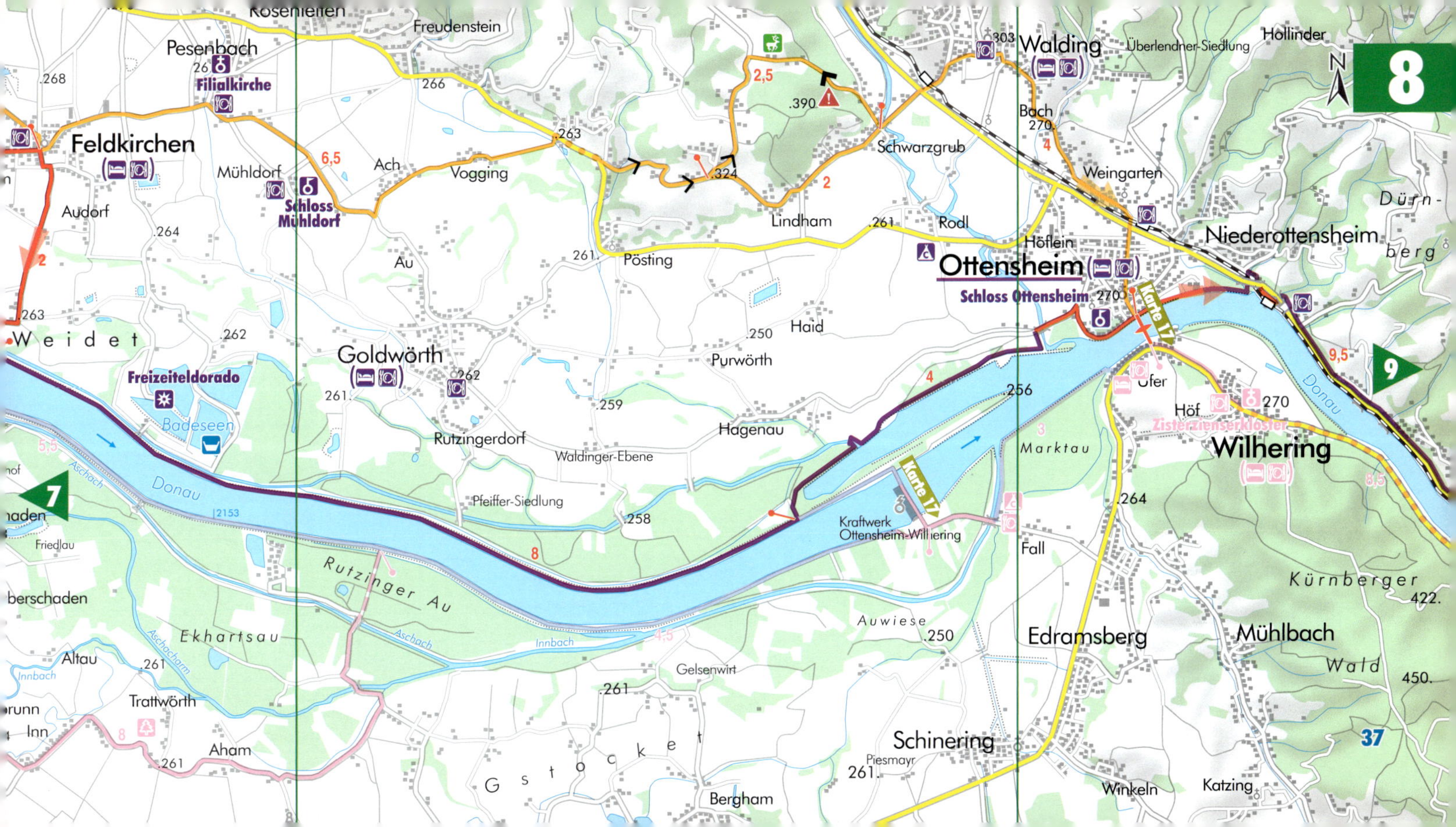
8
9
7
Kosenleiten
Freudenstein
Pesenbach
Filialkirche
Feldkirchen
Mühldorf
Schloss Mühldorf
Ach
Vogging
Audorf
Au
Pösting
Lindham
Rodl
Schwarzgrub
Walding
Überlendner-Siedlung
Hollinder
Bach
Weingarten
Höflein
Niederottensheim
Dürnberg
Ottensheim
Schloss Ottensheim
Karte 17
Weidet
Freizeiteldorado
Badeseen
Goldwörth
Haid
Purwörth
Hagenau
Rutzingerdorf
Waldinger-Ebene
Pfeiffer-Siedlung
Kraftwerk Ottensheim-Wilhering
Ufer
Höf
Zisterzienserkloster
Wilhering
Marktau
Fall
Donau
Aschach
Friedlau
berschaden
Rutzinger Au
Ekhartsau
Aschacharm
Innbach
Altau
Trattwörth
Inn
Aham
Gstocket
Auwiese
Gelsenwirt
Bergham
Schinering
Piesmayr
Edramsberg
Mühlbach
Kürnberger Wald
Winkeln
Katzing
37

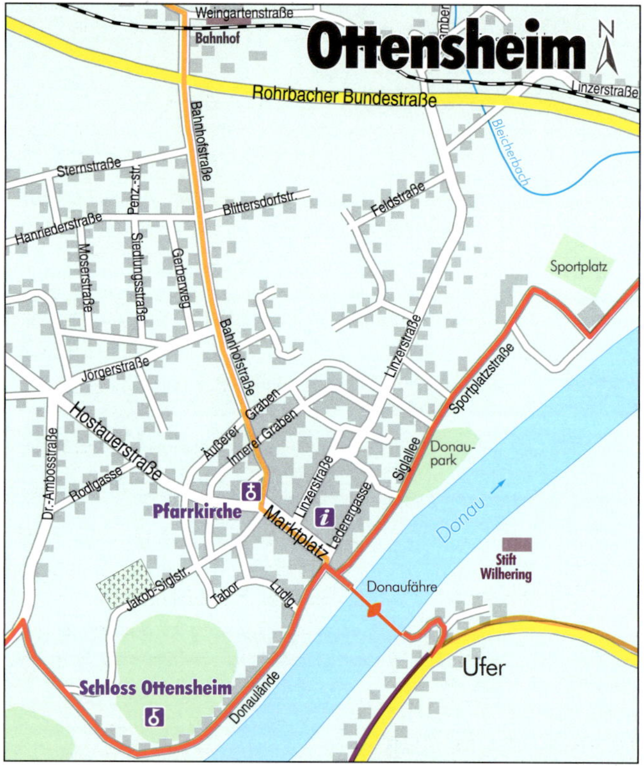

beute aus der Donau bis heute nicht viel mehr als 20 kg gewaschenes Gold ausmacht. Diese Menge reichte jedoch aus, um in Bayern zwischen 1756 und 1830 Flussdukaten zu prägen oder so manche Messkelche der Stifte in Klosterneuburg und Göttweig zu vergolden.

Am Damm noch etwa 3 Kilometer bis zur Anlagestelle für Motorboote kurz vor dem **Kraftwerk Ottensheim** ~ dann dem Weg, der im rechten Winkel nach Ottensheim abzweigt, folgen.

Tipp: Geradeaus geht es über die Sperrmauer zur Route am rechten Ufer nach Wilhering (s. S. 56). Sind Sie nach 20 Uhr unterwegs, so müssen Sie für den Übertritt die Gegensprechanlage betätigen.

Die Nordufervariante führt nach einer langen Rechtskurve an einem Donauarm entlang, der sichtlich als Ruderstrecke dient ~ der Weg macht einen Schlenker in den Auwald über einen Bach und verläuft danach weiter am Ufer.

Der Uferweg weicht schließlich dem Flüsschen Rodl und wendet sich landeinwärts ~ die Route führt dann nach rechts über die Brücke.

Tipp: Wer zum Camping Rodlhof will, hält sich hier geradeaus und folgt dem Uferweg entlang der Rodl.

Vor Ortsbeginn von Ottensheim zweigt der Radweg rechts ab und erreicht wieder das Donauufer.

Der Promenadeweg führt um den bemerkenswerten Bau des Schlosses herum, das auf einer leichten Erhöhung über einer Häuserzeile thront. Beim Zentrum finden Sie die Station der Rollfähre, die - voll ökologisch! - an einem über die Donau gespannten Stahlseil hängend dank der Strömungskraft von einem Ufer zum anderen wechselt. An einer der Hauswände sehen Sie hier alte Hochwassermarken, die letzte verheerende Überschwemmung ereignete sich in dieser Gegend 1954. Zur Linken gelangen Sie zum sehenswerten Marktplatz.

Ottensheim

≈km 2144 L

PLZ: 4100; Vorwahl: 07234

Tourismusinformation, Donaulände 4, ✆ 83622

Fähre Ottensheim-Wilhering: Mo-So 6.30-19.30 Uhr, letzte Abfahrt nach Wilhering 19.15 Uhr, letzte nach Ottensheim 19.20 Uhr. Betriebsbeginn So/Fei 8 Uhr.

Schloss. Von der mittelalterlichen Ausstattung des einst Babenbergischen Vorpostens sind der mächtige Bergfried und der Nord- und Ostflügel mit Rundturm erhalten, nicht öffentlich zugänglich.

Historischer Marktkern. Trotz wiederholter Marktbrände gibt es einige sehenswerte Häuser wie z. B. das „Kindlhaus", das mit einer Ottensheimer Gründungslegende in Verbindung steht.

Pfarrkirche, Marktplatz. Erbaut 1450-1520 und Ende des 19. Jhs. durch die Nepomuk-Kapelle ergänzt. Ältester Teil der Anlage ist die Gruft mit Skeletteilen aus dem alten Friedhof und der mumifizierten Leiche einer (Edel-)Frau.

Von Ottensheim nach Linz 9,5 km

Ab Ottensheim verläuft die **Hauptroute** am **linken Ufer**, da am Südufer kein Radweg vorhanden ist.

Tipp: Die Stiftskirche und die klösterliche Anlage der Zisterzienser in Wilhering am Südufer sind aber einen Abstecher wert. Danach kön-

nen jene, die sich von Autos nicht schrecken lassen, von Wilhering aus gleich auf der Straße bis Linz durchfahren. Der Radweg am Nordufer über Puchenau ist dafür landschaftlich nicht so reizvoll.

Ab der **Fährstation in Ottensheim** (am Nordufer) auf einem Fuß- und Radweg am Fluss weiter ~ nach der **Sportanlage** verlässt der Weg das Donauufer und führt über einen Holzsteg ~ danach unter der Straße hindurch und über einen ungeregelten Bahnübergang ~ dort dem grünen Schild nach rechts Richtung Linz folgen ~ bevor die Bundesstraße dann im Tunnel verschwindet, erneut unter der Straße hindurch.

Tipp: Auf der von Kastanien geschützten Terrasse des Gasthauses Dürnberg kann man sich noch der Betrachtung des Ortes Ottensheim mit dem malerischen Donaustrom im Vordergrund hingeben.

Tipp: Bis Linz steht Ihnen jetzt eine weniger attraktive, wenn auch sichere Strecke entlang einer stark befahrenen Straße bevor. Wenn Sie für dieses Stück auf die Bahn umsteigen möchten, haben Sie hier bei der Bahnstation Dürnberg Gelegenheit dazu.

Nach dem Stationsgebäude nach links ~ ein drittes Mal unter der Straße hindurch ~ drüben weiter auf dem straßenbegleitenden Radweg ~ nach gut 4 Kilometern ist das Ortsgebiet von **Puchenau** erreicht.

Puchenau ≈km 2139 L

Über zwei größere Kreuzungen immer links der Straße bleiben ~ am Stadtrand von Linz führt der Radweg unter der Straße zum Donauufer ~ am Ufer laden vor der Nibelungenbrücke zwei Gastgärten zur Rast ein ~ der **Donauradweg** verläuft dann geradeaus weiter.

Für den Besuch von Linz vor der Brücke vom Ufer weg und um das neue **Rathaus** herum bis zur Brücke, auf der in beiden Richtungen Radwege vorhanden sind ~ in gerader Verlängerung von der Brücke zum **Linzer Hauptplatz** mit der Dreifaltigkeitssäule. Diese befindet sich mit dem Hauptplatz in der historischen Altstadt. Direkt über die Landstraße zum Bahnhof, die Talstation der Adhäsionsbahn auf den Pöstlingberg befindet sich hingegen im nördlichen Teil der Stadt beim Mühlkreisbahnhof.

Linz s. S. 58

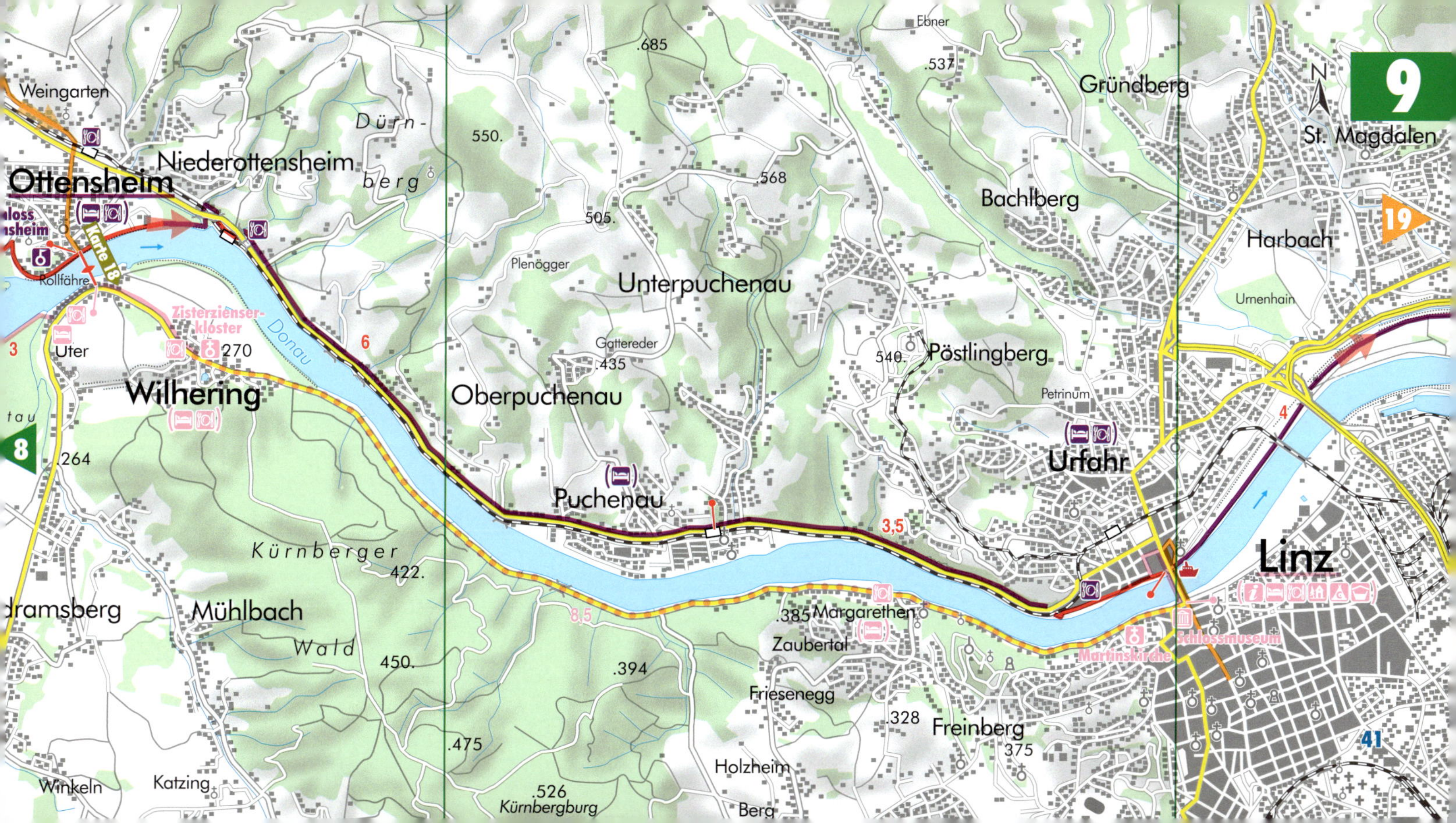

9
Weingarten
Dürn-
berg
Niederottensheim
Ottensheim
Karte 18
Rollfähre
Uter
Zisterzienser-
kloster
270
Wilhering
Donau
6
8
.264
Mühlbach
Kürnberger
Wald
422.
450.
.475
.526
Kürnbergburg
Winkeln
Katzing
550.
.685
505.
Plenögger
.568
Unterpuchenau
Gattereder
.435
Oberpuchenau
Puchenau
3,5
8,5
.394
.385
Margarethen
Zaubertal
Friesenegg
.328
Freinberg
375
Holzheim
Berg
Ebner
.537
Gründberg
Bachlberg
540.
Pöstlingberg
Petrinum
Urfahr
St. Magdalen
Harbach
19
Urnenhain
4
Linz
Schlossmuseum
Martinskirche
41

Von Passau nach Linz am Südufer 98 km

In der sehenswerten Dreiflüssestadt Passau, direkt am Zusammenfluss der beiden Flüsse Inn und Donau, startet die Route am rechten Ufer. Sehr bald wechseln Sie auf österreichisches Gebiet und radeln entlang des Sauwaldes über Engelhartszell zu einem der großartigsten Naturschauspiele der Region, zur Schlögener Schlinge. Bei Aschach tritt die Donau dann in das fruchtbare Eferdinger Becken ein. Inmitten des oberösterreichischen Gemüsegartens beeindrucken imposante Vierkanthöfe. Ziel des Abschnitts ist die sehenswerte Stadt Linz mit ihren zahlreichen Attraktionen.

Am rechten Ufer verläuft die Route nur teilweise auf ausgebauten Radwegen. Immer noch gibt es Streckenabschnitte im stärkeren Verkehr auf der Hauptstraße, vor allem zwischen Engelhartszell und Schlögen und kurz vor Linz. Ein Wechseln ans linke Ufer ist jedoch immer wieder möglich. Steigungen kommen nicht vor.

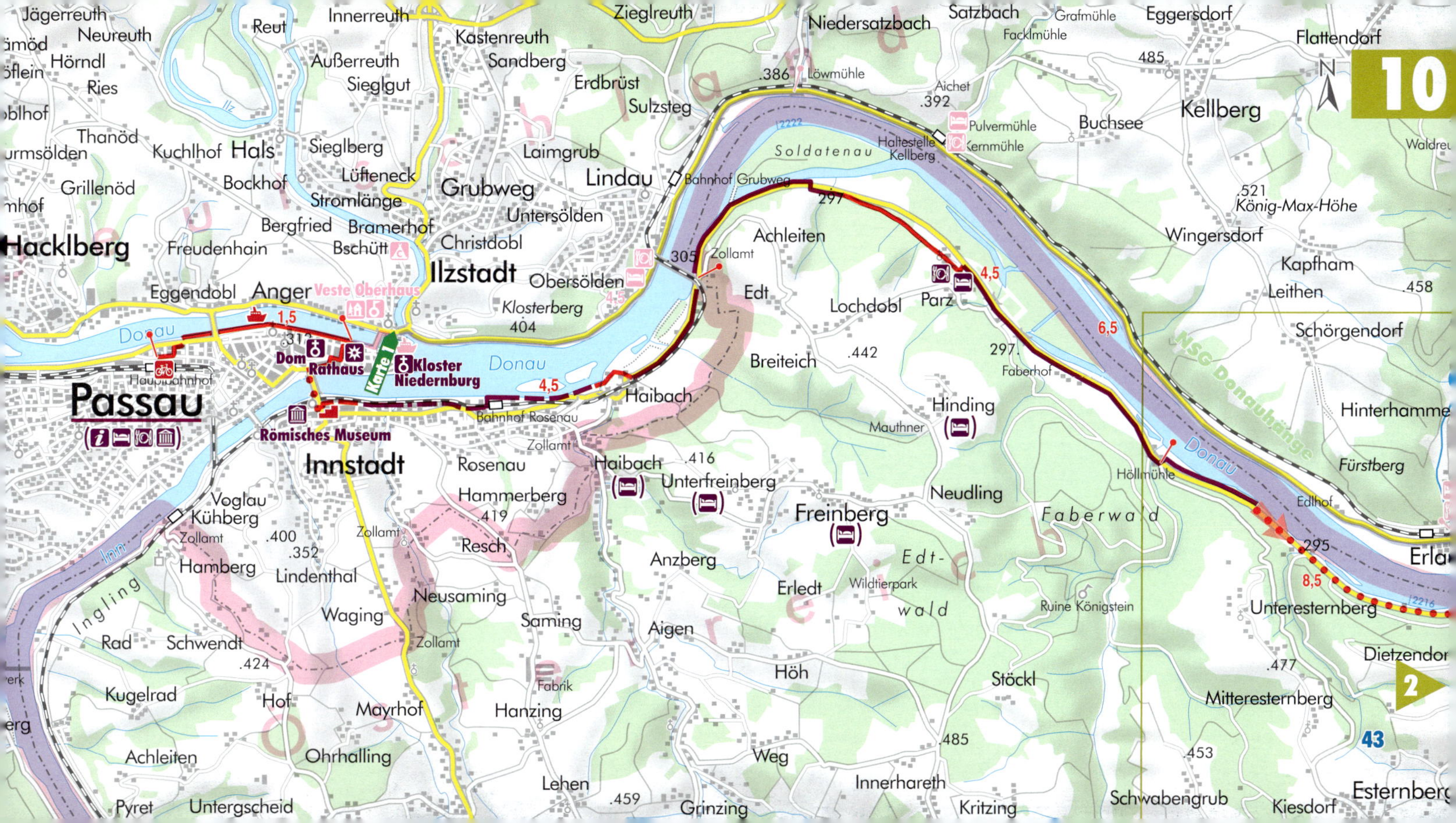
10
Passau
Hacklberg
Ilzstadt
Innstadt
Grubweg
Lindau
Hals
Anger
Veste Oberhaus
Dom
Rathaus
Kloster Niedernburg
Karte 1
Römisches Museum
Hauptbahnhof
Bahnhof Rosenau
Bahnhof Grubweg
Haltestelle Kellberg
Donau
Inn
Ilz
Soldatenau
NSG Donauhänge
Jägerreuth
Neureuth
Reut
Innerreuth
Zieglreuth
Niedersatzbach
Satzbach
Grafmühle
Eggersdorf
Flattendorf
Facklmühle
Kastenreuth
Außerreuth
Sandberg
Sieglgut
Erdbrüst
Löwmühle
Aichet
Pulvermühle
Kernmühle
Buchsee
Kellberg
Hörndl
Ries
Thanöd
Kuchlhof
Sieglberg
Lüfteneck
Stromlänge
Laimgrub
Sulzsteg
Grillenöd
Bockhof
Bramerhof
Untersölden
Bergfried
Freudenhain
Bschütt
Christdobl
Obersölden
Klosterberg
Eggendobl
Zollamt
Achleiten
Edt
Lochdobl
Parz
Breiteich
Faberhof
Haibach
Hinding
Mauthner
Rosenau
Hammerberg
Unterfreinberg
Freinberg
Neudling
Höllmühle
Faberwald
Edlhof
Voglau
Kühberg
Hamberg
Lindenthal
Resch
Anzberg
Edt-wald
Wildtierpark
Erledt
Ruine Königstein
Unteresternberg
Ingling
Rad
Schwendt
Waging
Neusaming
Saming
Aigen
Höh
Stöckl
Mitteresternberg
Dietzendorf
Kugelrad
Hof
Mayrhof
Fabrik
Hanzing
Achleiten
Ohrhalling
Weg
Innerhareth
Lehen
Pyret
Untergscheid
Grinzing
Kritzing
Schwabengrub
Kiesdorf
Esternberg
König-Max-Höhe
Wingersdorf
Kapfham
Leithen
Schörgendorf
Hinterhamme
Fürstberg
Erla
Waldreu
.386
.392
485
.521
.458
.305
297
.442
297.
.416
.419
.400
.352
.424
295
.477
.453
.485
.459
404
.312
1,5
4,5
6,5
8,5
2

Am Südufer von Passau nach Engelhartszell **26,5 km**

Die Fahrt am südlichen Donauufer führt zunächst zum zweiten Passauer Fluss, zum **Inn** ~ am **Domplatz** in der Passauer Altstadt, aus der **Schustergasse** kommend, links in die schmale und verwinkelte **Innbrückgasse** zum Inn, der auf der **Marienbrücke** überquert wird.

Tipp: Die Route innaufwärts finden Sie übrigens im *bikeline*-**Radtourenbuch „Inn-Radweg" (Teil 1+2)** beschrieben.

Drüben am **Kirchplatz** links in die Straße **Löwengrube**.

Tipp: Wer sich das Römermuseum zu Gemüte führen will, folgt rechtsherum der Lederergasse.

Von der Löwengrube über eine breitstufige Treppe zum Inn hinunter, eine Rampe bietet hier mehr Komfort ~ entlang einer Gleisanlage und kurz auf geschottertem Untergrund zum **Bahnhof Rosenau** ~ vor dem Gebäude über die Schienen und rechter Hand in den **Rosenauer Weg** ~ am Ende dieser Gasse führt ein feingeschotterter Rad- und Gehweg am Rande einer Kleingartensiedlung weiter.

Nach den Gärten wird der Weg ziemlich eng ~ weiter links der Gleise ~ hinter einem alten Lagerhaus zu einer Nebenstraße ~ nach Überquerung der Bundesstraße auf dem Begleitradweg Richtung **Achleiten** ~ dort beginnt der neu ausgebaute Radweg auf der linken Straßenseite ~ nach zirka einem Kilometer über die Bundesstraße und dem breiten Radweg rechts am Wald entlang folgen.

Etwa einen Kilometer weiter zweigt rechts ein breiter Radweg von der Straße ab ~ auf der Höhe des **Gasthauses Faberhof** schließt sich der Radweg bis zum ehemaligen Gasthaus Höllmühle wieder dem Verlauf der Bundesstraße an ~ ab hier setzt die Fahrt für rund 4 Kilometer auf der Straße fort ~ direkt an der Donau am **Schloss Krämpelstein** vorbei ~ etwa 200 Meter nach der einstigen Mautburg der Passauer Bischöfe beginnt erneut ein Radweg und führt durch die Häusergruppe von **Wörth** nach Pyrawang ~ im Ort erreicht der Weg die Straße und verläuft parallel weiter.

Tipp: Wenn Sie Zeit haben, besuchen Sie die interessante Kirche von Pyrawang.

Pyrawang ≈km **2213 R**

PLZ: 4092; Vorwahl: 07714

- **Gemeindeamt Esternberg**, ✆ 665510
- **Pfarrkirche.** Die kleine Kirche wartet mit frühgotischen Fresken auf, die erst 1982 entdeckt wurden.
- **Radtaxi** Johann Wallner, Esternberg, ✆ 0663/9170321. Rückholdienst von Wien und Linz sowie allfällige Abholungen u. Transporte.

Nach dem Ortsende auf dem neuen Radweg entlang der Bundesstraße weiter ~ nach 3 Kilometern ist die Anlegestelle der **Obernzeller Fähre** erreicht(ÖZ: 1. Mai-25. Sept. Mo-Fr 6.15-18.15 Uhr, Sa, So/Fei 7.30–18.15 Uhr).

Tipp: Das ehemalige Hafnerstädtchen Obernzell lockt mit einem interessanten Keramikmuseum auf das bayerische Donauufer.

Tipp: Sie können mittels der Fähre hier auch ans Nordufer wechseln, Beschreibung s. S. 26.

Der Radweg nach Engelhartszell geht nach der Fähre auf dem linken Straßenrand weiter und folgt dem Donauufer stromabwärts.

Tipp: Beim Campingplatz Kasten befinden sich Sanitäranlagen für Radfahrer.

Bei Kasten zweigt die serpentinenartige Straße Richtung **Vichtenstein** ab, die besser nur Bergfreaks einschlagen.

Die mächtige Burganlage und der 895 Meter hohe Haugstein, die höchste Erhebung des Voralpenlandes, nehmen sich auch von unten sehr schön aus.

Kasten ≈km **2209 R**

PLZ: 4091; Vorwahl: 07714

- **Tourismusverband Vichtenstein**, ✆ 80550
- **Fähre** nach Obernzell: 1. Mai-25. Sept., Mo-Fr 6.15-18.15, Sa, So/Fei 7.30-18.15 Uhr.
- **Filialkirche St. Jakob**, kleine barockisierte Kirche

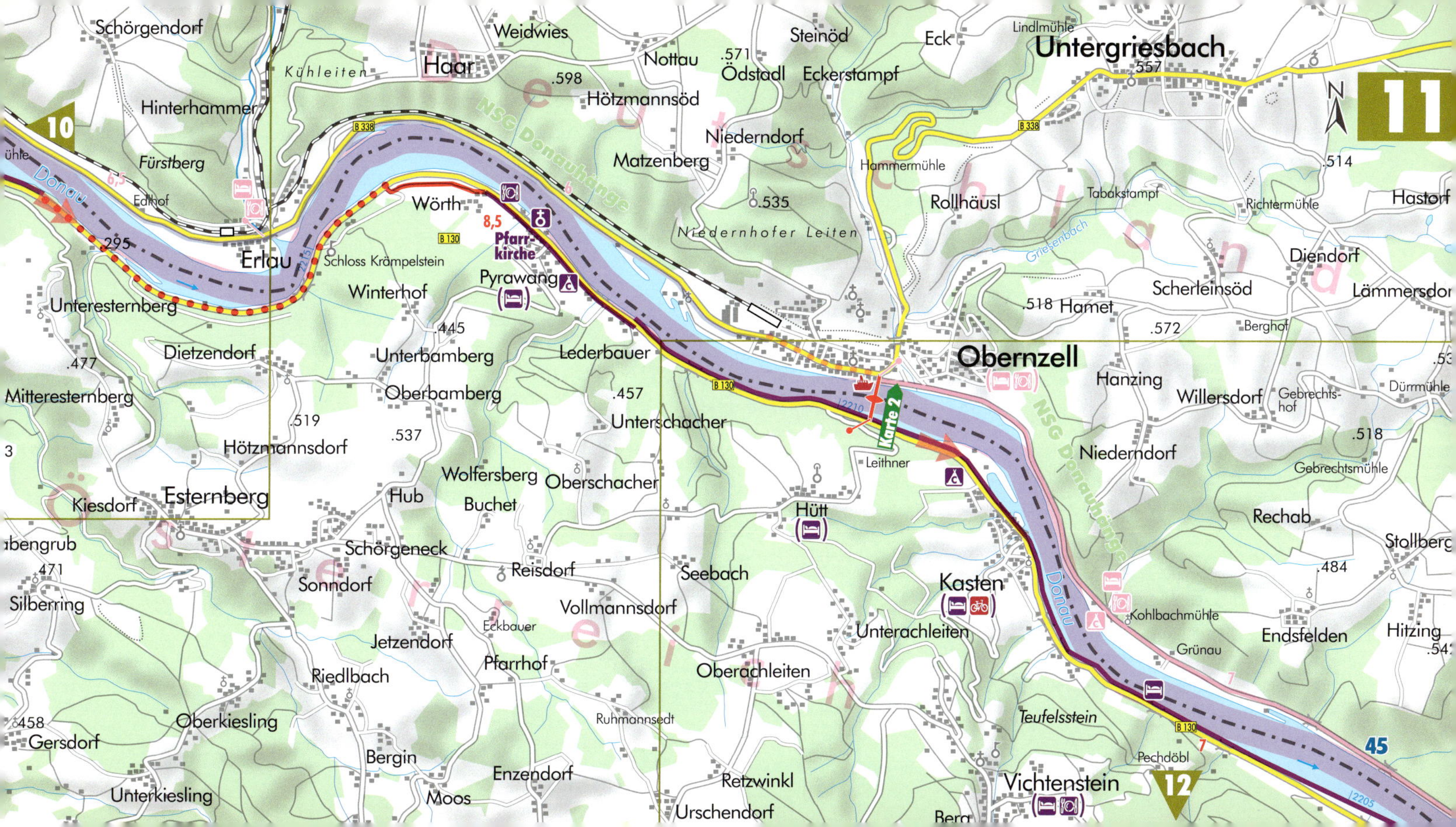

11
10
12
Karte 2
45
Untergriesbach
Obernzell
Erlau
Donau
NSG Donauhänge
Schörgendorf
Hinterhammer
Fürstberg
Edlhof
Weidwies
Haar
Kühleiten
Nottau
Ödstadl
Steinöd
Eckerstampf
Eck
Lindlmühle
Hötzmannsöd
Niederndorf
Matzenberg
Hammermühle
Rollhäusl
Tabakstampf
Richtermühle
Hastorf
Niedernhofer Leiten
Griesenbach
Diendorf
Scherleinsöd
Lämmersdorf
Hamet
Berghof
Wörth
Pfarrkirche
Schloss Krämpelstein
Pyrawang
Winterhof
Unteresternberg
Dietzendorf
Unterbamberg
Lederbauer
Oberbamberg
Mitteresternberg
Hötzmannsdorf
Unterschacher
Hanzing
Willersdorf
Gebrechtshof
Dürrmühle
Niederndorf
Gebrechtsmühle
Leithner
Wolfersberg
Oberschacher
Hub
Buchet
Kiesdorf
Esternberg
Hütt
Rechab
Stollberg
Schörgeneck
Reisdorf
Seebach
Kasten
Sonndorf
Silberring
Vollmannsdorf
Kohlbachmühle
Endsfelden
Hitzing
Eckbauer
Jetzendorf
Unterachleiten
Grünau
Riedlbach
Pfarrhof
Oberachleiten
Oberkiesling
Ruhmannsedt
Teufelsstein
Gersdorf
Bergin
Enzendorf
Pechdöbl
Retzwinkl
Vichtenstein
Unterkiesling
Moos
Urschendorf
Berg
B 338
B 130
.571
.598
.557
.514
.535
.295
.518
.572
.445
.477
.457
.519
.537
.518
.484
.471
.458
6,5
8,5
6
7

mit einem Kreuzigungsrelief von 1548.

Burg Vichtenstein, am Hang des Haugsteines. Die mächtige Burganlage geht auf das 12. Jh. zurück, der Hauptbau in seiner jetzigen Form stammt aus dem 16. Jh. Gut erhalten sind der romanische Bergfried, 2 Wohntürme und die Schlosskapelle. Nicht öffentlich zugänglich.

Radverleih, M.-E. Pointner, Kasten22, ✆ 63100

Die befestigten Adelssitze an der Donau und in anderen Teilen Oberösterreichs sind vorwiegend im 11. bis 13. Jahrhundert entstanden. Der Bau dieser Burgen setzte ein, nachdem die verheerenden Einbrüche der Magyaren durch die Siege an der Unstrut im Jahre 933 und auf dem Lechfeld bei Augsburg 955 endgültig abgewehrt und die bayerische Ostmark, aus der das Herzogtum Österreich hervorging, wieder hergestellt worden war.

Weiter am Donauufer entlang zum Weiler **Roning**.

Tipp: Darauffolgend können Sie bei der Staumauer des Kraftwerks Jochenstein zwischen 6 und 19 Uhr auf das andere, nördliche Ufer wechseln (lange, steile Treppe) oder am Brunnen Ihren Durst löschen (s. S. 26).

Bald sind am Südufer der **Campingplatz** und das **Freibad** von Engelhartszell erreicht, unterwegs informieren Tafeln über den römischen Limes in Oberösterreich ~ ab dem Campingplatz gibt es am Ufer nur einen Wanderweg, daher vom Fluss weg und über die Bundesstraße ~ rechtsseitig verläuft ein begleitender Radweg, in Engelhartszell geht es auf der Nebenfahrbahn weiter.

Tipp: Auf der Höhe der ersten Kreuzung finden Sie links neben der Bundesstraße die Radfähre, die zwischen 9-18 Uhr (in der Hochsaison auch 8-20 Uhr) verkehrt. Von hier ab ist es empfehlenswert das linke Ufer zu benutzen, da am rechten Ufer ein höheres Verkehrsaufkommen herrscht. Beschreibung s. S. 28.

Tipp: Wenn Sie aber auch vom Ortskern etwas sehen wollen, biegen Sie bei der Fähre rechts ab und spazieren durch den Markt, Haustafeln informieren Sie über die Geschichte des historischen Ortes. Danach kehren Sie über die erste Querstraße zur Hauptstraße zurück.

Engelhartszell ≈km 2201 R

PLZ: 4090; Vorwahl: 07717

Tourismusverband, ✆ 8245 (Sparkasse)

Tourismusbüro Oberes Donautal, ✆ 805511

Fähre: ✆ 07714/6764, 9-19 Uhr

Donau-Schifffahrt, Richtung Passau/Linz, ✆ 0851/929292

Engelhartszeller Donau-Welt, mit acht sehenswerten Stationen zur Geschichte des Marktes.

Stift Engelszell. Das Stift, das einzige der Trappisten in Österreich, wurde 1293 gegründet.

Stiftskirche. Die 1764 geweihte Kirche markiert einen regionalen Höhepunkt stuckplastischer Rokoko-Ausgestaltung des 18. Jhs. Eine Besonderheit ist das Fresko des Langhauses.

Pfarrkirche Maria Himmelfahrt, Ortsmitte. Chor und Langhaus der damals gotischen Marktkirche entstanden 1459-1503.

Kaiserliches Mauthaus mit „Kulturkeller der Energie AG". Alte Hochwassermarken und eine Wandmalerei zur Geschichte des alten Donaumarktes zieren das Haus aus dem 15. Jh.

Donaukraftwerk Jochenstein, Übertrittszeit: 6-22 Uhr, Führungen: ✆ 8032 (DKJ Passau). Mit dem Bau des Kraftwerkes 1952-56 sind auf 30 km Länge, 6 Engstellen für die internationale Schifffahrt beseitigt worden.

Freibad, ✆ 0664/8708787

Radverleih, Donau-Radfreunde, ✆ 8182

Obernzell
Hanzing
Willersdorf
Niederndorf
Gebrechtshof
Dürrmühle
Gebrechtsmühle
Leithner
Hütt
Kasten
Unterachleiten
Oberachleiten
Rechab
Stollberg
Kohlbachmühle
Grünau
Endsfelden
Hitzing
Donau
Teufelsstein
Burg Vichtenstein
Pechdöbl
Vichtenstein
Retzwinkl
Berg
Roninger Leiten
Roning
Kothau
Vorholz
Goderer
Oberweinbrunn
Unterweinbrunn
Karlhütte
Godererkogel
Rotzenedt
Ziehobl
Rain
Hub
Bollersberg
Gigering
Haugstein
Jägerbildkapelle
Höll
Sauwald
Raad
Speerhäusl
Unteröd
Oberöd
Wesseslinden
Höhenberg
Kaltenbrunnkapelle
Krieghäusl
Ramesberg
Krottenthal
Bannholz
Linden
Oberaschenberg
Unteraschenberg
Kronawitten
Gottsdorf
Zeinerberg
Neustift
Turm
Haitzendorf
Ebensteinkapelle
Riedl
Jochenstein
Kraftwerk
Haus am Strom
Jochensteinfelsen
Edt
Ruine-Neu-Jochenstein
Ruine-Alt-Jochenstein
Grub
Forstedt
Kleinmollsberg
Groß-mollsberg
Eitzendorf
Engelhartszell
Uferhäusl
Donau-Welt
Donauleiten
Penzenstein
Pühret
Steinlacken
Höllmühle
Anetsöd
Oberreut
Zaunbrecht
Dirnberg
Stöcklbach
Deutschland
Österreich
Karte 3
12
11
13
47

Radverleih, Tankstelle Strassl, ✆ 8037

*Die Geschichte des Marktes **Engelhartszell**, seit dem Mittelalter Grenz- und Mautstation, ist eng mit der Entwicklung des **Stiftes Engelszell** verbunden. 1293 vom Passauer Bischof als Zisterzienserkloster gegründet, diente es lange auch als Herberge für Reisende und als Sommersitz der Passauer Domherren. Im Zuge der Reformbestrebungen Kaiser Josefs II. wurde 1786 das Kloster aufgehoben und wechselte fortan häufig seinen Besitzer, zu denen auch Napoleon gehörte.*

Religiöses Leben kehrte erst 1925 wieder in die alten Gemäuer ein, als aus dem Elsass vertriebene deutsche Trappisten hier einzogen. Die strengen Regeln dieses zisterziensischen Reformordens – Schweigegebot, frühes Aufstehen, vegetarische Kost – umgeben ihn heute noch mit dem Nimbus weltferner Askese. Allerdings zeugt nicht zuletzt die berühmte Likörerzeugung von der durchaus lebensnahen Tätigkeit der Mönche.

Kurz nach Ortsende rechts die Abzweigung zum Stift Engelszell nehmen ~ am Kloster vorbei ~ die kleine Straße führt zur Hauptstraße zurück ~ rechts einbiegen und auf der stärker befahrenen Bundesstraße weiter nach Wesenufer.

Wesenufer ≈km **2192 R**

PLZ: 4085; Vorwahl: 07718

Tourismusverband Waldkirchen/Wesenufer, ✆ 72550

Naturschutzgebiet „Tal des Kleinen Klößlbaches", geführte Wanderungen: ✆ 805516

Weiter auf der Bundesstraße nach Schlögen.

Tipp: Für eine ruhigere Fahrt wechseln Sie hier ans linke Donauufer, Beschreibung s. S. 30.

Es geht nun am rechten Ufer auf der B 130 weiter nach Schlögen und zur berühmten Schlögener Schlinge.

Haibach-Schlögen ≈km **2187 R**

PLZ: 4083; Vorwahl: 07279

Tourismusverband Haibach-Schlögen, ✆ 8235.

Ausgrabungsreste des **Römerkastells Joviacum**. Das erhaltene Westtor ist das einzige noch sichtbare Tor eines römischen Lagers an der österreichischen Donau.

Die Schlögener Schlinge

Zwischen Passau und Aschach schneidet sich die Donau tief und in ausgeprägten Mäandern in das böhmische Granitmassiv ein. Sie folgt somit nicht dem Verlauf der geologischen Grenze zwischen der Böhmischen Masse und den Gesteinen des Alpenvorlandes, sondern bildet eine Besonderheit. Nicht ganz freiwillig, wie man

12
Engelhartszell
Donau-Welt
Raad
3,5
Donau
Donauleiten
Penzenstein
Steinlacken
Pühret
Mühlholz
Altenhof
Pfarrkirchen
13
Wehrbach
Hamet
N
Engelszell
Stift Engelszell
Berg
Fürling
Flenkental
5,5
B 130
2201
.697
Gerastorf
Hametbauer
Berg
Kiking
B 136
Mühlbach
Saag
2199
Dorf
Hötzendorf
Scharten
726
Stierbühel
Kramesau
Dolleseck
Dantlesbach
Schöfberg
Zimmerleiten
Edt
Beham
Mayrhof
Eckleinsbach
Hofkirchen
Schattenthal
601
Kopfinger
Rhonthal
St. Aegidi
4,5
Rannariedl
Neubau
599
Kronschlag
Leiten
Emmerstorf
Kößlau
Neuhofen
Oberleiten
Reiting
Rannamühl
Hundsfülling
Mühlen
Stockat
.649
Weinberg
Au
Lehen
Steinedt
Kiriau
Oberranna
Schauern
Ufer
Niederranna
289
Brenneck
1,5
Feicht
Höllau
Tullern
Hackendorf
Steinzen
Grübl
B 130
Karte 4
Donau
2194
Wiesen
Eben
Maierhof
6,5
14
Reisedt
Kager
Naturschutzgebiet
3
St. Pankratz
Marsbach
Walleiten
Fraunhof
Ruine Burgstall
Wesenufer
289
49
Schloss Marsbach
Wallern
Pühringer
Hundorf
Dorf
Ort
Edern
Im Forst

meinen könnte. Denn in den weichen Schichten des Tertiär suchte sich die Donau noch frei ihr kurvenreiches Bett. Durch die nachfolgende Hebung der Landmasse blieb dem Fluss kaum etwas anderes über, als sich mehr als 200 Meter tief einzugraben. Auf diese Weise entstand das heute bekannte und bewunderte Engtal. In der Schlögener Schlinge hat sich allerdings der Granit als stärker erwiesen und die Donau zu einem Richtungswechsel von 180 Grad gezwungen. Wie dies eigentlich möglich war, beraten die Geologen bis heute.

Die schwierige Zugänglichkeit der bewaldeten Steilhänge bürgt auch für eine naturnahe Vegetation und große Artenvielfalt. Besonders im Frühling und im Herbst ergibt sich ein abwechslungsreiches Farbspektrum, die ausgedehnten Wälder verleihen dem Tal den Eindruck von Ursprünglichkeit. Im Gegensatz dazu rufen uns die kleinen Wiesenflächen und Höfe am Flussufer in Erinnerung, dass wir auf altem Kulturboden stehen.

Der **Donauradweg** führt zwischen Schlögen und Grafenau nur auf dem rechten Ufer weiter ~ auf einer idyllischen Strecke geht es durch die andere Hälfte der Schlögener Donauschlinge ~ die **Ruine Haichenbach** ergänzt mit ihrem Turm das schöne Landschaftsbild ~ nach 3,5 Kilometern ist **Inzell** erreicht.

Inzell ≈km **2183 R**

PLZ: 4083; Vorwahl: 07279

ℹ **Tourismusverband Haibach**, ✆ 8235 und Radfahrstation, Gasthof Steindl ✆ 8328 und Gasthof Reisinger ✆ 8581

♁ **St. Nikolaus-Kirche.** Das renovierte Kirchlein soll 1155 von einem Reichsgrafen, hier aus der Fluten gerettet, errichtet worden sein.

Im Dorf kehrt die Route wieder zum Fluss zurück ~ ab hier Radweg ~ hinter der nächsten Flussbiegung ist dann am Nordufer **Obermühl** zu sehen.

Der markante Getreidespeicher aus der Renaissance, erkennbar am hohen hutförmigen Dach, hat die Hebung des Wasserspiegels infolge des Kraftwerks-

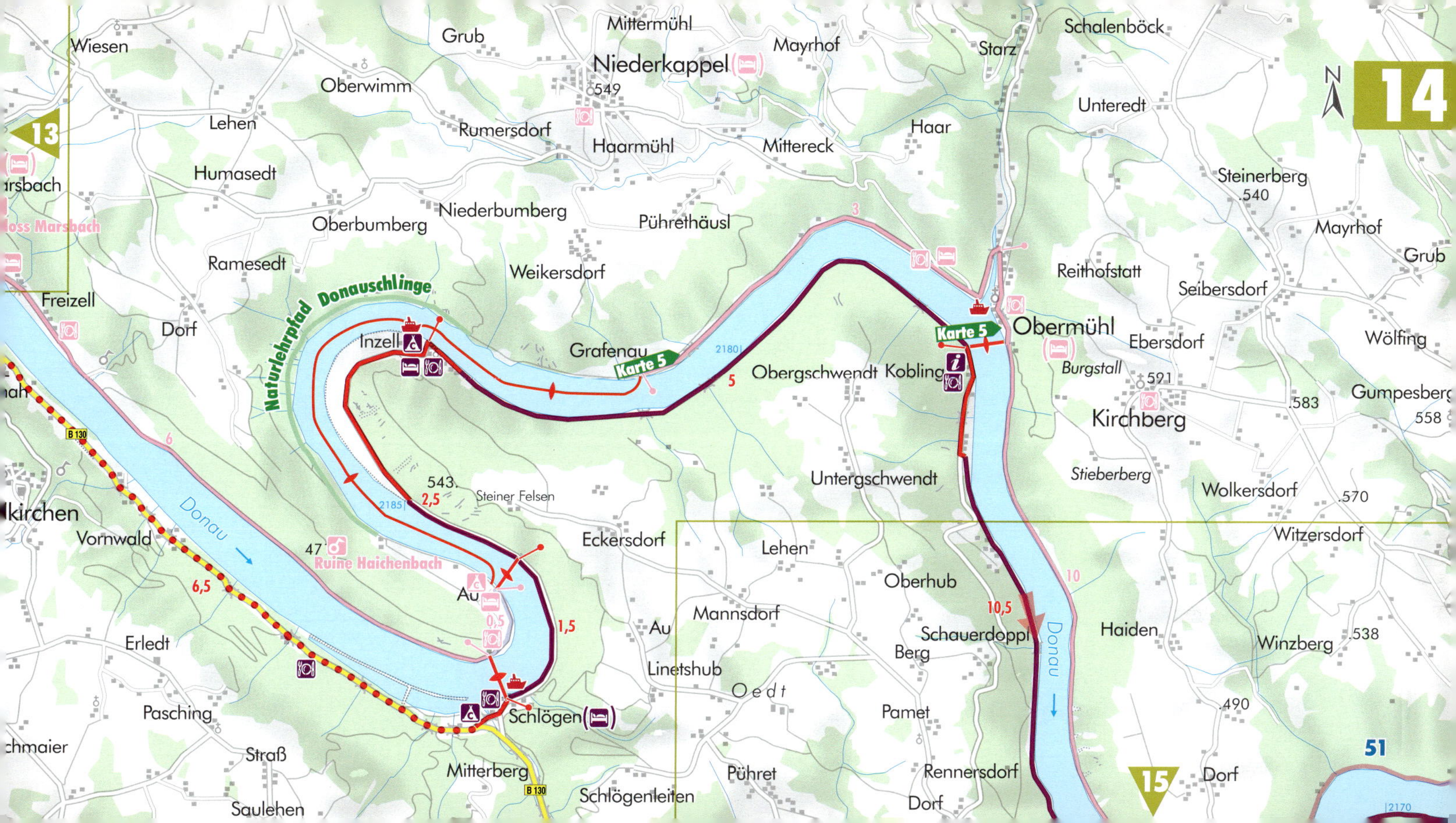

14
13
15
51
Niederkappel
Obermühl
Kirchberg
Schlögen
Inzell
Donau
Naturlehrpfad Donauschlinge
Karte 5
Ruine Haichenbach
Steiner Felsen
Mittermühl
Grub
Mayrhof
Starz
Schalenböck
Wiesen
Oberwimm
Lehen
Rumersdorf
Haarmühl
Mittereck
Haar
Unteredt
Humasedt
Steinerberg
Niederbumberg
Oberbumberg
Pührethäusl
Ramesedt
Weikersdorf
Reithofstatt
Seibersdorf
Freizell
Dorf
Grafenau
Obergschwendt
Kobling
Ebersdorf
Burgstall
Wölfing
Gumpesberg
Untergschwendt
Stieberberg
Wolkersdorf
Vornwald
Eckersdorf
Witzersdorf
Au
Oberhub
Mannsdorf
Schauerdoppl
Haiden
Winzberg
Erledt
Berg
Linetshub
Oedt
Pasching
Pamet
Straß
Mitterberg
Pühret
Rennersdorf
Saulehen
Schlögenleiten
B 130

Radfähre bei Schlögen

baus nur mit Müh und Not überdauert.

Kobling **R**

PLZ: 4083; Vorwahl: 07279

Tourismusverband Haibach-Schlögen, ✆ 8235 und Radfahrstation Kobling ✆ 8624

Fähre nach Obermühl, Betriebszeiten: April, Okt., 8-17 Uhr, Mai, Sept., 8 - 18 Uhr, Juni-Aug., 8-19 Uhr.

Tipp: In Kobling können Sie ans linke Ufer wechseln, Beschreibung s. S. 32.

Von Kobling nach Aschach 18,5 km

Gleich nach der Touristen-Information in **Kobling** trennt sich der Donauradweg vom Sauwald-Radweg ~ linker Hand durch einen Jungwald wieder ans Donauufer ~ bis Untermühl mit der nächsten Fähre sind es noch 10 Kilometer ~ auf einem gut ausgebauten Treppelweg der nächsten Donauschlinge bei **Hinteraigen** entgegen.

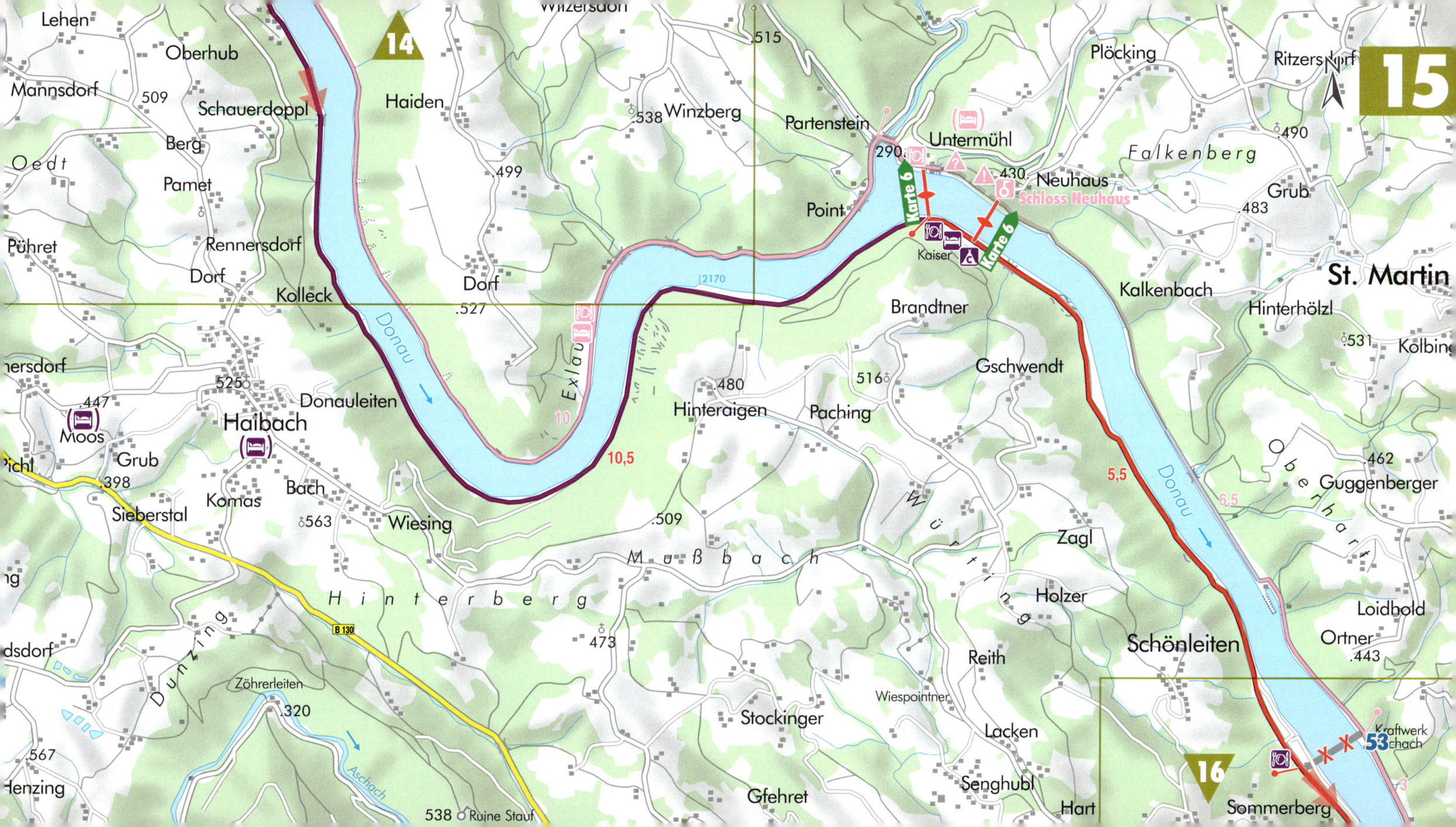
15
14
16
Lehen
Oberhub
Mannsdorf
509
Schauerdoppl
Haiden
Winzberg
.538
.515
Partenstein
Untermühl
Plöcking
Ritzersdorf
Falkenberg
.490
Berg
Oedt
Pamet
.499
290
430
Neuhaus
Schloss Neuhaus
Grub
.483
Point
Karte 6
Kaiser
Pühret
Rennersdorf
Dorf
Kolleck
Dorf
.527
2170
St. Martin
Kalkenbach
Brandtner
Hinterhölzl
531
Kolbing
Donau
Exlau
Gschwendt
516
.480
525
.447
Moos
Donauleiten
Haibach
Hinteraigen
Paching
10
10,5
Grub
.398
Bach
Komas
Siebersta l
563
Wiesing
.509
5,5
Donau
6,5
Oberhart
.462
Guggenberger
Zagl
Mußbach
Würting
Hinterberg
Holzer
Loidhold
B 130
Dunzing
473
Reith
Schönleiten
Ortner
.443
Zöhrerleiten
.320
Wiespointner
Stockinger
Lacken
Kraftwerk
53
Aschach
.567
Aschach
Senghubl
Gfehret
Hart
Sommerberg
538
Ruine Stauf

Oberhalb von ***Untermühl****, auf der gegenüberliegenden Seite, erscheint dann der bemerkenswerte Kettenturm vom* ***Schloss Neuhaus****. Es ist eine der größten Burganlagen im oberösterreichischen Donautal mit schönen Renaissance-Bauten und heute noch bewohnt.*

Beim **Gasthaus Kaiserhof**, zu dem ein großer Campingplatz gehört, laden einige Bänke zur Rast und zum entspannten Blick auf die Donau ein ~ am Ufer befindet sich die Anlegestelle der **Fähre nach Untermühl** (ÖZ: Mai-Juni, 9-19 Uhr, Juli-Aug., 9-20 Uhr, Sept., 9-20 Uhr).

Ab dem Kaiserhof auf einer Anrainerstraße am Ufer ~ wenn die Staustufe Aschach in Sichtweite kommt, an der Weggabelung rechts halten ~ beim **Kraftwerk Aschach** gibt es erneut eine **Informationsstelle** mit Zimmervermittlung, eine Überfahrt ist jedoch nicht möglich ~ bald darauf kommt Aschach.

Von der ruhmreichen Schiffervergangenheit des Marktes zeugen heute noch die zahlreichen gepflegten Bürgerhäuser der Donauzeile.

Aschach ≈km 2160 R

PLZ: 4082; Vorwahl: 07273

Tourismusverband, ✆ 635512 od. 7000

Rad-Info, beim Kraftwerk, ✆ 7000, ÖZ: Mai-Okt., Mo-So 13-19 Uhr.

Historischer Ortskern. Die meisten Althäuser mit ihren reizvollen Höfen und Laubengängen entstammen stilistisch der Gotik oder der Renaissance, ihre Fassaden tragen häufig Stuck des 18. und 19. Jhs.

Schloss Harrach, Südende des Markts. Die Anlage entstand um 1606 aus Anlass der Vermählung Karls von Jörger und war einer der bedeutendsten profanen Renaissance-Bauten in Oberösterreich. Unter dem Architekten Lukas von Hildebrandt erfolgte 1709 ein größerer Umbau.

Pfarrkirche. Der gotische Bau stammt aus 1490, wurde im 19. Jh. erweitert und in der Folge nach Plänen von Clemens Holzmeister umgebaut. Am Hochaltar das verehrte „Donaukreuz", angeschwemmt in Aschach im Jahre 1693.

Zehnertrauner, Grünanlagen. Das alte Ruderschiff wurde nach Originalvorlagen von 3 alten „Schoppern" gebaut und war Teil der Landesausstellung 1994 in Engelhartszell.

Pfarrkirche von Hartkirchen, (1,5 km westlich). Die seit 898 urkundlich erwähnte Kirche ist die älteste in weitem Umkreis. Um 1750 wurde sie barockisiert und mit imposanten Freskenfolgen, spätbarocker Illusionsmalerei und reichem Dekor ausgestattet.

Faustschlössl, Landshaag, linkes Donauufer. Der Sage nach sei Doktor Faust donauabwärts auf einer Reise zu Kaiser Friedrich III., um diesen Alchemie zu lehren, hier vorbeigefahren. Im schlossähnlichen Gebäude Hotelbetrieb.

16
15
17
Karte 7
Donau
Aschach
Vornholz
Sommerberg
Haizing
Kellnering
Hartkirchen
Schloss Harrach
Deinham
Karling
Pupping
Brandstätter See
Au
Brandstatt
Gstöttenau
Seebach
Waschpoint
Hinzenbach
St. Hippolyt
Wagrein
Eferding
Stieglhöfen
Polsenz
Güttlfeld
Oberhillinglah
Unterhillinglah
Fürstberger
Oberwallsee
Waidholz
Bad Mühllacken
Oberlandshaag
Oberndorf
Bergheim
Rosenleiter
Unterlandshaag
Im Feld
Pesenbach
Filialkirche
Feldkirchen
Zehetner
Hofham
Audorf
Mühldorf
Weidet
Freizeiteldorado
Badeseen
Schloß Auhof
Unterschaden
Friedlau
Wörth
Oberschaden
Ekhartsau
Aschacharm
Altau
Innbach
Taubenbrunn
Trattwörth
Inn
Aham
Raffelding

Die alte Mautstätte ***Aschach*** *geriet im großen Bauernkrieg von 1626 ins Zentrum des Geschehens und wurde von den Aufständischen mehrmals eingenommen und ausgeraubt. Bis zur Wende zum 20. Jahrhundert bestimmten dann Schiffbau und Schifffahrt das Werden des Marktflecken. Hier leben heute noch alte, vielleicht letzte Schopper, die das traditionelle Handwerk verstehen und die rund 20 Meter langen, bis zu 15 Tonnen schweren Donauplätten, eine Art Holzschiff, bauen können.*

Tipp: In Aschach können Sie wieder einmal ans linke Ufer wechseln (s. S. 32). Die Route am rechten Ufer bleibt durchgehend am Uferweg, Sie können sie aber durch einen reizvollen Ausflug ins Gemüseland um Eferding ergänzen. Beim Kraftwerk Ottensheim oder bei der Fähre von Wilhering besteht die Möglichkeit, das Ufer zu wechseln.

Um ans linke Ufer zu gelangen, unmittelbar vor der Aschacher Donaubrücke nach rechts ~ nach 400 Metern auf die Rampe einbiegen.

Am rechten Ufer auf den ufernahen Rad- und Gehweg wechseln und unter der Brücke hindurch.

Am rechten Ufer von Aschach nach Wilhering/Ottensheim 17 km

Diese Route verläuft ab der **Aschacher Donaubrücke** direkt am Ufer ~ nach 3 Kilometern bei **Brandstatt** in einem Rechtsschwenk über einen Donazufluss und danach an der Schiffsstation vorbei zurück zum Donauufer.

Brandstatt

Tipp: Während der Donau-Radweg am Damm weiterzieht, besteht nach ein paar hundert Metern die Möglichkeit zu einem Ausflug nach Eferding. Diese teilweise ausgeschilderte Tour durch reizvolles Bauernland erreicht nach 5,5 Flusskilometern wieder die Donau und verläuft größtenteils auf verkehrsarmen Landstraßen. Die Route ist in der Karte orange dargestellt.

Von Brandstatt immer am Ufer entlang zur **Staustufe Ottensheim-Wilhering**.

Der Linzer Hauptplatz

Tipp: Hier können Radfahrer problemlos auf das andere Ufer wechseln. Nach 20 Uhr müssen Sie allerdings die Gegensprechanlage benutzen, damit Ihnen das Tor geöffnet wird. Die nächste Gelegenheit zur Nordufervariante zu wechseln, bietet sich bei der Rollfähre in Wilhering (S. 38).

Am Südufer jedoch wechselt die Route vor dem Eingang zum Kraftwerk auf den Betriebsweg, der geradewegs vom Kraftwerk wegführt ~ nach der Innbachbrücke und noch vor dem Campingplatz im spitzen Winkel nach links ~ am Ufer des Innbaches wieder zur Donau und die Fahrt am aufschlussreichen Fischlehrpfad fortsetzen.

Nach dem Mühlbach gleich nach links ~ auf einem Fuß- und Radweg zur **Fähre** nach Ottensheim, wo es möglich ist an die Nordufervariante anzuschließen ~ der Ort **Wilhering** mit dem sehenswerten **Zisterzienserstift** liegt noch etwa einen Kilometer entfernt und ist auf einem Radweg entlang der Landstraße zu erreichen.

Wilhering ≈km 2142 R

PLZ: 4073; Vorwahl: 07226

- **Gemeindeamt**, Linzer Str. 14, ✆ 2255
- **Stiftsgebäude**. Nach der Gründung um 1200 erfolgte der erste große Ausbau zu Mitte des 18. Jhs. im Stil des Rokoko, jedoch blieb das Stift architektonisch – ähnlich wie Göttweig – ein Torso.

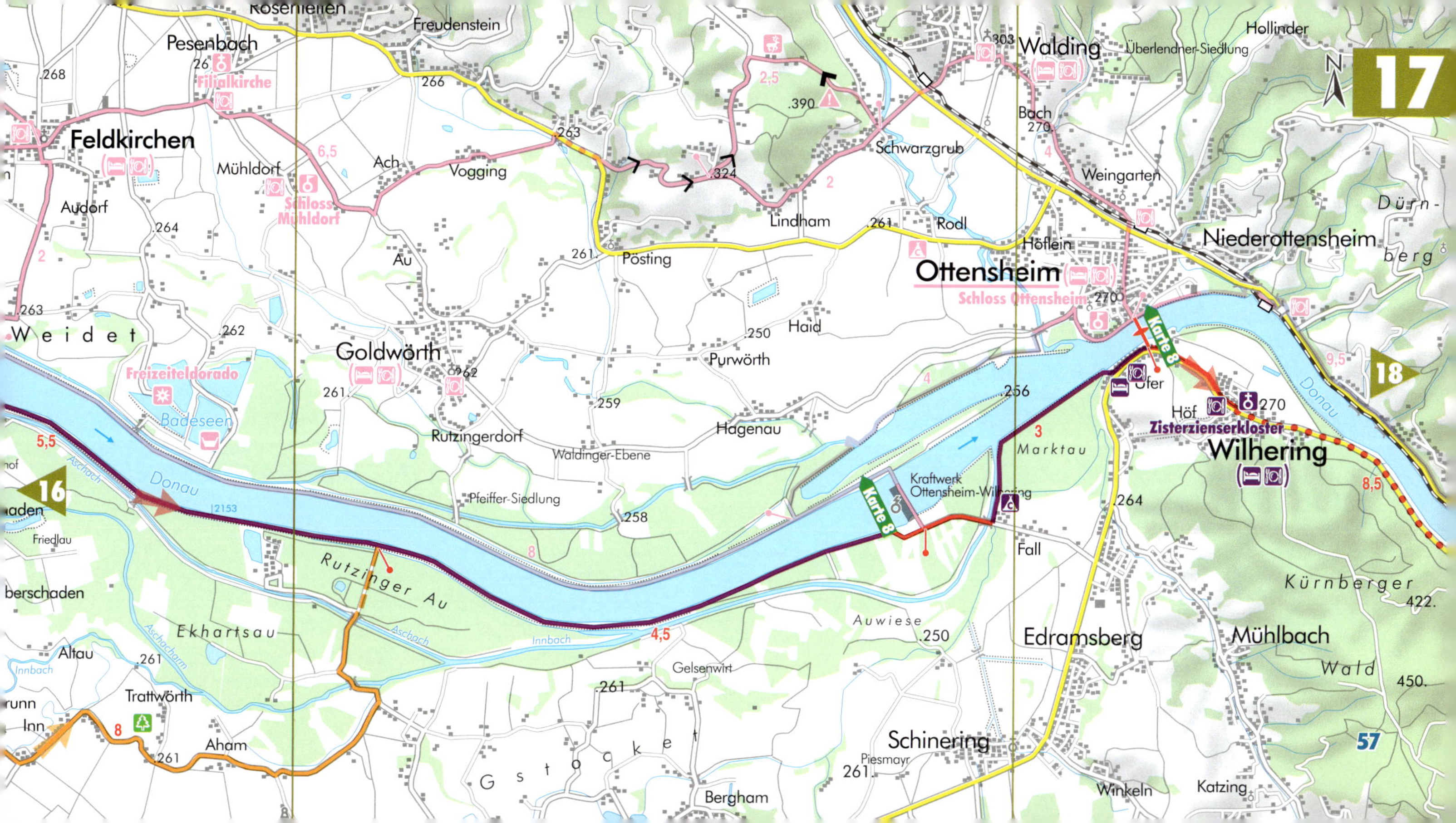
17
Walding
Überlendner-Siedlung
Hollinder
Freudenstein
Pesenbach
Filialkirche
Feldkirchen
Mühldorf
Schloss Mühldorf
Ach
Vogging
Schwarzgrub
Bach
Weingarten
Lindham
Rodl
Pösting
Höflein
Niederottensheim
Dürnberg
Ottensheim
Schloss Ottensheim
Audorf
Au
Weidet
Goldwörth
Haid
Purwörth
Freizeiteldorado
Badeseen
Rutzingerdorf
Hagenau
Waldinger-Ebene
Karte 8
Ufer
Höf
Zisterzienserkloster
Wilhering
Marktau
Donau
Aschach
Kraftwerk Ottensheim-Wilhering
Pfeiffer-Siedlung
Fall
Friedlau
Rutzinger Au
Kürnberger
Ekhartsau
Auwiese
Edramsberg
Mühlbach
Wald
Innbach
Altau
Gelsenwirt
Trattwörth
Inn
Aham
Gstocket
Schinering
Piesmayr
Bergham
Winkeln
Katzing
16
18
57

Stiftskirche Mariä Himmelfahrt. Mit Bau der Kirche 1733-51 wurde einer der hervorragendsten Sakralräume des Rokoko in Österreich geschaffen, dessen besondere Bedeutung sich in erster Linie auf den Innenraum gründet. Dort erreichen alle schmückenden Künste mehr als nur Dekoration.

Stiftsgarten. Die Anlage entstand 1833 nach dem Muster englischer Landschaftsgärten (u. a. eine vermutlich 800 Jahre alte Eibe) und umfasst auch eine große Orangerie in klassizistischer Biedermeierarchitektur.

Fischlehrpfad, am Uferweg zw. Kraftwerk und Ortschaft Ufer. 84 Schautafeln bringen die heimischen Fischarten (auch bereits ausgestorbene) näher.

Tipp: Von hier können Sie auch auf der landschaftlich reizvollen Donauuferstraße nach Linz radeln. Diese ist verkehrsreich und falls Sie eine verkehrsarme Strecke bevorzugen empfiehlt sich ein Wechsel ans Nordufer (s. S. 38).

Auf der Donauuferstraße nach Linz an die Nibelungenbrücke.

Tipp: Von der Brücke gelangen Sie ganz einfach in die Innenstadt.

Linz ≈km 2135 R

PLZ: 4020; Vorwahl: 070

Tourist-Information, Hauptpl. 1, ✆ 70701777

Donauschifffahrt Wurm + Köck, Untere Donaulände 1, ✆ 783607. Tägl. Linienschifffahrten nach Passau. Mitte April-Okt. Radmitnahme gratis.

Landes Galerie (Francisco Carolinum), Museumstr. 14, ✆ 774482, ÖZ: Di-Fr 9-18 Uhr, Sa, So/Fei 10-17 Uhr. Landesgalerie mit moderner und zeitgenössischer Kunst und Sonderausstellungen.

Ars Electronica Center, Hauptstr. 2, ✆ 72720, ÖZ: Mi-So 10-18 Uhr. Museum der Zukunft. Themen: Technologien u. Ideen des 21. Jhs.

Schlossmuseum, Tummelpl. 10, ✆ 774419, ÖZ: Di-Fr 9-18, Sa, So/Fei 10-17 Uhr. Kunst- und kulturgeschichtliche Sammlungen vom frühen Mittelalter bis zum Jugendstil, weiters Waffen-, Musikinstrumente- und Möbelsammlung sowie Kunstgewerbe und volkskundliche Exponate . Jeder 1. So im Monat freier Eintritt für Familien.

Neuer Dom, Linz

Stadtmuseum Linz-Nordico, Bethlehemstr. 7, ✆ 70701912, ÖZ: Mo-Fr 9-18 Uhr, Sa, So/Fei 14-17 Uhr. Große Sonderausstellungen. Informationen in der Tourist-Info.

Lentos Kunstmuseum Linz, Ernst-Koref-Promenade 1, ✆ 7070-3600, eröffnet am 18. Mai 2003, ÖZ: Mo, Mi-So 10-18 Uhr, Do 10-22 Uhr. Direkt am Donauufer steht ein architektonisches Juwel für die hochkarätigen Kunstwerke der Neuen Galerie der Stadt Linz. Das Erscheinungsbild des Hauses prägt eine Glasfassade, die bei Nacht beleuchtet ist. Damit setzt dieses Museum für moderne Kunst nicht nur bei Tag einen sichtbaren Akzent.

Stifterhaus, Adalbert-Stifter-Pl. 1, ✆ 7720-1295, ÖZ: Di-So 10-15 Uhr. In diesem Haus lebte der Schöpfer von „Nachsommer" und „Witiko" 20 Jahre bis zu seinem Tod 1868. Heute u. a. Stifter-Gedenkraum und Literaturmuseum zur oberösterreichischen Literaturgeschichte.

Linzer Schloss, Tummelpl. 10. Die ehemalige babenbergische Grenzbefestigung gegen Bayern wurde unter Rudolf II. um 1600 massiv im Stil des Manierismus umgebaut. Hier trat der erste österreichische Reichstag zusammen. Sehenswert der Festsaal und die rekonstruierte Weinberger Schlossapotheke von 1700.

Martinskirche, Römerstraße. Gilt als älteste in der ursprünglichen Form erhaltene Kirche Österreichs (bekannt seit 799). Über römischen Mauern wurden hier Fundamente der Pfeilerbogenhalle einer karolingischen Königspfalz gefunden.

Brucknerhaus, Untere Donaulände 7, ✆ 76120. Modernes Konzert- und Kongresshaus und Zentrum des Linzer Brucknerfestes mit einer Akustik, die international als beispielhaft gilt.

Neuer Dom, Baumbachstr. Der größte österreichische Kirchenbau seit der Barockzeit, Fassungsraum für 20.000 Personen, erfolgte zw. 1862 und 1924. Bemerkenswert die Gemäldefenster mit Darstellungen aus der Linzer Geschichte.

Minoritenkirche, Klosterstraße. In einem Nachbargebäude des 1236 gegründeten Minoritenklosters entstand in der 2. Hälfte des 18. Jhs. dieser reizvolle

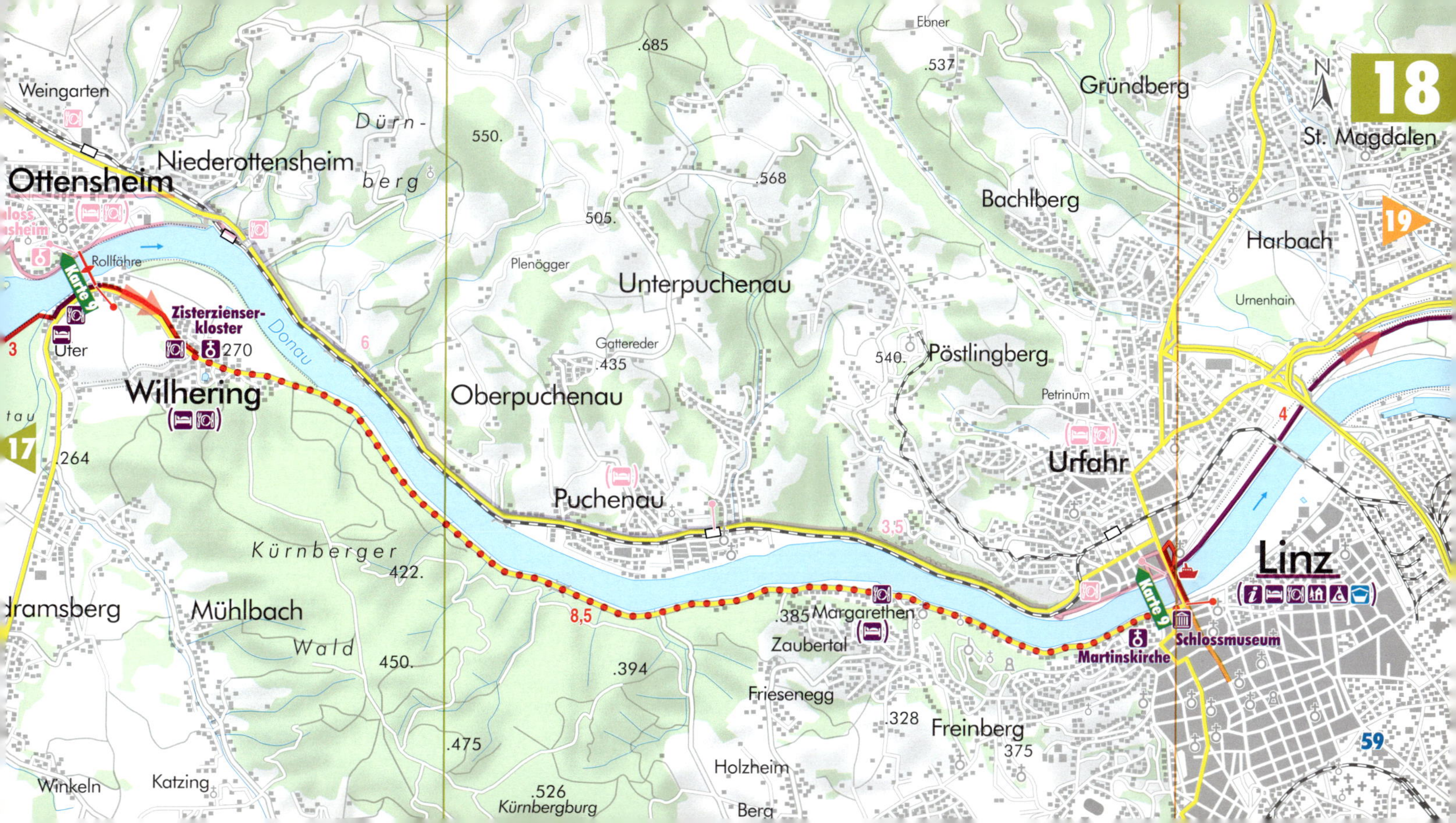

18
Weingarten
Dürn-
berg
Niederottensheim
Ottensheim
Rollfähre
Karte 9
Zisterzienser-
kloster
270
Uter
Wilhering
Donau
6
3
17
.264
Ebner
.685
.537
Gründberg
St. Magdalen
550.
.568
505.
Bachlberg
19
Harbach
Plenögger
Unterpuchenau
Urnenhain
Gattereder
.435
540.
Pöstlingberg
Petrinum
Oberpuchenau
4
Urfahr
Puchenau
3,5
Kürnberger
422.
Linz
dramsberg
Mühlbach
8,5
.385
Margarethen
Karte 9
Schlossmuseum
Martinskirche
Zaubertal
Wald
450.
.394
Friesenegg
.328
Freinberg
375
59
.475
Holzheim
Winkeln
Katzing
.526
Kürnbergburg
Berg

Rokokobau.

Stadtpfarrkirche Linz, Pfarrplatz. Ursprüngliche romanische Basilika, im barocken Neubau von 1648 befindet sich der Wandgrabstein für Herz und Eingeweide von Kaiser Friedrich III.

Wallfahrtskirche Pöstlingberg. Entstehung der Wallfahrt geht auf eine wundersame Heilung von Fürst Gundomer von Starhemberg zurück, die weithin sichtbare Kirche, Wahrzeichen von Linz, stammt von 1738-47.

Landhaus, Promenade. Das oberösterreichische Amtsgebäude bietet als Renaissancebau aus dem 16. Jh. einige Sehenswürdigkeiten so u. a. den beachtlichen Arkadenhof mit dem sog. Planetenbrunnen.

Dreifaltigkeitssäule, Hauptplatz. Die 20 m hohe Barocksäule wurde aus Dankbarkeit für die Rettung aus Kriegsgefahr, Pest und Feuersbrunst um 1700 erstellt, heute ein Wahrzeichen von Linz.

Mozarthaus, Altstadt 17. In diesem Renaissancebau aus der 2. Hälfte des 16. Jhs. war Wolfgang Amadeus Mozart Gast des Grafen von Thun und komponierte hier die „Linzer Symphonie".

Grottenbahn am Pöstlingberg, ÖZ: 1. März-31. Mai, 1. Sept.-2. Nov. tägl. 10-17 Uhr; Juni-Aug. 10-18 Uhr; An Adventsonntagen 10-17 Uhr. Die Märchenwelt für groß und klein, Geschichten von Zwergen, Riesen und verzauberten Prinzen.

Botanischer Garten, Rosegger Str. 20, ✆ 70701880, ÖZ: Mo-So. Sehenswerte Anlage auf 4,25 ha mit über 10.000 Arten, bekannte Kakteensammlung, Rosarium, Alpinum und Tropenhaus.

Pöstlingbergbahn, Talstation im Stadtteil Urfahr. Die steilste Adhäsionsbahn der Welt überwindet seit dem Jahr 1898 ca. 255 m Höhenunterschied, führt zur Wallfahrtskirche und zum beliebten Aussichtspunkt der Linzer.

Sport Home Service, Lornstorferpl. 8, ✆ 0664/4316969, ÖZ: Mo-So10-20 Uhr

Als noch Salz und Eisen den Weltmarkt bestimmten, wurde die kleine Römersiedlung Lentia um einen riesigen Marktplatz erweitert. Kaiser Maximilians Brückenbrief von 1497 leitete dann jene Entwicklung ein, die Linz und seine Jahrmärkte im 16. und 17. Jahrhundert europaweit bekannt machte. Wirtschaftlich gesehen bestimmte der riesige mittelalterliche Hauptplatz noch die Barockzeit und das frühindustrielle Linz, heute hat der Linzer Stadthafen diese Rolle übernommen. Ihre industrielle Laufbahn startete die Stadt schon früh, hier entstand der erste Großbetrieb auf dem europäischen Kontinent.

In letzter Zeit entwickelte sich Linz zu einer international anerkannten Kulturstadt, die hervorragend die Kombination eines wichtigen Industrie- und Handelszentrums und zeitgenössischer Kunst ist. Ein Beispiel dafür ist die Ars Electronica, die seit 1979 neue technische Entwicklungen einbeziehende Kunstformen von renommierten Künstlern präsentiert. Sie findet – gemeinsam mit dem Brucknerfest – jedes Jahr mit der Linzer Klangwolke ihren Höhepunkt. Und im Zusammenhang mit Computerkunst ist der Name von Linz international bereits ein Begriff. So wird der Ruf einer Industriestadt langsam mit dem Flair eines zukunftsorientierten und modernen Kulturzentrums verbunden.

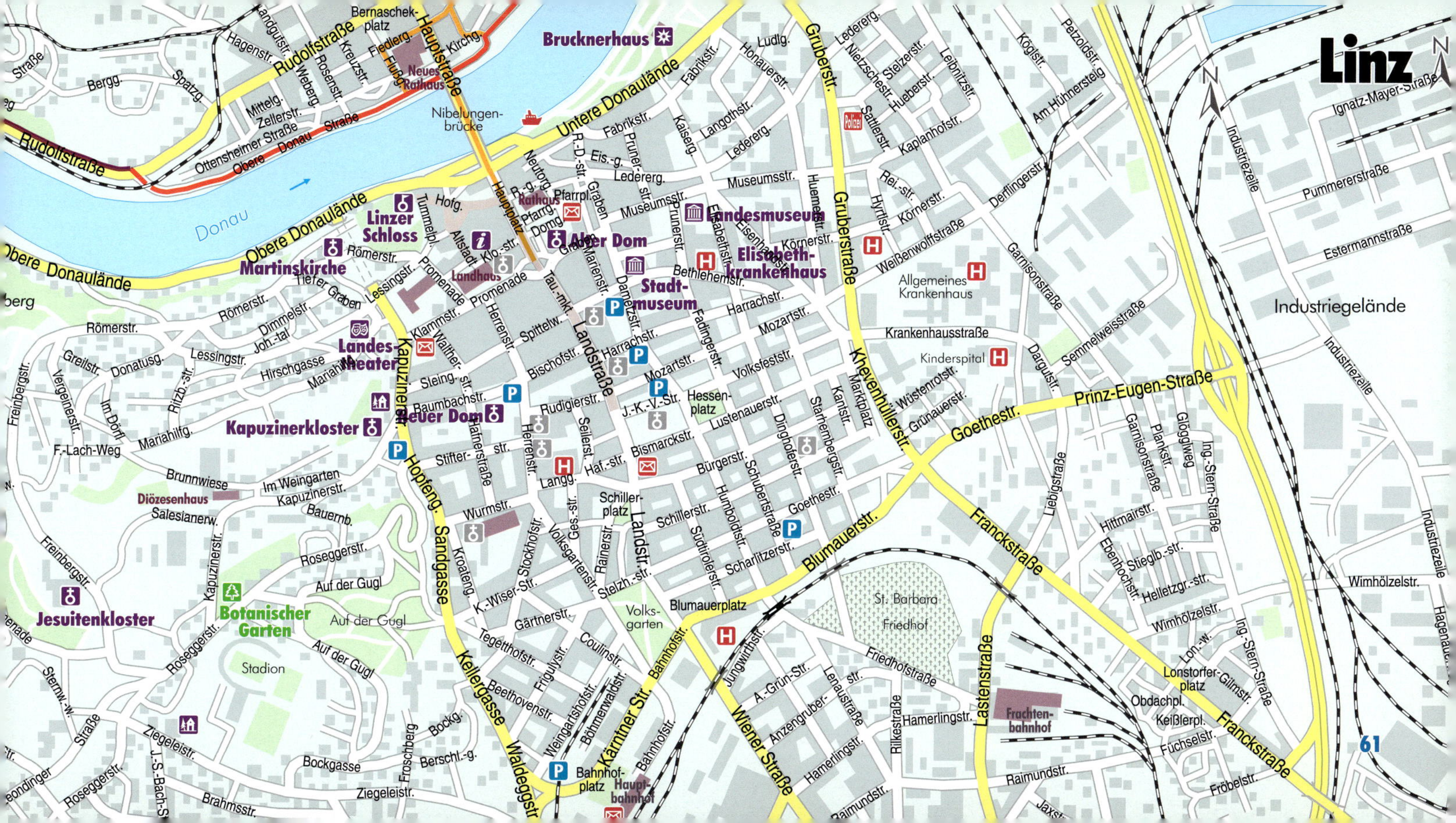
Linz
Brucknerhaus
Bernaschek-platz
Neues Rathaus
Nibelungen-brücke
Donau
Linzer Schloss
Martinskirche
Alter Dom
Landesmuseum
Elisabeth-krankenhaus
Stadt-museum
Landhaus
Rathaus
Landes-theater
Neuer Dom
Kapuzinerkloster
Diözesenhaus
Jesuitenkloster
Botanischer Garten
Auf der Gugl
Stadion
Volks-garten
Blumauerplatz
Hessen-platz
Schiller-platz
Bahnhof-platz
Haupt-bahnhof
St. Barbara Friedhof
Frachten-bahnhof
Allgemeines Krankenhaus
Kinderspital
Industriegelände
Lonstorfer-platz
Obdachpl.
Keißlerpl.
Polizei
Rudolfstraße
Hauptstraße
Obere Donaulände
Untere Donaulände
Ottensheimer Straße
Obere Donau Straße
Gruberstraße
Khevenhüllerstr.
Landstraße
Kapuzinerstr.
Hopfeng.
Sandgasse
Kellergasse
Waldeggstr.
Kärntner Str.
Wiener Straße
Blumauerstr.
Goethestr.
Prinz-Eugen-Straße
Franckstraße
Lastenstraße
Weißenwolffstraße
Krankenhausstraße
Semmelweisstraße
Garnisonstraße
Derfflingerstr.
Industriezeile
Pummererstraße
Estermannstraße
Ignatz-Mayer-Straße
Wimhölzelstr.
Ing.-Stern-Straße
Museumsstr.
Harrachstr.
Mozartstr.
Bischofstr.
Rudigierstr.
Bismarckstr.
Bürgerstr.
Schillerstr.
Humboldtstr.
Südtirolerstr.
Stockhofstr.
Volksgartenstr.
Herrenstr.
Baumbachstr.
Stifterstr.
Wurmstr.
Römerstr.
Lessingstr.
Hirschgasse
Mariahilfg.
Brunnwiese
Im Weingarten
Salesianerw.
Roseggerstr.
Freinbergstr.
Ziegeleistr.
Bockgasse
Brahmsstr.
Froschberg
Tegetthoffstr.
Beethovenstr.
Coulinstr.
Gärtnerstr.
Bahnhofstr.
Friedhofstraße
Hamerlingstr.
Raimundstr.
Fröbelstr.
Füchselstr.
Liebigstraße
Dinghoferstr.
Starhembergstr.
Lustenauerstr.
Volksfeststr.
Wüstenrotstr.
Grünauerstr.
Körnerstr.
Kaplanhofstr.
Hafnerstraße
Kroatengasse
Am Hühnersteig
Fabrikstr.
Honauerstr.
Leibnitzstr.
Petzoldstr.
Köglstr.

Von Linz nach Melk am Nordufer 107 km

Hinter Linz tauchen Sie wieder in ländliche Regionen ab. Schmucke Städtchen wie Steyregg und Grein liegen ebenso auf Ihrem Weg wie das spannende Freilichtmuseum in Mitterkirchen. Aber auch ein Relikt aus einem dunklen Kapitel der Geschichte: das ehemalige KZ Mauthausen. Die Reise geht in der melancholisch-faszinierenden Landschaft des Strudengaus weiter, jene Engstelle der Donau, die einst wegen ihrer „Strudel" und „Wirbel" von Schiffern sehr gefürchtet war. Sie wird vom sanften Nibelungengau abgelöst, den der Strom bis Melk durchquert.

Von Linz bis Abwinden verläuft der Radweg nur am Nordufer. Auf ruhigen Nebenstraßen und auf Radwegen führt der Donau-Radweg bis nach Melk. Ohne Radweg und dadurch verkehrsreich ist das Wegstück zwischen Grein und Persenbeug. Steigungen gibt es auf dem Ausflug zur KZ-Gedenkstätte Mauthausen.

Von Linz nach Abwinden 15,5 km

Der **Donauradweg** führt in Linz unter der **Nibelungenbrücke** durch und verläuft dann direkt am nördlichen Donauufer ~ bis zur stählernen Eisenbahnbrücke, wo die Route den Uferweg verlässt und erst 100 Meter „landeinwärts" die Brücke unterquert ~ rechts vom Damm an der Autobahnbrücke vorbei und weiter entlang der Pleschinger Au.

Tipp: Nach 2 Kilometern können Sie auf die Dammkrone hinauffahren, dahinter liegt der Pleschinger See, mit Restaurant, Campingplatz, FKK-Gelände und verschiedensten Freizeiteinrichtungen.

Am rechten Donauufer befindet sich der Linzer Hafen, die Industriezeile von Linz sowie das Werk der Voest Alpine Stahl und die Betriebe der Chemie-Linz AG. Seit 1991 ist Linz jene Landeshauptstadt Österreichs, die die besten Luftwerte vorzuweisen hat. Dies ist Großinvestitionen zu verdanken, die außerdem zahlreiche Arbeitsplätze geschaffen haben.

Zwischen diesen unterschiedlichen Landschaftsbildern der Steyregger Donau- und Eisenbahnbrücke entgegen, und darunter hindurch ~ gut einen Kilometer weiter ist das liebenswerte Städtchen Steyregg erreicht, großteils asphaltiert und ausgeschildert führt ein rund 1,5 Kilometer langer Weg in die Stadt, die von der imposanten Gestalt des Schlosses überragt wird.

Steyregg L

PLZ: 4221; Vorwahl: 0732

- **Stadtgemeindeamt**, Weißenwolffstr. 3, ✆ 640155 od. 640082
- **Kleines Museum** im Stadtturm mit Funden aus der Steyregger Steinzeitsiedlung
- **Pfarrkirche St. Stephan**, Kirchengasse. In dieser Kirche aus dem 14. Jh. befinden sich die im Jahre 1951 freigelegten Fresken aus der Entstehungszeit dieses sakralen Bauwerks
- **Altes Schloss**, Schlossberg. Burganlage aus der zweiten Hälfte des 12. Jhs. mit bedeutenden Fresken in der Schlosskapelle (14. Jh.)
- **Kloster Pulgarn**, 2 km östlich des Donau-Radweges. Im Jahr 1303 als Spital für Kranke und Bedürftige entstanden und befindet sich heute im

Steyregg – Historischer Stadtturm

Besitz des Chorherrenstiftes St. Florian. Der ehemalige Kapellenraum weist beeindruckende Fresken aus der Gründungszeit auf. Die spätgotische Stiftskirche (1512) zeichnet sich durch gute Raumwirkung und eine hervorragende Akkustik aus.

Auf dem als Donau-Radweg ausgebauten Treppelweg am Motor-Yachthafen Steyregg-Rosenau in Richtung Donaukraftwerk Abwinden-Asten weiter.

Auf der gegenüberliegenden Seite ergießen sich die Wasser der **Traun**, *einstmals ein wichtiger Handelsweg, in die Donau. Aus der beginnenden Ebene des Machlandes ragt nur der 400 Meter hohe, kegelförmige Luftenberg einsam in die Höhe.*

⚠ 2 Kilometer seit dem Abzweig nach Steyregg weicht der Radweg in einer gefährlichen, weil unübersichtlichen Rechtskurve einem Yachthafen aus.

Tipp: Genau in dieser Kurve zweigt auch ein Schotterweg ab, der Sie nach 1,5 Kilometern zu den nahen Badeseen in der Ringelau bringt.

Auf dem gut ausgebauten Dammweg weiter.

Tipp: Ab dem Kraftwerk Abwinden-Asten stehen verschiedene Möglichkeiten für die Weiterfahrt zur Auswahl: Die Nordufervariante zweigt hier von der Donau ab und verläuft über Mauthausen am linken Ufer. Unterwegs bietet sich ein Abstecher zur KZ-Gedenkstätte an. Die empfehlenswerten Alternativen zu dieser Routenführung befinden sich am rechten Ufer, hier besteht die Möglichkeit zu einem Ausflug zum Stift St. Florian und dann weiter nach Enns. Sie können aber auch auf ruhigen Straßen direkt in die historische Stadt Enns oder zur Fähre nach Mauthausen radeln. Die verschiedenen Routen treffen entweder bei der Radfähre nach Mauthausen oder bei der Donaubrücke hinter Enns/Mauthausen wieder aufeinander.

Für die Routen am Südufer lesen Sie bitte im nächsten Abschnitt auf Seite 88, Karte 31 nach.

Von Abwinden nach Mauthausen — 9 km

Die **Radroute** an der Nordseite der Donau verlässt knapp vor dem **Kraftwerk Abwinden-Asten** für eine Weile das Flussufer ~ über einen Seitenarm der Donau und unter der Bundesstraße durch ~ danach rechts nach Abwinden.

Abwinden

Im Ort laden mehrere Gasthäuser zu einer gemütlichen Rast ein ~ geradeaus auf der Hauptstraße weitergefahren, passieren Sie den Bahnhof von **St. Georgen a. d. Gusen**.

Tipp: Von hier aus können Sie mit der Bahn reizvolle Ausflüge ins Mühlviertel unternehmen.

Unter der Bahn hindurch und dem Straßenverlauf folgen.

St. Georgen a. d. Gusen — L

PLZ: 4222; Vorwahl: 07237

Marktgemeinde, ✆ 22550

Rechts über die Gusen und gleich neben dem Bahnhof über die Gleise ~ auf dieser Straße aus St. Georgen hinaus und weiter nach Langenstein.

Archäologisch Interessierte aufgepasst: Etwa einen Kilometer südlich von Gusen erhebt sich aus der Donauniederung ganz unvermutet ein 12 Meter hoher Hügel – die

„Berglitzl". *Sie ist ein Denkmal der urzeitlichen Besiedlungsgeschichte des Donautales. Ihre Existenz verdankt sie einer Granitaufragung, die den Abtragungskräften des Flusses trotzen konnte. So ist das Jagdlager einer späteiszeitlichen (bis 12.000 v. Chr.) Jägergruppe erhalten geblieben, die damit die älteste nachweisliche Siedlung Oberösterreichs bedeutet.*

Langenstein

PLZ: 4222; Vorwahl: 07237

Gemeindeamt, ✆ 2370

Der nächste Ort, **Langenstein**, wird geradeaus durchquert ~ nach einer langgezogenen Kurve über den Rieder Bach, der hier in die Donau fließt.

Tipp: Wenn Sie die Gedenkstätte des ehemaligen Konzentrationslagers Maut-

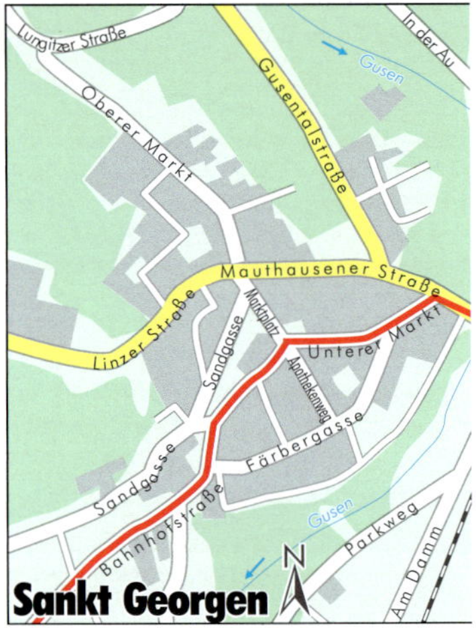

hausen aufsuchen wollen, zweigen Sie gleich dahinter links ab.

Die Hauptroute geht hingegen rechtsherum weiter, nachzulesen gleich nach dem Infoblock Mauthausen.

Zur Gedenkstätte Mauthausen 5,5 km

Im Tal des **Rieder Baches** (Wienergraben) für knapp einen Kilometer.

Tipp: Für die Weiterfahrt zur Gedenkstätte können Sie dann zwischen zwei Möglichkeiten wählen. Die erste ist kürzer und folgt der Erinnerungsstraße, die sich hier nach rechts wendet. Nach einer 14-prozentigen Steigung und einem Kilometer sind Sie am Ziel.

Die zweite Variante birgt weniger Mühen, ist dafür länger. Sie bleibt am Rieder Bach und führt an zwei Steinbrüchen vorbei, in denen einst die Lagerinsassen den Mauthausener Granit abbauen mussten.

Ein Stück weiter beim Gasthof rechts in die **Marbachstraße** ~ ab dort in zwei Kehren bergauf ~ auf der Anhöhe befindet sich das neu renovierte **Schloss Marbach**.

Vor dem Schloss nach rechts in den zunächst schlecht befahrbaren, später asphaltierten Kardenweg ab ~ vorbei an Bauernhöfen und nach einer markanten Rechtskurve liegt das ehemalige Lager. Besuchszeiten der **Gedenkstätte** und der Schauräume: 8–18 Uhr, Einlass bis 17 Uhr.

Mauthausen

Wer heute durch das sanfte Donautal des Mühlviertels fährt, kann sich kaum vorstellen, dass hier in den Jahren 1938 bis 1945 massenweise Menschen „auf der Flucht" erschossen, über die steilen Hänge der Granitsteinbrüche hinuntergestürzt oder in den Gaskammern vergiftet wurden, dass die Krematorien in Mauthausen, Gusen oder Melk Tag und Nacht brannten. Während der nationalsozialistischen Gewaltherrschaft starben im ***Konzentrationslager Mauthausen*** *123.000 Menschen.*

Tipp: Für die Rückfahrt empfiehlt sich naturgemäß die erste Variante mit der steilen Talfahrt. Vorausgesetzt Ihr Rad verfügt über solide Bremsen!

Auf der Hauptroute ist nach der Abzweigung zur Gedenkstätte bald der Ort Mauthausen erreicht ~ nach den Sportplätzen rechts Richtung Fähre abbiegen in die **J. Czerwenka-**

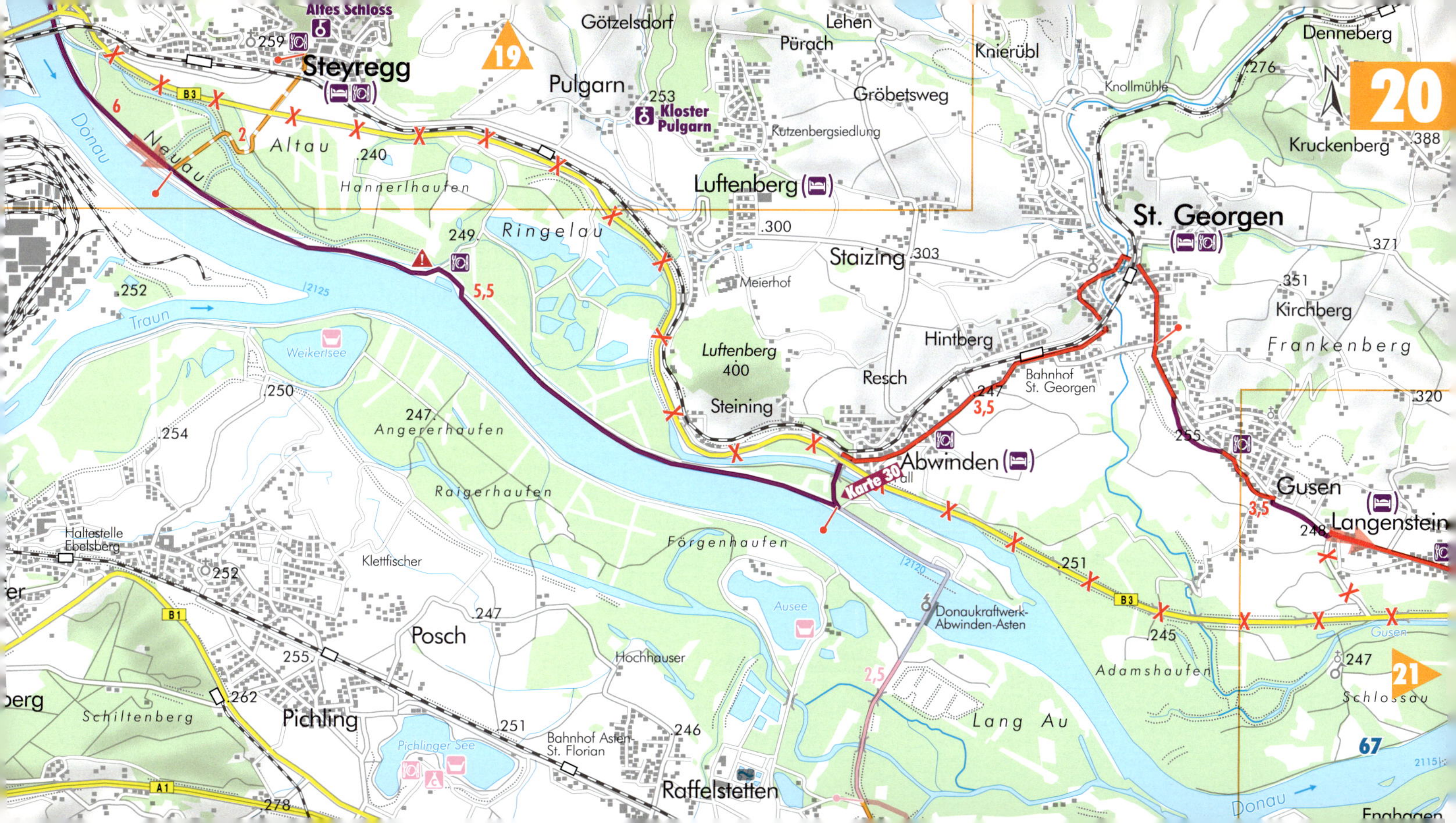

Altes Schloss
Steyregg
259
Götzelsdorf
Lehen
Pürach
19
Knierübl
Denneberg
276
20
Pulgarn
253
Kloster Pulgarn
Gröbetsweg
Knollmühle
Kutzenbergsiedlung
Kruckenberg
388
B3
6
2
Altau
240
Donau
Neuau
Hannerlhaufen
Luftenberg
300
St. Georgen
249
Ringelau
371
Staizing
303
252
Meierhof
351
5,5
Traun
Kirchberg
Weikerlsee
Luftenberg
400
Hintberg
Frankenberg
Resch
Bahnhof St. Georgen
250
247
3,5
320
Steining
247
Angererhaufen
254
255
Abwinden
Karte 30
Raigerhaufen
Gusen
3,5
Langenstein
248
Haltestelle Ebelsberg
Förgenhaufen
Klettfischer
252
251
B1
Ausee
Donaukraftwerk-Abwinden-Asten
B3
Posch
247
245
255
Hochhauser
247
2,5
Adamshaufen
21
262
Schiltenberg
Pichling
Lang Au
Schlossau
251
Bahnhof Asten-St. Florian
246
Pichlinger See
67
A1
278
Raffelstetten
Donau

Straße ~ vor der Bundesstraße nach links und auf dem Radweg direkt in den hübschen und malerischen Ortskern.

Mauthausen ≈km **2112 L**

PLZ: 4310; Vorwahl: 07238

- **Fremdenverkehrsverband**, Heindlkai, ✆ 2243
- **Rad-Infostelle**, Heindlkai, ✆ 3860
- **Donauradfähre Mauthausen**, ✆ 0664/2797272, Betriebszeiten: Mai, Juni, Aug. 9-19 Uhr, Juli, 9-20 Uhr, Sept., 9-18 Uhr. Am Wochenende steht zusätzlich die Stadtanlegestelle Enns im Ennshafen zur Verfügung.
- **KZ-Gedenkstätte Mauthausen**, Erinnerungsstr. 1, ✆ 2269, 4 Kilometer nordwestlich. ÖZ: 1. Feb.-31. März u. 1. Okt.-15. Dez. tägl. 8-16 Uhr; 1. April-30. Sept. 8-18 Uhr.
- **Pfarrkirche** zum Hl. Nikolaus. Die spätgotische Hallenkirche besitzt im Hochaltarbild ein schönes Alterswerk von Martin Johann Schmidt „dem Kremser" (1796/97).
- **Karner**. Im romanischen Rundbau, einem sog. „Beinhaus", sind Reste figuraler und ornamentaler Wandmalerei aus dem späten 13. Jh. zu sehen.
- **Ortsbild**. Bemerkenswert sind besonders die stattlichen Häuser am Donaukai mit ihrem lebensfrohen Fassadenspiel, vorwiegend aus dem 17. Jh. im Stil des Barock.

Die Legende erzählt über den gotischen Markt **Mauthausen**, *der im Jahre 1208 erstmals urkundlich erwähnt wird, dass schon Friedrich Barbarossa mit seinem Kreuzfahrerheer hier durchgezogen sein soll. Die gewinnsüchtigen Einwohner von damals wollten auch den Kaiser nicht so ohne weiteres passieren lassen und verlangten Maut, woraufhin dieser unfreundlicherweise den ganzen Ort zerstören ließ. Dass spätere Durchreisende weniger streitbar waren, belegen die spätgotische Hallenkirche und andere prächtige Bauten, die mit den reichen Mauteinnahmen finanziert wurden.*

Von Mauthausen nach Mitterkirchen — 20,5 km

Aus **Mauthausen** Richtung Osten

21
20
22
69
31
Marbach
Lager Mauthausen
KZ-Gedenkstätte Mauthausen
Langenstein
Wienergraben
Wagning
Nachbauer
Oberzirking
Aisting
Aisthofen
Althart
Weinzierl
Neuhart
Hinterholz
Soldatenfriedhof
Brunngraben
Mauthausen
Vormarkt
Heinrichsbrunn
Bahnhof Mauthausen
Haid
Obersebern
Niedersebern
Oberwagram
Oberwagramer Feld
Brand
Reiferdorf
Albern
Karte 32
Donau
Gusen
Schlossau
Enghagen
Enns
Pyburg
Haltestelle St. Pantaleon
Kraftwerk
Albing
Winkl
Au
Aist
Naarn
Lorch
Windpassing
Stein
Schinagl
Arthof
Marksee
Stadtturm
Ennsdorf
Oberwasserkanal
St. Pantaleon
Anger
Mitterau
Raad
Waagram
B 3
B 123
B 123a
B 1
3,5
3
5,5
6
0,5

Mauthausen

am Uferradweg hinaus.

Tipp: Vor der Donaubrücke Mauthausen zwischen Heinrichsbrunn und Pyburg können Sie für die weitere Routenführung bis Grein im Strudengau eine Vorentscheidung treffen: Die Nordroute führt geradeaus unter der Brücke durch und verläuft bis zum Kraftwerk Wallsee-Mitterkirchen durch die Au und am Damm. Die Kraftwerksbrücke Wallsee-Mitterkirchen ist Tag und Nacht geöffnet.

Wenn Sie aber Lust auf eine Tour von Dorf zu Dorf auf ruhigen Landstraßen haben, so schließen Sie sich schon in Mauthausen der Südufer-Variante an, die hier auf der Brücke den Fluss überquert. Mit der Überquerung der Donau kommen Sie übrigens in ein neues Bundesland, nach Niederösterreich (S. 94) und gleichzeitig in das sehenswerte Wallsee mit seinem Habsburger-Schloss.

Die **Route** führt ab der Brücke nach Mauthausen am Uferradweg flussabwärts ~ nach 500 Metern verlässt die Route den Damm und wechselt auf die Dorfstraße, die durch **Albern** führt.

Albern

Nach der Siedlung an eine Vorfahrtsstraße, kurz nach rechts ~ über die Aist auf einer Radbrücke und darauffolgend rechts Richtung Grein abbiegen ~ auf der Dammkrone geht es jetzt zur Mündungsstelle der Aist und weiter an der Donau entlang ~ nach einem Kilometer veranlasst eine Donaubucht bei Au zum Ausweichmanöver ~ neben einem Campingplatz gibt es hier auch wieder eine Informationsstelle ~ vor der Hauptstraße rechts auf den Treppelweg.

Au a. d. Donau / Naarn

≈km 2107 L

PLZ: 4331; Vorwahl: 07262

- **Gemeindeamt Naarn**, Pergerstr. 2, ✆ 58255.
- **Aulehrpfad**, auf halbem Wege zwischen Au und Naarn. Auf dem Wanderweg lässt sich vieles über Pflanzen, Tiere und Probleme der Au erfahren.

Nach Ortsende auf den Begleitweg des Dammes ~ nach etwa 1,5 Kilometern über einen Seitenkanal des Hochwasserschutzes und bald darauf auf den Damm hinauf ~ nach 8 Kilometern zum **Kraftwerk Wallsee-Mitterkirchen**, eine eigene Raststation mit Infostelle und Brunnen versorgt

Im Jachthafen Au a. d. Donau

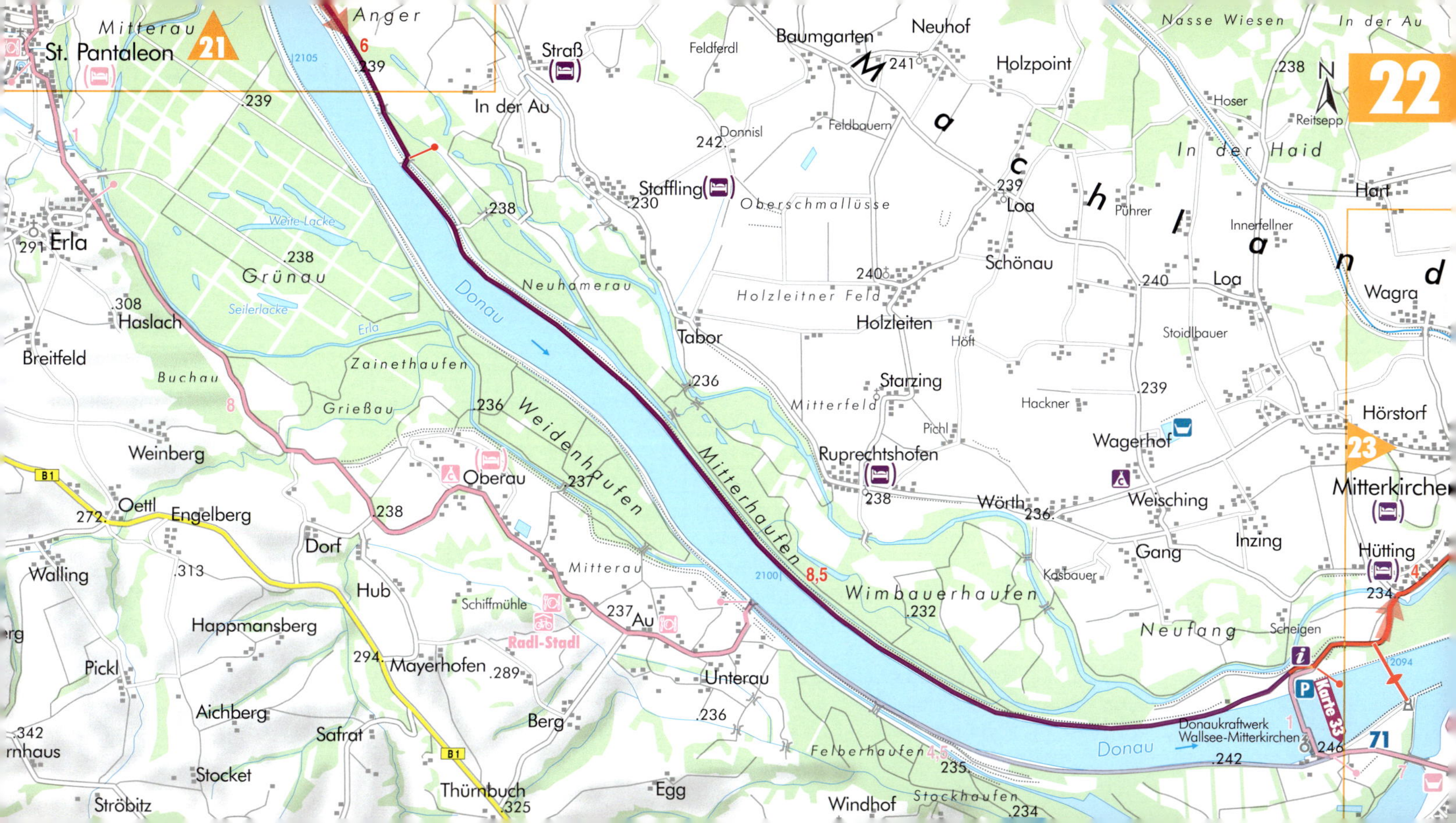

22
21
23
Mitterau
St. Pantaleon
Anger
6
239
Straß
In der Au
Feldferdl
Baumgarten
Neuhof
241
Holzpoint
Nasse Wiesen
In der Au
238
Hoser
Reitsepp
Machland
Donnisl
242
Feldbauern
In der Haid
Staffling
230
Oberschmallüsse
239
Loa
Pührer
Innerfellner
Hart
Erla
291
Grünau
238
Weite Lacke
Seilerlacke
Neuhamerau
Holzleitner Feld
240
Schönau
240
Loa
Wagra
Haslach
308
Breitfeld
Buchau
Erla
Zainethaufen
Donau
Tabor
Holzleiten
Höft
Stoidlbauer
236
Starzing
Mitterfeld
Hackner
239
Hörstorf
Grießau
236
Weidenhaufen
Mitterhaufen
Pichl
Wagerhof
Weinberg
Oberau
237
Ruprechtshofen
238
Wörth
236
Weisching
Mitterkirchen
B1
Oettl
272
Engelberg
238
Dorf
Inzing
Gang
Hütting
Walling
313
Hub
Mitterau
2100
8,5
Wimbauerhaufen
232
Kasbauer
234
4
Schiffmühle
237
Au
Radl-Stadl
Happmansberg
Neufang
Scheigen
Pickl
294
Mayerhofen
289
Unterau
2094
Aichberg
Safrat
Berg
236
Donaukraftwerk Wallsee-Mitterkirchen
Karte 33
342
rnhaus
B1
Felberhaufen
4,5
235
Donau
242
246
71
Stocket
Thürnbuch
325
Egg
Windhof
Stockhaufen
234
Ströbitz
1
8
7

hier die Pedalritter.

Tipp: Hier besteht wieder die Möglichkeit ans rechte Donauufer zu wechseln (s. S. 96). Die Nord- und Südroute treffen bei der Donaubrücke vor Grein wieder zusammen.

Am Nordufer von Mitterkirchen nach Grein — 16 km

Die **Nordufervariante** führt für eine Weile ins flache Machland ~ auf der Werksstraße nach links ~ nach der Brücke über einen Altarm durch die Ortschaft **Hütting** ~ die schwach befahrene Landstraße führt nach Mitterkirchen, wo die ausgeschilderte Route noch vor der Hauptstraße rechts abzweigt ~ falls dieser Abzweig verpasst wurde, einfach rechtsherum nach **Mettensdorf** weiter und nach der Naarn-Brücke ist die Route wieder erreicht.

Mitterkirchen im Machland — L

PLZ: 4343; Vorwahl: 07269

Marktgemeinde, Nr. 50, ✆ 82550

Rad-Infostelle, beim Kraftwerk, ✆ 30373, ÖZ: Mai-Mitte Okt., Mo-So 11-19 Uhr.

Urgeschichtliches Freilichtmuseum, Ortsteil Lehen (2 km von Mitterkirchen), ✆ 6611, ÖZ: Mitte April-Okt., Mo-So 9-17 Uhr. Im Jahr 1980 wurden hier Überreste eines großen Hügelgräberfeldes aus der Hallstattzeit (um 700 v. Chr.) entdeckt. Die international viel beachteten archäologischen Grabungen dauerten 10 Jahre und brachten für die Fachwelt sensationelle Ergebnisse. Heute wird mit einem originalgetreu errichteten „Keltendorf“

Hart
Hofstetten
Freilicht-museum
Lehen
.235
Wagra
Labing
Mitterkirchen
Kaindlau
Hackfeld
Schwaighofer
Mettensdorf
.232
4,5
Pitzing
.234
Eizendorf
Froschau
Haselbauer
.204
Saxendorf
Hofkirchen
.235
24
B 3
Wetzelsdorf
Patzenhof
.345
Windhirn
Knappetsberg
Dornach
4,5
Winklinger-Haufen
2083
23
22
Rosenhaufen
Hollerau
.228
.230
.231
Mitterhaufen
3
Weidenhaufen
Häundlhaufen
Hochau
2085
Donau
Winkling
Brandhof
274
.278
Fuchshof
Ardagger Mark
B 119
Bockreut
.231
Mitterhaufen
2090
Donau
.230
Grenerhaufen
.230
.245
Bach
2,5
Au
Kirchfeld
288.
Ufer
280
Burg
Wallsee
Mühlhaufen
Weidenhaufen
.231
.232
Hagenau
6
Hundertleiten
Empfing
Unterau
Roßwiese
7
Sommerau
.231
.235
Sindelburg
307
Hummelberg
Leitzing
Moos
280
Ardagger Stiftskirche
Hinterholz
.296
281.
Doppstein
Aigen
Stephanshart
Pfaffenberg
Groppenberg
Salvetär
Geisthof
73
Zehenthof
Hofing
.300
Hörzenleiten
Schneckenreit
Hebmannsberg
.314
Kälbersberg
Weg
Schweinberg
Dorf
314
Albersberg
Zeitlbach
4
ting
torf

Donaukraftwerk Wallsee-Mitterkirchen

versucht, die Arbeits- und Lebensweise dieser Epoche nachzuvollziehen.

Pfarrkirche. Von 1482 mit gotischem Rippengewölbe und modernem Kreuzweg von Th. Pühringer.

Badesee bei Hörstorf, ca. 1,5 km vom Donauradweg entfernt, ist das Badezentrum der Ferienregion Donauland-Strudengau.

Der offizielle Donauradweg macht einen kleinen Umweg und überquert die Naarn, einen der Hauptflüsse des Mühlviertels, etwas südlich der Landstraße ~ auf der anderen Seite gleich nach links und darauffolgend rechts auf die Landstraße einbiegen.

Tipp: Nach rund einem Kilometer zweigt links der Weg zum urgeschichtlichen Freilichtmuseum in Lehen von der Hauptroute nach Mettensdorf ab. Zurück zur Hauptroute gelangen Sie vom Urgeschichtsmuseum nach rechts weg, Sie können aber auch die ausgeschilderte Ausflugsroute über Klam verfolgen. Diese Tour erfordert etwas sportliche Ambition und trifft in Grein wieder auf die Donau. Die Streckenführung ist in der Karte in orange dargestellt.

Die **Hauptroute** bleibt in ebenen Gefilden und führt weiter nach **Mettensdorf** ~ nach 1,5 Kilometern an der Querstraße links und nach dem Bächlein kurz darauf nach rechts.

Mettensdorf L

Eine schmale Straße führt aus der Ortschaft hinaus ~ nach den Höfen von **Pitzing** und am Rande von **Eizendorf** an der Querstraße rechts.

Eizendorf

Sie verlassen aber die Straße gleich wieder Richtung Donau, also nach rechts ~ 500 Meter weiter über einen Nebenfluss der Naarn und dann links um den **Badesee** herum ~ unterwegs werden Sie von Tafeln des Strudengauer Themenradweges über Sehenswertes in der Region informiert ~ nach dem See kommen Sie bald zur Donau und wenden sich nach links ~ bei **Dornach** endet die Au, und nach dem Machland beginnt die Reise in den malerischen Strudengau.

Urgeschichtliches Freilichtmuseum Mitterkirchen

Dornach

Bei der **Haltestelle Dornach** über eine Brücke.

Tipp: Gerade hinüber gelangen Sie in den Ort und zu einem kleinen Badesee.

Auf der Hauptroute vor der Bahn-

24
Grein
Greinburg
Klam
Burg Clam
Saxen
Baumgartenberg
Stiftskirche
Freilicht-museum
Mettensdorf
Eizendorf
Dornach
Donau
Karte 35
25
23
75
B 3
B 119
Hehenberg
Föhren-wald
Gauninger Holz-
Thanhof
Linden
Gauning
Kolbing
Amesbach
Ruine Außenstein
Siebermühle
Schneckenreitstal
Schneckenreitsberg
Obergassolding
Untergassolding
Steindl
Deiming
Mitterholz
Burgstall
Hintermühle
Au
Kirchbichl
Oberhörnbach
Unterhörnbach
Purghofer
Lettental
Teichhäuseln
Haushofer
Gstettenbauer
Schacherbauer
Achatzberg
Letten
Herdmann
Bahnhof Grein-Bad Kreuzen
Ufer
Wiesen
Gipfelstein
Gobelwarte
Plank
Kren
Nomberger
Kühberger
Baumgartner
Lärchbaumer
Oberberger
Oberbergen
Stadler
Fischecker
Winkelgraben
Hofkirchen
Gschwendt
Zehethofer
Windhörr
Tiefenbach
Froschau
Haselbauer
Saxendorf
Patzenhof
Windhim
Mayerhofer
Wetzelsdorf
Knappetsberg
Lärchbauer
Innerzaun
Pitzing
Rosenhaufen
Hollerau
Mitterhaufen
Weidenhaufen
Hochau
Hackfeld
Schwaighofer
Häundlhaufen
Winklinger-Haufen
Felleismühle
Winkling
Brandhof
Zehent
Ponegger
Mayerhofer
6,5
3
3,5
4,5
2
1
5

linie rechts auf den Treppelweg ~ der Radweg hält sich an den Bahnverlauf und führt an Dornach vorbei ~ hinter dem Teich schlägt der Radweg einen Haken nach rechts und führt über einen Steg ~ das Tal verengt sich zusehends, das einst von den Schiffern gefürchtete „Nadelöhr" naht ~ nach 4,5 Kilometern ist die Donaubrücke vor **Grein** erreicht.

Tipp: Am Nordufer kommen Sie in weiterer Folge in das hübsche Grein. Die Fortsetzung der Route am linken Ufer von Grein aus bedeutet jedoch eine längere Strecke auf verkehrsreicher Straße ohne Radweg oder nur mit Radstreifen. Es empfiehlt sich daher, bis nach Ybbs am rechten Ufer weiterzufahren. Beschreibung s. S. 100.

Am Nordufer auf dem Uferradweg bis kurz vor Grein ~ hier weicht der Weg dem Bootshafen aus ~ nach dem Campingplatz an der Uferstraße nach rechts und 300 Meter weiter nach links zum Stadtplatz abzweigen.

Grein a.d. Donau ≈km **2079 L**

PLZ: 4360; Vorwahl: 07268

Tourismusverband, ✆ 7055

Oberösterreichisches Schifffahrtsmuseum, Greinburg, ✆ 7007, ÖZ: Juni-Sept., Di-So 10-18 Uhr, Mai, Okt., Di-So 10-12 Uhr und 13-17 Uhr. Mit originalgetreuen Modellen wird die Geschichte der Schifffahrt an den Flüssen Donau, Traun, Salzach und Inn, aber auch an Salzkammergut-Seen dargelegt. Vertreten sind praktisch alle Flussfahrzeuge sowie Sammel-, Regulierungs-

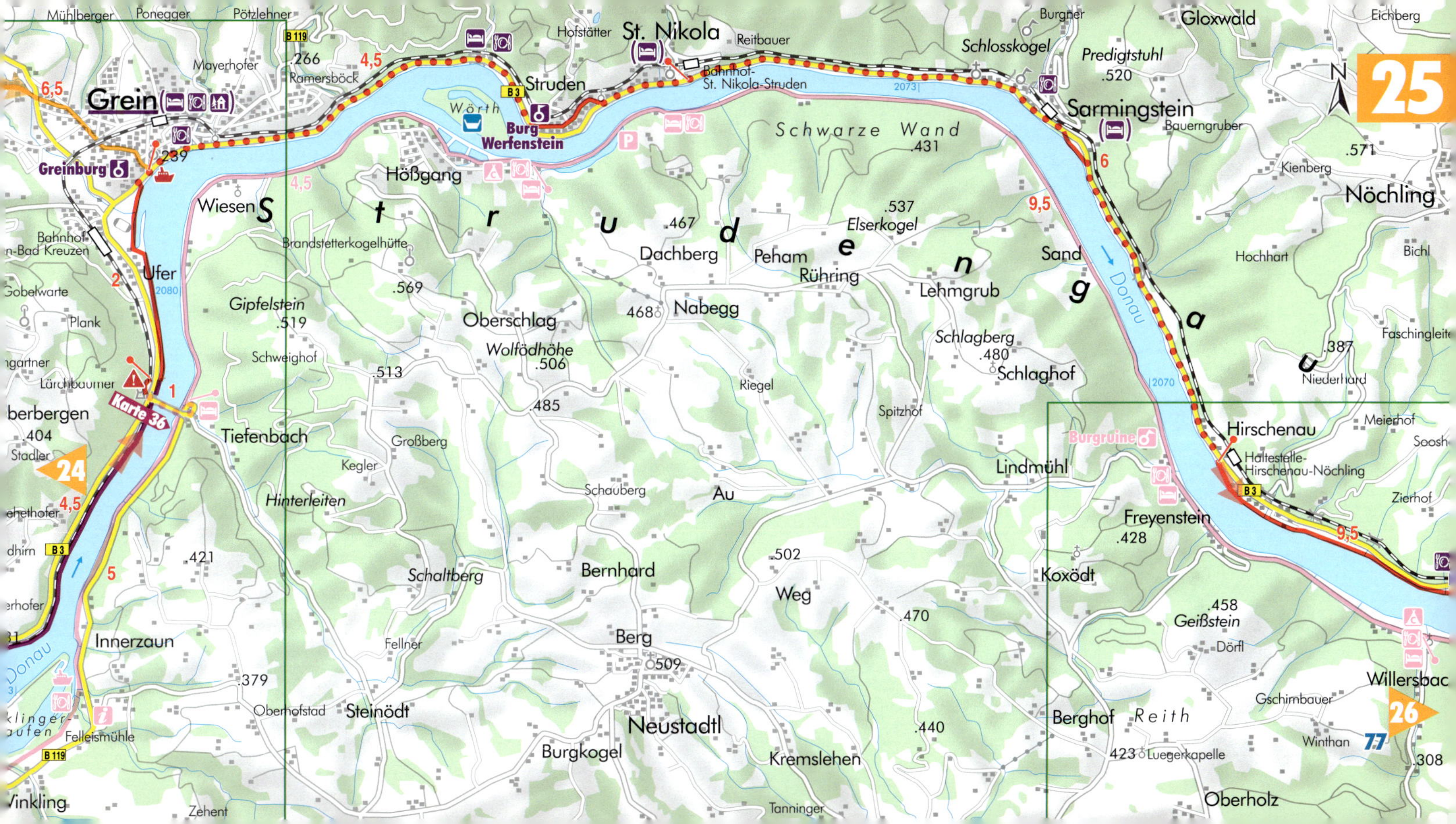

Mühlberger
Ponegger
Pötzlehner
B 119
Hofstätter
St. Nikola
Reitbauer
Burgner
Gloxwald
Eichberg
Mayerhofer
.266
4,5
Ramersböck
Struden
Bahnhof-
St. Nikola-Struden
Schlosskogel
Predigtstuhl
.520
25
6,5
Grein
Wörth
B 3
Burg
Werfenstein
2073
Sarmingstein
Bauerngruber
Schwarze Wand
.431
.571
Greinburg
239
Hößgang
6
Kienberg
Nöchling
4,5
Wiesen
S
t
r
u
d
e
n
g
a
u
.537
9,5
Elserkogel
.467
Bahnhof
n-Bad Kreuzen
Brandstetterkogelhütte
Dachberg
Peham
Rührung
Sand
Hochhart
Bichl
Ufer
2080
Donau
2
Lehmgrub
Gobelwarte
.569
Nabegg
468
Gipfelstein
.519
Oberschlag
Plank
Schlagberg
Faschingleit
Wolfödhöhe
.506
.480
.387
Schweighof
Schlaghof
ngartner
.513
Niederhard
Lärchbaumer
Riegel
2070
1
.485
Spitzhof
Karte 36
berbergen
Meierhof
Hirschenau
Tiefenbach
Burgruine
.404
Großberg
Haltestelle-
Hirschenau-Nöchling
Sooshi
Stadler
Lindmühl
24
Kegler
B 3
4,5
Hinterleiten
Schauberg
Au
Zierhof
ehethofer
Freyenstein
.428
dhirn
B 3
.421
9,5
.502
5
Schaltberg
Bernhard
Koxödt
Weg
erhofer
.458
.470
Geißstein
Innerzaun
Fellner
Berg
Dörfl
Donau
509
Willersbac
.379
Gschirnbauer
Oberhofstad
Steinödt
Neustadtl
Berghof
Reith
26
klinger-
aufen
Felleismühle
.440
Winthan
77
B 119
Burgkogel
Kremslehen
423
Luegerkapelle
.308
Vinkling
Zehent
Tanninger
Oberholz

Grein – Theater

und Steueranlagen.

Schloss Greinburg, ✆ 7007, ÖZ: Mai-Okt., ÖZ: n. V. Das mächtige Gebäudegeviert erhielt seine geschlossene Form Anfang des 17. Jhs. Harmonisch wirkt der dreigeschossige Arkadenhof. Außerdem sehenswert einige Prunkräume und die Kapelle mit dem Marmoraltar um 1625. Bei einer Schlossführung können Sie auch die „Sala terrena", das Steinerne Theater, besichtigen.

Altes Rathaus. 1563 vom italienischen Baumeister M. Canaval erbaut und bis heute in unveränderter Form erhalten. Aus dem angefügten Getreidespeicher entstand 1791 das berühmte Bürgertheater.

Altes Stadttheater, ✆ 7055, Führungen: April-Okt., Mo-So 9 Uhr, 11 Uhr, 13.30 Uhr und 16 Uhr. Der 1791 errichtete Rokoko-Bau ist das älteste, weitestgehend im Originalzustand erhaltene, bürgerliche Theater des Landes.

Stadtpfarrkirche Hl. Ägidius. Eine spätgotische, stark erneuerte Hallenkirche, deren barocker Hochaltar ein Gemälde von Bartolomeo Altomonte umschließt (1749).

Ortsensemble. Die meisten Häuser im Ortskern stammen aus dem 16.-17. Jh., jedoch mit überwiegend barocken Fassaden. Ausgeprägt bürgerlicher Charakter lässt sich in den alten Gaststätten aus dem 19. Jh. finden.

Stillensteinklamm, Gießenbach, 2 km östlich. Das 200 m tiefe, von eindrucksvollen Steinformationen markierte Bachtal bietet von der Mühlviertler Mittellandterrasse kommend ein großartiges Naturerlebnis.

Die mittelalterliche Kleinstadt am Eingang des Strudengaus war lange Zeit, bedingt durch die Gefährlichkeit dieser Strecke, Lotsenstation und Warenumschlagplatz. Die so zu Wohlstand gekommenen Bürger waren der Kunst nicht abgeneigt und so baute man 1790 im Rathaus ein kleines Theater ein. Es umfasste 160 Sitzplätze, wobei die Klappsitze der ersten Reihen einzeln versperrt werden konnten. Diese waren natürlich den angesehenen Bürgern der Stadt vorbehalten. Durch einen Sehschlitz konnten auch die Insassen des benachbarten Gemeindegefängnisses die Aufführungen mitverfolgen. Das Stadttheater ist das älteste originalgetreu erhaltene Schauspielhaus Österreichs.

Am Nordufer von Grein nach Persenbeug — 20 km

Ab Grein steht am Nordufer die frequentierte Bundesstraße mit einem teilweise fahrbahnebenen Radfahrstreifen zur Verfügung, eine Strecke, die nicht beschildert aber auch nicht zu verfehlen ist.

Tipp: Nach 2,5 Kilometern, bei einem alten Bahnviadukt, führt die Straße am Abzweig zur nahen Stillensteinklamm vorbei. Ein atemberaubendes Naturschauspiel, wenn sich die Wassermassen des Gießenbaches durch die nur wenige Meter breite Schlucht zwängen.

Weiter auf der B 3 der **Burg Werfenstein** entgegen, die einst die Maut

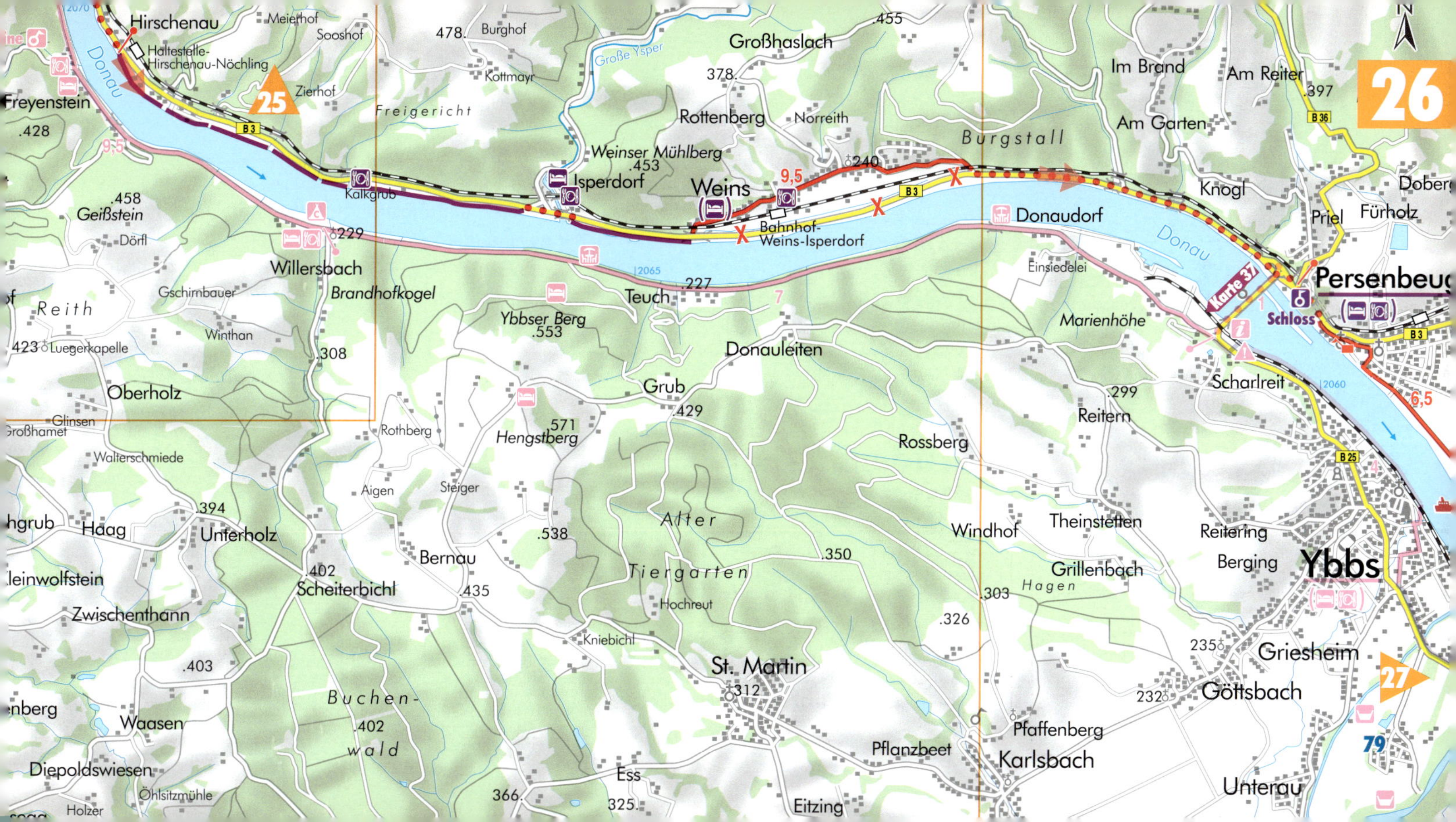

26
25
27
Hirschenau
Haltestelle-Hirschenau-Nöchling
Meierhof
Sooshof
478
Burghof
Kottmayr
Zierhof
Freyenstein
.428
9,5
B 3
Donau
Freigericht
Große Ysper
Großhaslach
.455
378
Rottenberg
Norreith
Burgstall
Im Brand
Am Reiter
.397
B 36
Am Garten
Weinser Mühlberg
.453
Isperdorf
Weins
9,5
240
Kalkgrub
Knogl
Dobers
Priel
Fürholz
.458
Geißstein
Dörfl
229
Willersbach
Bahnhof-Weins-Isperdorf
Donaudorf
Einsiedelei
Persenbeug
Schloss
Karte 37
2065
227
Teuch
Brandhofkogel
Gschirnbauer
Reith
Ybbser Berg
.553
Marienhöhe
423
Luegerkapelle
Winthan
.308
Donauleiten
Scharlreit
2060
6,5
Oberholz
Grub
.429
.299
Reitern
Glinsen
Großhamet
Rothberg
571
Hengstberg
Rossberg
Walterschmiede
B 25
Aigen
Steiger
.394
Haag
Unterholz
.538
Alter
Windhof
Theinstetten
Reitering
Bernau
.350
Berging
Ybbs
Kleinwolfstein
.402
Scheiterbichl
.435
Tiergarten
Grillenbach
Hagen
.303
Hochreut
Zwischenthann
.326
Kniebichl
235
Griesheim
.403
St. Martin
312
232
Göttsbach
Buchen-
.402
wald
Waasen
Pfaffenberg
Pflanzbeet
Karlsbach
79
Diepoldswiesen
Ess
Öhlsitzmühle
366
325
Eitzing
Unterau
Holzer

Kraftwerk Ybbs-Persenbeug

an der engsten Stelle des Strudengaus bewacht hatte ~ nach der Ortschaft Struden kommt St. Nikola.

St. Nikola ≈km **2075 L**

PLZ: 4381; Vorwahl: 07268

Gemeindeamt, ✆ 8155

Schifferkirche. Im Kern ist sie romanisch, erlebte dann eine gotische und barocke Umgestaltung (17. Jh.). Von der Einrichtung sehenswert die 4 gotischen Reliefs des linken Seitenaltars um 1500.

Burg Werfenstein, Struden. Werfenstein zählte einst zu den auf engem Raum zwischen Strudel und Wirbel erbauten Burgen und Türmen, die zusammen eine Sperranlage bildeten und das Befahren der Donau verhindern konnten. Erste Erwähnung aus dem Jahr 1242, nach 1500 dem Verfall preisgegeben.

Nach St. Nikola auf der **B 3** weiter ~ an **Sarmingstein** vorbei und nach 3 Kilometern auf Höhe der **Bahnstation Hirschenau** auf den ruhigen Treppelweg abzweigen ~ nach 3 Kilometern beim Parkplatz erneut auf der B 3 weiter.

Tipp: Von hier aus können Sie einen Abstecher in das traumhafte Ysptertal machen, das gleichzeitig ein Eingangstor in das wildromantische Waldviertel ist. Genaueres hierzu erfahren Sie in einem eigenen ***bikeline*-Band Radatlas Waldviertel**.

Über die Kleine Ysper und nach gut einem Kilometer links von der Straße ab ~ über die Gleise und leicht über dem Tal erhöht in die Ortschaft **Weins** ~ nach Ortsende kehrt die Route zur Bundesstraße zurück zum **Kraftwerk Ybbs-Persenbeug**.

Schloss Persenbeug

Tipp: Beim Kraftwerk können Sie wieder ans Südufer der Donau wechseln. Die Beschreibung finden Sie auf Seite 102.

Vom nördlichen Ende des Kraftwerks Ybbs-Persenbeug kommend links am Schloss vorbei und danach von der Bundesstraße rechts ab ~ die Route führt über die Schloss- sowie die Hauptstraße durch den verwinkelten Ortskern von Persenbeug.

Persenbeug **≈km 2059,5 L**

PLZ: 3680; Vorwahl: 07412

i **Marktgemeindeamt**, Rathauspl. 1, ✆ 52206.

Schloss. Die Anlage auf dem steilen Felskopf erhielt ihre heutige Gestalt im Zuge des 1617-21 von Eusebius v. Hoyos durchgeführten Neubaus. Seit 1800 in habsburgischem Besitz.

Pfarrkirche Hl. Florian und Maximilian. Der schwere spätgotische Bau (um 1500) birgt einen Chorraum mit Netzrippen und einen Hochaltar aus vielfarbigem Marmor.

Ortskern. Unter den originellen Biedermeierhäusern befinden sich das Kleine und das Große Schiffsmeisterhaus.

Marktlinde, Rathauspl. Nebst der Florianikapelle steht eine angeblich um 1300 gepflanzte riesige Linde.

Persenbeug *war unter dem Schiffsmeister Matthias Feldmüller (1801-50) der bedeutendste Schiffsbauplatz an der niederösterreichischen Donau. Jährlich erbauten die „Schopper" 20 Schiffe. Während die Strömung jährlich 850 Schiffe und 25 Flöße Feldmüllers abwärts trug, wurden 350 Schiffe beim Gegenzug von Pferden auf einem Treppelweg (Traidelpfad) flussaufwärts gezogen.*

Von Persenbeug nach Marbach 10,5 km

Beim Gasthof zum Weißen Lamm nach rechts in eine Nebenstraße, die **Rollfährestraße**, Melk ist bereits als nächstes Fernziel angegeben ~ 400 Meter weiter, bei der **Kinostraße**, wieder nach rechts ~ der ufernahe Weg führt aus dem Ort hinaus ~ jenseits der Donau liegt das Städtchen Ybbs.

Die Route führt nun quer über die ebene „Halbinsel", die Hagsdorfer Scheibe ~ in **Hagsdorf** zunächst nach links und kurz darauf an der Kreuzung mit dem Bildstock wieder nach rechts ~ dem Asphaltband folgen, das sich nach 1,5 Kilometern inmitten der Felder nach rechts wendet ~ bei einer Häusergruppe knickt der Weg dann wieder nach links ab ~ eine Kirche mit Zwiebelturm meldet die nächste Ortschaft Gottsdorf an.

Gottsdorf

Zu Ortsbeginn mündet der Weg in eine Uferstraße ~ geradeaus weiter entlang der Donaustraße ~ vor dem Feuerwehrhaus rechts ab durch **Metzling** ~ der Weg verläuft dann zwischen Ufer und Bundesstraße ~ bei der Ortschaft **Granz** am Campingplatz und am Hafen vorbei, der Beginn des **Nibelungengaus** wird durch eine Tafel angekündigt ~ in Marbach befindet sich auch die Schiffsstation.

Marbach mit Maria Taferl

Marbach a. d. D. ≈km 2049 L

PLZ: 3671; Vorwahl: 07413

Fremdenverkehrsstelle, Marbach 28, ✆ 7045

Ehem. Herrenhaus, Mit seinen zwei runden Ecktürmen 1575 entstandenes Herrschaftshaus aus habsburgischem Besitz mit dem Wappen der Familien Starhemberg-Schaumburg-Löwenstein-Wertheim.

Tipp: In Marbach können Sie einen Ausflug ins südliche Waldviertel mit den sehenswerten Stationen Maria Taferl, Schloss Artstetten oder Burg

28
29
27
Artstetten
Ferdinand-Museum
Eichberg
Trennegg
Hasling
Hausäcker
Erlanghofholz
Unterbierbaum
Reuter Feld
Grubholz
Pargatstetten
Obersteinbach
Reitern
Unterthalheim
Ziegelstadl
Langäcker
Kundles
Im Aschern
Hilmanger
Obererla
Wolfseck
Angerwiese
Untererla
Maria Taferl
Wallfahrtskirche
Oberthalheim
Wimm
Schlossäcker
Heideck
Tonberg
Grub
Im Graben
Rindfleischberg
Klosterberg
Grammern
Kogel
Saulackenberg
Rotenberg
Klein-Pöchlarn
Zinn
Toberl
Auratsberg
Hinterbrühl
Friesenegg
Krummnußbaum
-an der Donauuferbahn
Steinwand
Mühlberg
Kracking
Marbach
Autenberg
Bauernfeld
Granz
Wallenbach
Wört
Am Rechen
Oskar-Kokoschka-Geburtshaus
Krummnußbaum
Annastift
Pöchlarn
Kirchbühel
Ording
Donau
Diedersdorf
Neuda
Brunn
Kellerhäuser
Hinterleiten
Golling
Neustift
Säusenstein
Kirchenfeld
Steinwand
Neupöchlarn
Hühnerberg
Grießgrub
Karte 39
B3
B1
A1
83

Leiben in Angriff nehmen. Allerdings wird diese Tour auf kleinen Landstraßen nur Radlern mit genügend Ausdauer für den Anstieg und einer funktionierenden Gangschaltung wirklich Spaß machen. Nach Maria Taferl gelangen Sie auch per Rad-Taxi, welches Sie mit ihrem Fahrrad inklusive Gepäck in den Wallfahrtsort bringt. Zur Hauptroute gelangen Sie dann entweder bei Klein-Pöchlarn oder bei Weitenegg, kurz vor Melk, zurück. Alle, denen ein Blick von der Ferne auf die Wallfahrtskirche Maria Taferl genügt, fahren am Uferweg weiter. Die Strecke ist in der Karte in Orange dargestellt.

Von Marbach nach Emmersdorf — 14 km

Ab **Marbach** folgt der **Donau-Radweg** am Nordufer dem Treppelweg und führt bei **Krummnußbaum** entlang der Donauuferbahn ~ wenn sich die Bundesstraße vom Ufer entfernt, entweder oben am Damm oder rechts davon am Treppelweg weiter ~ beim Campingplatz befindet sich eine Informationsstelle für allfällige Auskünfte ~ nach 5 Kilometern an der **Donaubrücke** nach Pöchlarn vorbei ~ zur Linken die Ortschaft **Klein-Pöchlarn**.

Tipp: Von hier aus zweigt der Waldviertelweg nach Norden ab. Im *bikeline*-Radatlas Waldviertel finden Sie viele Informationen über diesen landschaftlich äußerst reizvollen Landstrich nördlich der Donau.

Klein-Pöchlarn — ≈km 2044 L

Nach der Donaubrücke wieder auf der Dammkrone ~ nach 3,5 Kilometern bei dem hübschen Dörfchen **Ebersdorf** eine Weggabelung.

Tipp: Jene, die nach Melk möchten, fahren hier am besten geradeaus weiter und überqueren die Donau über die nahe Staustufe. Zurück zum Nordufer kehren Sie dann über die Donaubrücke hinter Melk (S. 106).

Für das Nordufer hier vom Damm links abzweigen und auf dem Radweg neben der Hauptstraße nach Weitenegg ~ der Weg begleitet einen Donaualtarm, in dem man auch baden kann ~ in **Weitenegg** gibt es eine romantische Ruine und rechts über der Donau beherrscht bereits das imposante Stift Melk das Bild.

Weitenegg

Als nächstes Fernziel wird Krems mit 36 Kilometern angegeben ~ bei **Schloss Luberegg** im nächsten Ort geht es an zwei altertümlichen Rundtürmen vorbei, die einst als Leucht- und Signaltürme der Flößer gedient haben sollen ~ ab hier wieder direkt entlang der Donau nach Emmersdorf, wo sich der Radweg der Durchgangsstraße anschließt.

Emmersdorf — ≈km 2035 L

PLZ: 3644; Vorwahl: 02752

- **Gemeindeamt**, ✆ 71469
- **Museum Schloss Luberegg**, Hain, ✆ 71755, ÖZ: April-Okt., Mo-So 9-17.30 Uhr. Ständige Ausstellung „Kaiser Franz und seine Zeit – von der Französischen Revolution bis zum Wiener Kongress".
- **Schloss Luberegg**, Hain. Errichtet 1780, diente das Schlösschen in der Folge als Lieblingssitz von Kaiser Franz I. Das spätbarocke Erscheinungsbild außen wird innen durch frühklassizistische Leinwandtapeten ergänzt. Vor kurzem generalsaniert und seit 1991 dem Publikum zugänglich.
- **Kapelle der Hl. Maria Magdalena**, Hauptplatz.

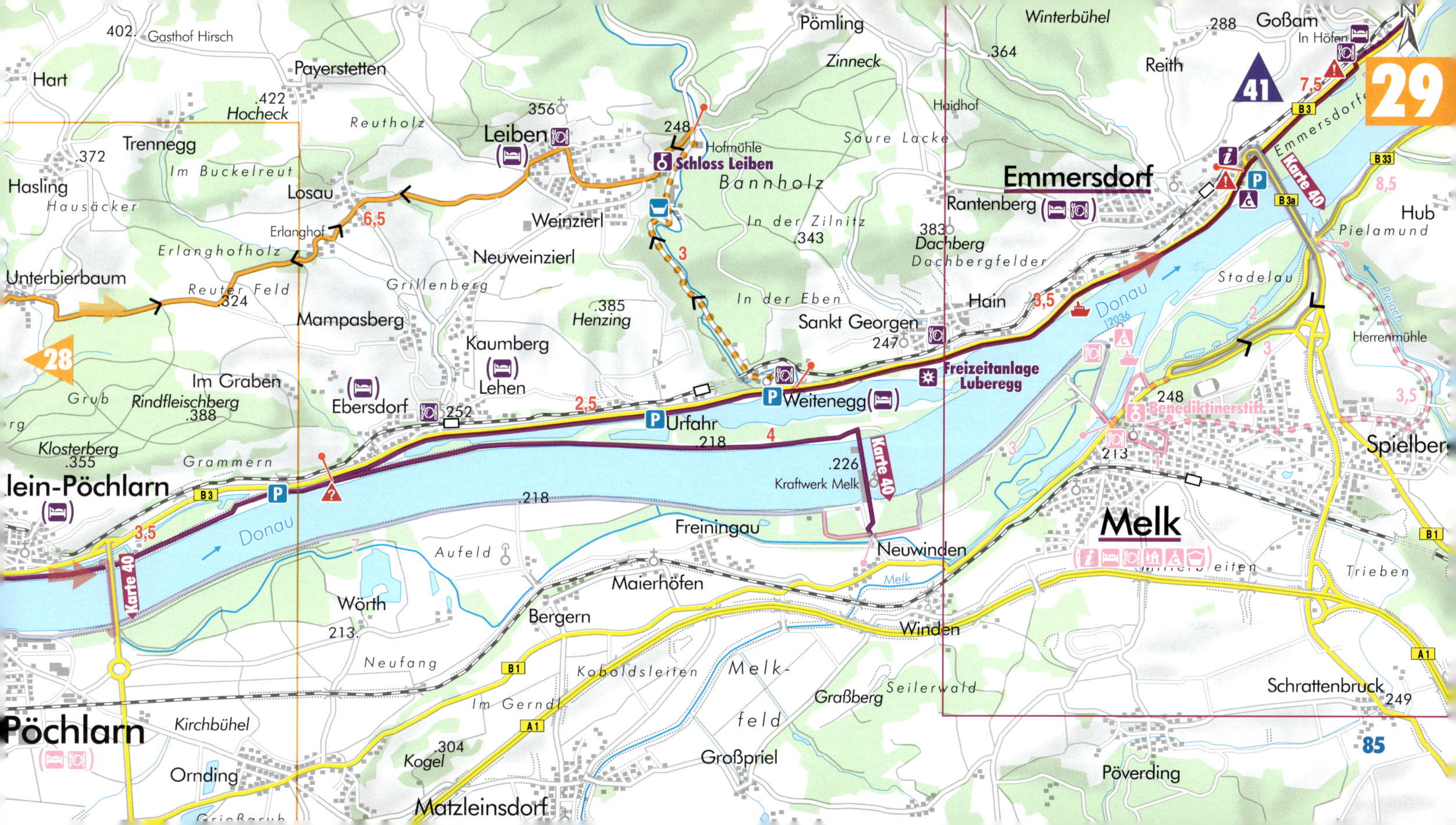
29
28
41
Gasthof Hirsch
Hart
Payerstetten
Hocheck
Pömling
Zinneck
Winterbühel
Goßam
In Höfen
Reith
Reutholz
Leiben
Hofmühle
Schloss Leiben
Haidhof
Saure Lacke
Trennegg
Im Buckelreut
Hasling
Hausäcker
Losau
Bannholz
Emmersdorf
Rantenberg
Weinzierl
Erlanghof
Erlanghofholz
In der Zilnitz
Dachberg
Dachbergfelder
Neuweinzierl
Hub
Pielamund
Unterbierbaum
Reuter Feld
Grillenberg
Stadelau
In der Eben
Hain
Henzing
Mampasberg
Sankt Georgen
Donau
Kaumberg
Herrenmühle
Pielach
Freizeitanlage Luberegg
Im Graben
Lehen
Ebersdorf
Weitenegg
Grub
Rindfleischberg
Urfahr
Benediktinerstift
Klosterberg
Grammern
Karte 40
Kraftwerk Melk
Spielberg
Klein-Pöchlarn
Donau
Freiningau
Melk
Aufeld
Neuwinden
Maierhöfen
Trieben
Wörth
Bergern
Winden
Neufang
Koboldsleiten
Melkfeld
Graßberg
Seilerwald
Schrattenbruck
Im Gerndl
Pöchlarn
Kirchbühel
Kogel
Großpriel
Pöverding
Ornding
Matzleinsdorf
B 1
B 3
B 3a
B 33
A 1

Ein malerischer Treppenaufgang führt zur spätgotischen Kapelle (nach 1516) mit Netzrippengewölbe und steinerner Empore.

Ortsensemble. Der reizvolle, langgestreckte Straßenplatz wird von charakteristischen Häusern des 16. bis frühen 19. Jhs. gesäumt.

Tipp: Das Nordufer dient von nun an durch die Wachau als Hauptroute. Hier reihen sich zudem die schönsten und berühmtesten Orte der Wachau aneinander. Wen es hingegen mehr zu den beschaulichen, kleineren Winzerdörfern hinzieht, wechselt über die Brücke zur Variante am rechten Ufer. In diesem Fall müssen vorerst noch einige Strecken im Verkehr in Kauf genommen werden.

Sie haben an dieser Stelle auch noch einmal die Gelegenheit, nach Melk hinüberzufahren (ab S. 111).

Auf dem Weg nach Melk am rechten Donauufer angekommen, entweder die Treppe benützen, die zur Uferstraße hinunterführt, oder der Straße bis zur nächsten Kreuzung folgen und dort rechts rechts abzweigen ~ gleich darauf abermals rechts, eine relativ verkehrsreiche Straße führt nun hinunter zur Uferstraße, die dann nach links ins Zentrum von Melk und nach rechts Richtung Krems weiterführt.

„Leuchtturm" in Luberegg

Direk zum Stift gleich geradeaus auf der Nebenstraße weiter, in die **Johann-Steinböck-Straße** einbiegen und dann der **Wiener Straße** nach rechts zum Stift folgen ~ die Uferstraße, sie heißt **Wachauer Straße**, führt nach links in das Zentrum von Melk, nach rechts hingegen nach Schönbühel.

Melk **s. S. 108**

Von Linz nach Melk am Südufer 107 km

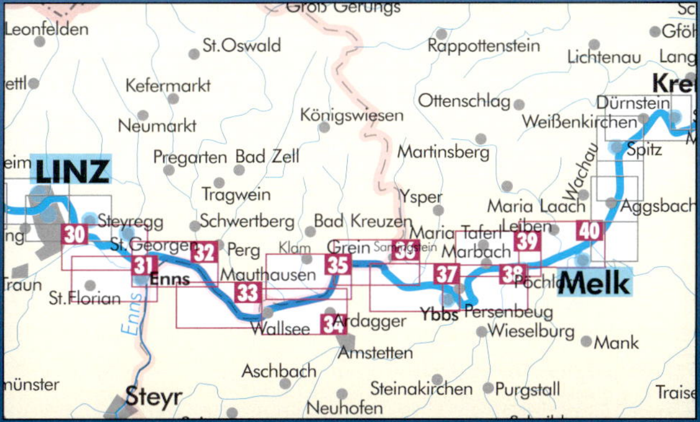

Nach der oberösterreichischen Hauptstadt Linz führt der Donau-Radweg ins Machland. Besonders sehenswert ist hier das Stift St. Florian und selbstverständlich die älteste Stadt Österreichs – das schmucke Städtchen Enns. Der weitere Weg führt entlang des zauberhaften Mostviertels mit seinen beeindruckenden Vierkanthöfen weiter. Vor Grein verengt sich das Donautal wieder, die Donau fließt hier durch die faszinierende Landschaft des Strudengaus. Krönender Abschluss ist Melk mit seinem weltweit berühmten Benediktinerstift.

Von Linz bis nach Abwinden verläuft der Donau-Radweg nur am Nordufer. Erst in Abwinden wechseln Sie aufs Südufer. Die Route verläuft dann auf ruhigen Nebenstraßen, auf Wirtschaftswegen und Radwegen. Verkehrsreiche Strecken und Steigungen kommen auf diesem Teilabschnitt nicht vor.

Stift St. Florian

Tipp: Von Linz bis zum Kraftwerk Abwinden verläuft der Donau-Radweg ausschließlich am Nordufer. Für die Beschreibung dieser Wegstrecke lesen Sie bitte im vorherigen Abschnitt auf Seite 64, Karte 19 nach.

Am Südufer

von Abwinden nach Enns — 8 km

Am Südufer auf der breiten Asphaltstraße zunächst geradeaus ⇝ nach 1,5 Kilometern links auf den schmalen Weg, der als Radweg nach Enns beschildert ist.

Tipp: Geradeaus führt ein mit grünen Schildern gekennzeichneter Weg nach St. Florian.

Ausflug nach St. Florian

Neben dem prächtigen Barockstift von St. Florian erwartet Sie auf diesem Ausflug ein großartiges Bauernhofmuseum.

Vom Kraftwerk Abwinden-Asten führt eine breite Asphaltstraße geradeaus, vorbei an der Abbiegung Enns ⇝ nach zirka einem Kilometer bei der Kreuzung links über die Westbahnbrücke ⇝ nach 500 Metern links auf den Radweg am Ipfbach entlang ins Zentrum von Asten.

Asten

Bei der Kirche überqueren Sie die B1 (Zebrastreifen) und fahren geradeaus in die **Ipfbachstraße** ⇝ vorbei an einigen Vierkanthöfen und dann links über die Brücke ⇝ danach dann rechts ⇝ Sie überqueren dann die Schnellstraße und wenden sich danach nach links ⇝ diese Straße führt Sie nach St. Florian hinein, vorbei am Marktplatz führt die erste Straße nach rechts zum Stift.

St. Florian — R

PLZ: 4490; Vorwahl: 07224

- **Tourismusverband**, Marktpl. 3, ✆ 5690.
- **Historisches Feuerwehrzeughaus**, Stiftstr. 2, ✆ 4219, ÖZ: Mai-Okt., Di-So 9-12 Uhr und 14-16 Uhr. Das Museumskonzept sieht die Darstellung der Entwicklung des Feuerwehrwesens sowohl als technische als auch gesellschaftliche Einrichtung vor.
- **Jagdmuseum Schloss Hohenbrunn**, 2 km südwestlich, ✆ 8933, ÖZ: April-Okt., Di-So 10-12 Uhr und 13-17 Uhr. Im 1722-32 erbauten Barockschloss wird – mehr traditionspflegerisch als hinterfragend – die Entwicklung des Weidwerks besonders in Oberösterreich dargestellt.
- **Stift-Kunstsammlung und Bruckner-Gedächtniszimmer**, Stift St. Florian, ✆ 8902, Führungen: Mo-So 10, 11, 14, 15 und 16 Uhr, Gruppen auch zwischendurch. Neben den sog. Kaiserzimmern, noch so eingerichtet wie vor 250 Jahren, das bescheidene Mobiliar des Tonkünstlers und Werke namhafter bildender Künstler wie Altdorfer, B. und M. Altomonte, Gran u. a.
- **Augustiner-Chorherrenstift**, ✆ 8902, Führungen: April-Okt., ab 10 Pers. Mo-So 10, 11, 14, 15 und 16 Uhr u. n. V. Bereits in karolingischer Zeit ein Kloster wurde es 1071 den Chorherren übergeben. Der große Klosterhof, Teil des Neubaus um die Wende des 17./18. Jhs., gehört zu den schönsten Schöpfungen des süddeutschen Barock (Carlone und Prandtauer). Besonders sehenswert der Sebastiansaltar von A. Altdorfer 1518.
- **Stiftsbasilika Mariä Himmelfahrt**. Die Barockkirche mit ihrer vollendeten, festlichen Wirkung ist das Hauptwerk von C. A. Carlone, die sog. Bruckner-Orgel von Franz Xaver Krismann 1770-74 gehört zu den berühmtesten Orgeln ihrer Zeit.
- **Orgelkonzerte** Hörerlebnis Brucknerorgel, Veranstaltung So-Fr 14.30 Uhr.
- **Museumsbahn**, ✆ 4333-11, Betrieb: Mai-Sept., So/ Fei. Ehemalige elektrische Lokalbahn St. Florian-Linz (1913-1973) für besondere Anlässe zu mieten.

30
Altes Schloss
Steyregg
Götzelsdorf
Lehen
Pürach
Knierübl
Denneberg
Pulgarn
Kloster Pulgarn
Gröbetsweg
Knollmühle
Kutzenbergsiedlung
Kruckenberg
Luftenberg
St. Georgen
Altau
Neuau
Hannerlhaufen
Ringelau
Staizing
Meierhof
Kirchberg
Frankenberg
Donau
Traun
Weikerlsee
Luftenberg
400
Hintberg
Resch
Steining
Bahnhof St. Georgen
Abwinden
Fall
Gusen
Langenstein
Angererhaufen
Raigerhaufen
Förgenhaufen
Karte 20
Haltestelle Ebelsberg
Klettfischer
Ausee
Donaukraftwerk-Abwinden-Asten
Posch
Hochhauser
Adamshaufen
Schlossau
Schiltenberg
Pichling
Lang Au
Pichlinger See
Bahnhof Asten-St. Florian
Raffelstetten
Enghagen
Gusen
19
31
89
B3
B1
A1

Im Mittelalter entwickelte sich das Stift zum geistigen und wirtschaftlichen Zentrum der Region. Die Schreib- und Malschule war hochberühmt, durch das Wirken von Anton Bruckner als Stiftsorganist (1845-55) errang St. Florian zusätzliche Bedeutung.

Vom Stiftshügel gelangen Sie über die nächste Quergasse, benannt nach Fürstenberg, zur Hauptstraße zurück ~ dort nach links und auf dem gleichen Weg zurück ~ Sie biegen rechts nach Samesleiten ab und fahren über den schmalen Gleiskörper der **Museumsbahn** und über die Bundesstraße nach Samesleiten und zum Freilichtmuseum.

Samesleiten R

OÖ. Freilichtmuseum-Sumerauerhof, Samesleiten, ✆ 8031, ÖZ: Ostern-Mitte Mai, Okt., Sa, So/Fei 10-12 Uhr und 13-17 Uhr. Mitte Mai-Sept., Di-So 10-12 Uhr und 13-17 Uhr. Einer der schönsten und größten Vierkanthöfe, seit Beginn des 13. Jhs. Zehenthof des Stiftes, mit Bauernmöbeln aus vier Jahrhunderten, Mostmuseum, eingerichtetem Pferdestall, Bäckerei und Wagenschau.

Die Nebenstraße führt von Samesleiten an einem schönen Backstein-Vierkanthof vorbei zu einer Vorfahrtsstraße, auf die Sie rechts einbiegen ~ bei der nächsten Gelegenheit wieder links ab und darauffolgend unter der Autobahn durch ~ Sie erreichen nach 2 Kilometern den Stadtrand von Enns und folgen dem Radweg, der die Hauptstraße begleitet ~ nach 400 Metern müssen Sie in Ermangelung eines Radweges mit der Fahrbahn vorliebnehmen ~ an der Kreuzung zur Innenstadt halblinks in die **Stadlgasse**, hier gibt's wieder einen Radweg.

Obwohl die Wegweiser bereits bei der gelben Friedhofsmauer nach rechts zeigen, ist es einfacher, bis zur **Mauthausener Straße** vorzufahren und dort nach rechts zum **Hauptplatz** mit dem Stadtturm abzuzweigen, der kurze Anstieg ist schnell gemeistert ~ vom anderen Ende des Platzes gelangen Sie über die **Stiegengasse** zu einer Terrasse, von der aus man eine herrliche Aussicht auf die Donauebene und das Voralpenvorland genießt.

Die Hauptroute der Südufervariante hingegen folgt einfach den Schildern des TOP-Weges bis nach Enghagen ~ dort entweder weiter zur Radfähre nach Mauthausen, oder der sehenswerten historischen Stadt Enns einen Besuch abstatten.

Auf der Route Richtung Enns über ein Bächlein ~ nach rund 800 Metern bei einem mächtigen **Vierkanthof** an der Kreuzung zweigt der TOP-Weg links nach Enns ab.

Enns R

PLZ: 4470; Vorwahl: 07223

Tourismusverband, Hauptplatz 1, ✆ 82777

Hotel Lauriacum, ✆ 82315

Donauradfähre Mauthausen, ✆ 0664/2797272, Betriebszeiten: Mai-Aug., 9-19 Uhr, Sept., 9-18 Uhr.

Museum Lauriacum, Hauptpl. 19, ✆ 85362, ÖZ: April-Okt., Di-So, Nov.-März, So/ Fei 10-12 Uhr und 14-16 Uhr, Gruppen: n. V. jederzeit. Gezeigt wird die II. Italische Römische Legion, Staatskult und röm. Stadtrecht von 1212 n. Chr., Leben in der Zivilstadt, Gewerbe, Landwirtschaft, einzigartiges

31
30
32
Posch
.247
Hochhauser
Ausee
Donaukraftwerk-
Abwinden-Asten
2119
.245
Adamshaufen
247
Schlossau
Gusen
Brunngraben
3,5
Pichling
.251
Pichlinger See
Bahnhof Asten-
St. Florian
.246
Raffelstetten
Lang Au
Donau
2115
3
2,5
Neugreiter
Kronau
5
Enghagen
.246
Tödling
Erlengraben
Ipfdorf
.260
2
2
Enns
4,5
249
Lorch
Einsiedl
5
246
Bruck
Fisching
Windpassing
.257
emering
0,5
.336
Taunleiten
Asten
.250
Norikum
Kristein
Stadtturm
Ennsdorf
5,5
Enns
Eckmayermühle
.251
2,5
258
2
Enthal
Stift St. Florian
259
283
Freilichtmuseum
Sumerauerhof
.260
Samesleiten
Pühringer
Weilling
.319
.297
Rabenberg
91
Markt Sankt Florian
Oberndorf
Kötting
Guster
Koal
Tillysburg
Aichet

Deckenfresko Amor und Psyche. Im Ratssaal Stadtinsignien mit der ältesten Stadtrechtsurkunde Österreichs. 1989 österr. Museumspreis für die gute Vermittlung musealer Inhalte.

Stadtturm, Hauptpl. 1565-68 errichtet und ein Meisterwerk der Renaissance, war der Wach- und Uhrturm markantes Symbol für die selbstbewusste Ennser Bürgerschaft. Zirka 56 Meter hoch, herrlicher Rundblick ins Alpenvorland. Von hier aus Stadtführungen Mai-Sept., Mo-So 10.30 Uhr, n. V. beim Tourismusverband.

Schloss Ennsegg, am Nordende der Stadt, durch Basteigasse. Um 1565 errichteter viergeschossiger Bau mit massigem Eckturm.

Burg Enns, Wiener Str. 9-13. Das Quartier des jeweiligen Landesfürsten entstand 1475 aus drei Bürgerhäusern, seine gotischen Bauteile sind in Wohn- und Geschäftshäuser integriert. Besonders schöner Hof, 16. Jh. (Nr. 9).

Basilika St. Laurenz-Lorch, Basilikastr., ✆ 84010 oder 87412. ÖZ: Führungen April-Okt., Mo-So 16 Uhr, n. V. Seit 1970 mit dem Titel einer „Päpstlichen Basilika“ und der Erzbistumswürde ausgestattet, mit dem Heiligen Severin, Florian und Laurentius eng verknüpft, demonstriert die Kirche wie keine andere in Österreich und Bayern christliches Kontinuum von 1700 Jahren. Baulich ist sie eine Verschmelzung aus römischer, frühchristlicher, karolingischer und mittelalterlicher Baukunst. Zudem sind ein begehbarer unterirdischer röm. Stadttempel (180 n. Chr.) und die zwei größten Gemälde Oberösterreichs mit den Lorcher Bischöfen und eine Ennser Stadtansicht mit den Stadtheiligen (18. Jh.) zu besichtigen.

Stadtplatz. Um den Stadtturm gruppieren sich viele gut erhaltene Häuser, im Kern gotisch, jedoch

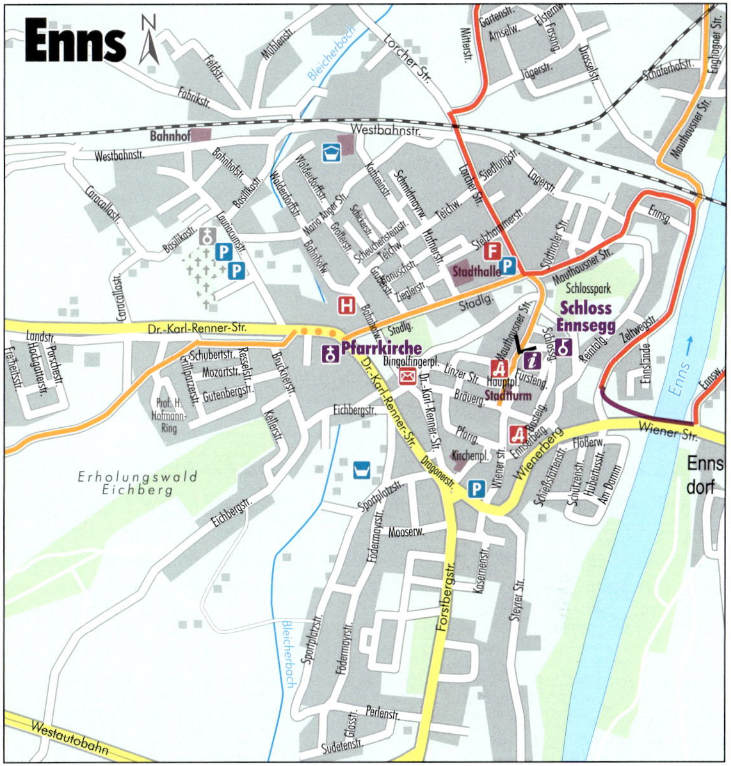

mit Renaissance-, Barock- und Rokokofassaden und zeugen von einer beachtlichen Leistung österreichischen Städtebaus. Sehenswert auch der 1995 entdeckte Brunnenschacht aus dem 16. Jh.

Pfarrkirche St. Marien, Kirchenpl. Es handelt sich um eine malerische Baugruppe der Gotik (im Wesentlichen um 1270 errichtet), bestehend aus Hauptkirche, Wallseer Kapelle, Kreuzgang und Franziskanerkloster.

Ennser Stadt-Erlebnisweg, spannende Zeitreise durch mehr als 2.000 Jahre. Die Route verläuft vom Römerlager über Zivilstadt Lauriacum zur mittelalterlichen Altstadt und zum heutigen Stadtkern. Eine Besonderheit ist der neue Geologiepark, hier können Sie dem Verlauf des Ennsflusses nachgehen.

Enns ist berühmt für die Dichte des historischen Geschehens auf seinem Boden und für eine Reihe kunstgeschichtlich bedeutender Denkmäler.

Ein Wendepunkt war, als die Siedlung, 1000 Jahre nach der römischen Gründung Lauriacum, 1212 das Stadtrecht erhielt. Im Zeitalter der Glaubensspaltung war Enns die „Hochburg" der Protestanten und Sitz einer zur Erziehung der adeligen Jugend eingerichteten „Landschaftsschule", die später nach Linz verlegt wurde. Sie gilt als geistiger Vorläufer der heutigen Linzer Universität.

Auf der **Mauthausener Straße** aus Enns hinaus ~ an der Kreuzung mit der Stadlgasse dem Wegweiser folgen.

Tipp: Sie können von Enns aus mit der Donau-Radfähre Mauthausen wieder ans Nordufer übersetzen (S.68).

Von Enns nach Mauthausen 5,5 km

Unterwegs zur **Fähre Enns-Mauthausen** links in die **Lorcher Straße**, über die Bahn und dem Wegweiser rechts Richtung Enhagen folgen ~ vor dem Gasthaus rechts und nach etwa 100 Metern wieder links ~ beim Donau-Uferwald verläuft der Weg zur Donau und weicht nur einmal einem Betonklotz aus ~ über den renaturierten Donauarm, ein vom Fischereiverein geschaffener natürlicher Lebensraum für Fische und viele andere Lebewesen ~ vorbei am Naturdenkmal Taborteich bis zur Anlegestelle der **Donau-Radfähre** (Betriebszeiten: Mai-Aug. 9-19 Uhr, Sept. 9-18 Uhr).

Am Südufer von Enns nach Wallsee 26 km

Auf dem Weg von Enns zur Donaubrücke vor der Bahnunterführung in Enns rechts abbiegen ~ an der Hauptstraße linker Hand über die Enns ~ drüben dem Schild „Zum Donauradweg" nach links folgen ~ an **Ennsdorf** vorbei und unter der Bahn hindurch ~ nach dem letzten Bauernhof auf Asphalt rechts Richtung Landstraße ~ vorher aber nach links auf die breite Asphaltstraße ~ dann nochmal links und wieder rechts und geradeaus auf Windpassing zu ~ unterwegs über eine neu angelegte Betriebsbahn, die zum ebenso neuen Ennshafen führt ~ in **Windpassing** vor einem großen weißen Hof nach links auf die Dorfstraße ~ am Ende des Dorfes schlägt die Straße einen Haken nach rechts und mündet nach 750 Metern – bereits in **Pyburg** – in eine Querstraße.

Pyburg

Hier links und dann dem Straßenverlauf folgend nach rechts bis zu der Straße, die zur Donaubrücke führt.

Tipp: Wollen Sie ans Nordufer, so folgen Sie dem schmalen Rad- und Gehweg nach links. Drüben angekommen, rollen Sie bei erster Gelegenheit nach links zum Ufer hinunter. Mauthausen liegt etwa einen Kilometer weiter flussaufwärts (S. 70).

Ab **Pyburg** auf der **Südufer-Variante** über die Straße und unter der Bahn hindurch ~ geradeaus auf dem unbefestigten Radweg ~ nach dem Oberwasserkanal links Richtung Wallsee.

Tipp: Über den Kanal führt eine neue Rundholzbrücke – die längste Europas mit 91 Metern auf 4 Brückenpfeilern.

Der Güterweg folgt zunächst dem Kanalverlauf und führt danach nahe an der Siedlung **Albing** vorbei ~ bei der Einmündung des Kanals in die Donau streift die Route kurz das Donauufer und verläuft etwa 700 Meter am Damm.

Tipp: Obwohl der Weg am Fluss verlockend dahinzieht, handelt es sich bei den folgenden 8 Dammkilometern um eine Überströmstrecke, welche die Wasserversorgung der Au sicherstellt. Sie ist in der Mitte auch bei trockenem Wetter schlecht befahrbar. Dem Augebiet weicht die Tour durch das Umland aus, was eine angenehme Abwechslung bedeutet.

Vor dem **Sportplatz** den Dammweg verlassen ~ im Zickzack bis zur nächsten Straße ~ hier nach links und durch das Dorf **Stein** und weiter nach St. Pantaleon.

St. Pantaleon

PLZ: 4303; Vorwahl: 07435

Gemeindeamt, ✆ 7271

Anbindung zum Mostviertelweg

Durch **St. Pantaleon** zunächst geradeaus, bei der Weggabelung nach der Kirche den Wegweisern des **Donauradwegs** nach links folgen.

Tipp: Hier zweigt die Moststraßentour ab, der ***bikeline*-Radatlas Mostviertel** weist Ihnen den Weg in die landschaftlich äußerst reizvolle Mostviertelregion.

An der nächsten Ortschaft, **Erla**, vorbei und über eine kleine Anhöhe ~ 2,5 Kilometern hinter Erla über ein Brücklein ~ an der nächsten Kreuzung geradeaus und danach eine langgezogene Linkskurve ~ zwischen den Höfen von **Oberau** wendet sich die Straße wieder nach rechts und führt an einem Gasthof mit Campingplatz vorbei ~ darauffolgend stets links ~ entlang einer Birnbaumreihe durch die Gehöfte von **Au** ~ kurz vor der Donau über den zweiten Schutzdeich und wieder hinauf zum Radweg auf der äußeren Dammkrone.

Am Ende der geraden Dammstrecke ist schon die Silhouette der mächtigen Burganlage vom Habsburger-Schloss und der Marktgemeinde Wallsee-Sindelburg erkennbar ~ zirka 4 Kilometer sind es noch bis zum **Kraftwerk Wallsee-Mitterkirchen**.

Tipp: Hier können Sie ans Nordufer wechseln. Das Kraftwerk ist Tag und Nacht geöffnet (S. 72).

Geradeaus über den Altarm der Donau ~ bei der Info-Stelle gibt es zwei Möglichkeiten: geradeaus oder links 200 Meter am Ufer entlang bis zur Zentrum-Tafel ~ 600 Meter teilweise bergauf in die Ortsmitte

Wallsee ≈km 2093 R

PLZ: 3313; Vorwahl: 07433

- **Gemeindeamt Wallsee-Sindelburg**, Nr. 22, ✆ 2216.
- **Römermuseum** (Limes-Kastell-Adjuvense), ✆ 2597 od. 221622. ÖZ: 15. Mai-1. Okt. n. V.
- **Pfarrkirche Sindelburg**, 1 km südlich. Im Stil gotisch-barock mit dem Altarbild vom „Kremser Schmidt".
- **Burg**. Die Burg mit dem 70 m hohen Bergfried und einer gotischen Kapelle wurde zwischen dem 15. und 17. Jh. ausgebaut, unregelmäßiger Innenhof mit Brunnen.
- Barocke **Mariensäule** von 1710, ein Werk des Wiener Bildhauers Benedikt Stober, Kaiserdenkmal und Annakapelle.
- geheiztes **Freibad**

Von Wallsee nach Ardagger 11,5 km

Bei der Burg in der Rechtskurve der

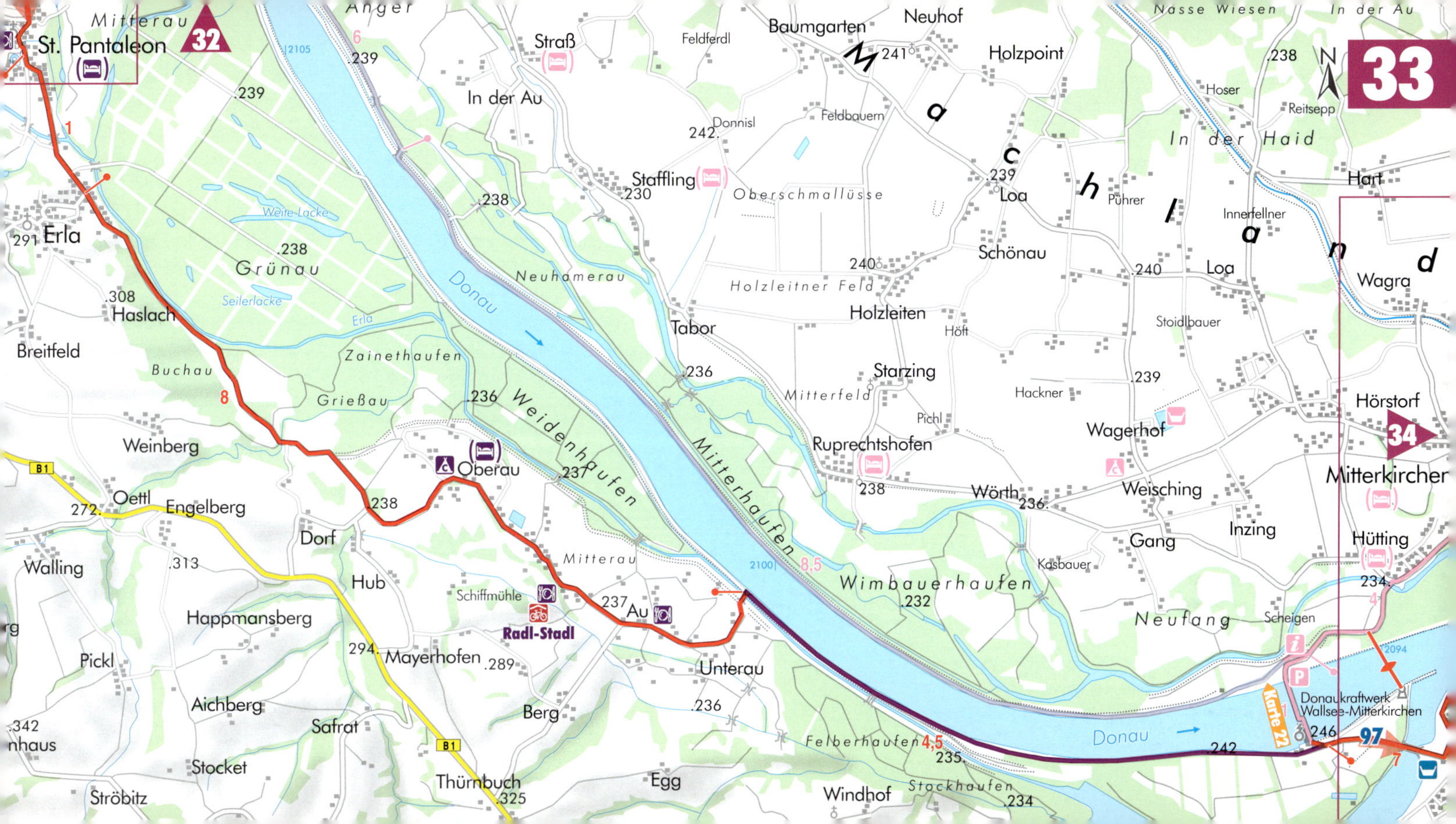
33
32
34
St. Pantaleon
Mitterau
Anger
Straß
Feldferdl
Baumgarten
Neuhof
Holzpoint
Nasse Wiesen
In der Au
Hoser
Reitsepp
Machland
In der Au
Donnisl
Feldbauern
In der Haid
Staffling
Oberschmallüsse
Loa
Pührer
Hart
Innerfellner
Erla
Weite Lacke
Grünau
Neuhamerau
Schönau
Holzleitner Feld
Loa
Wagra
Seilerlacke
Erla
Haslach
Donau
Holzleiten
Tabor
Höft
Stoidlbauer
Breitfeld
Zainethaufen
Buchau
Starzing
Mitterfeld
Hackner
Grießau
Weidenhaufen
Pichl
Hörstorf
Weinberg
Mitterhaufen
Ruprechtshofen
Wagerhof
Oberau
Wörth
Weisching
Mitterkirchen
B1
Oettl
Engelberg
Dorf
Inzing
Gang
Hütting
Walling
Mitterau
Kasbauer
Wimbauerhaufen
Hub
Schiffmühle
Au
Neufang
Scheigen
Happmansberg
Radl-Stadl
Pickl
Mayerhofen
Unterau
Aichberg
Donaukraftwerk Wallsee-Mitterkirchen
Karte 22
97
Safrat
Berg
Donau
Felberhaufen
Stocket
B1
Egg
Thürnbuch
Windhof
Stockhaufen
Ströbitz
1
8
6
8,5
4,5
4
7
2105
2100
2094
.239
.239
.238
.241
.242
.239
.230
.238
291
.238
.240
.240
.308
.236
.239
.236
.237
.238
.238
.236
272
.313
.234
.237
.232
294
.289
.236
.246
.342
.242
.235
.325
.234

Wallsee – Mariensäule am Marktplatz

Straße geradeaus in die 30 km/h Zone ~ in einer Linkskurve bergab und an der Querstraße rechts weiter.

Dann links auf der schwach befahrenen Landstraße ~ in Sommerau über ein Gerinne und dann geradeaus ~ nach Ortsende knickt die Straße nach links ab ~ 2,5 Kilometer weiter das etwas ortsfremd klingenden Gasthaus Zum Parlament, das am Ufer des nicht minder merkwürdigen Landgerichtsbaches steht ~ nach einer Rast im „Hohen Haus" setzt die Route nach links fort.

Nach weiteren 1,5 Kilometern nach links Richtung Grein und Ardagger-Markt ab ~ hinter einer Rechtskurve am Landgerichtsbach vorbei und nun geradewegs auf **Ardagger-Markt** zu, auf einem der zahlreichen Hügel erhebt sich das **Stift Ardagger** malerisch über der Flussniederung ~ vor Ardagger-Markt wird die Umfahrungsstraße überquert ~ im Ortsgebiet an der Hauptstraße nach links.

Tipp: Bevor Sie aber in den Strudengau weiterfahren, ist es empfehlenswert, einen kurzen Abstecher zur Stiftskirche mit dem einzigartigen Margarethenfenster zu unternehmen und die kulinarisch interessante Mostgalerie zu besuchen.

Ardagger-Markt ≈km 2084 R

PLZ: 3321; Vorwahl: 07479

Gemeindeamt, Markt 58, ✆ 73120

Donauschifffahrt Ardagger, Freizeithafen, ✆ 64640, April-Okt., So/Fei. Rundfahrten im Strudengau ab 14 u. 16 Uhr.

Militärgeschichtliches Museum (Wehrmachtsmuseum), beim Freizeithafen, ✆ 7239, ÖZ: 15. März-Okt., Mo-So 8.30-18 Uhr. Schwerpunkt der Sammlung bilden Fahrzeuge, Uniformen, Waffen von 1914-1945, Plakate, Fahnen, Urkunden usw.

Bauernmuseum, Stift Ardagger-Gigerreith, entlang der B 119, ✆ 7334, Führungen: n. V. Die größte volkskundliche Privatsammlung Österreichs veranschaulicht mit mehr als 15.000 Exponaten bäuerliches Handwerk, Wohnkultur und Erfindergeist.

Oldtimermuseum, Stift Ardagger, ÖZ: Mai - Sept., 13-18 Uhr, So/Fei 9-18 Uhr. Mit Exponaten vom Oldtimerverein Blindenmarkt, von 1900 bis in die Gegenwart.

Ehemalige Stiftskirche. Der älteste Teil ist die dreischiffige romanische Krypta von 1049. Mittelpunkt der Kirche ist jedenfalls das berühmte Mar-

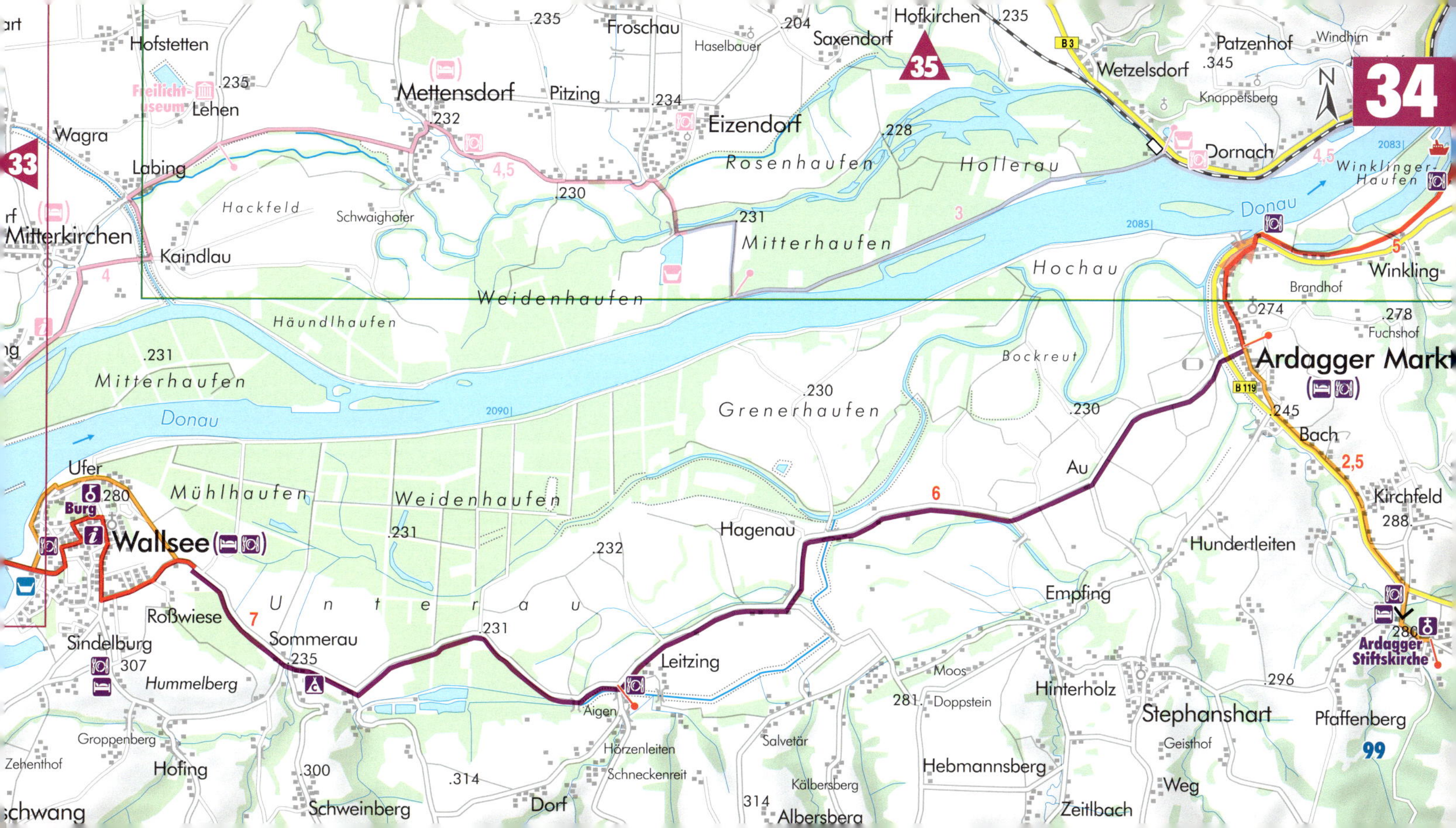

34
33
35
Hofstetten
Freilicht-museum
Lehen
Wagra
Labing
Mitterkirchen
Kaindlau
Hackfeld
Mettensdorf
Pitzing
Froschau
Haselbauer
Saxendorf
Hofkirchen
Eizendorf
Schwaighofer
Rosenhaufen
Mitterhaufen
Weidenhaufen
Häundlhaufen
Hollerau
Hochau
Wetzelsdorf
Patzenhof
Windhirn
Knappetsberg
Dornach
Winklinger-Haufen
Donau
Winkling
Brandhof
Fuchshof
Ardagger Markt
Bockreut
Grenerhaufen
Mitterhaufen
Donau
Ufer
Burg
Wallsee
Mühlhaufen
Weidenhaufen
Bach
Kirchfeld
Au
Hagenau
Hundertleiten
Empfing
Unterau
Roßwiese
Sommerau
Sindelburg
Hummelberg
Leitzing
Aigen
Moos
Doppstein
Hinterholz
Stephanshart
Pfaffenberg
Ardagger Stiftskirche
Groppenberg
Zehenthof
Hofing
Hörzenleiten
Schneckenreit
Salvetär
Kälbersberg
Hebmannsberg
Geisthof
Weg
Schweinberg
Dorf
Albersberg
Zeitlbach
B 3
B 119

garetenfenster im Ostchor (1240), die älteste figürliche Glasmalerei in Österreich und vielleicht im deutschsprachigen Raum.

Mostgalerie, Stift Ardagger, ✆ 6400, ÖZ: Ostern-Okt., Mo-So 13-18 Uhr u. n. V. Hier werden Spitzenmoste in vier Geschmacksrichtungen zur Verkostung und zum Kauf angeboten.

An klaren Tagen ist der 1.893 Meter hohe Ötscher auch von den Höhen des Donautals zu erkennen.

Von Ardagger nach Grein 8 km

Zurück in **Ardagger-Markt** auf der Hauptstraße donauwärts und nach Ortsende geradeaus ~ etwa 500 Meter weiter geht's zur Umfahrungsstraße hinauf, die in der Folge beim **Gasthof „Zum Schatzkastl"** überquert wird ~ dort dem Wirtschaftsweg nach rechts folgen ~ an der darauffolgenden Weggabelung links.

Beim **Freizeithafen Ardagger** *erwartet Sie reges Leben, für Stimmung sorgen eine Grillhütte und ein Kinderspielplatz. Ebenso sind hier ein Informationsstand sowie die Anlegestelle der Donauschifffahrt zu finden.*

Über einen Bach, quer über den Parkplatz, und somit wieder an der Donau ~ entlang der Bundesstraße erreicht der Radweg schließlich die

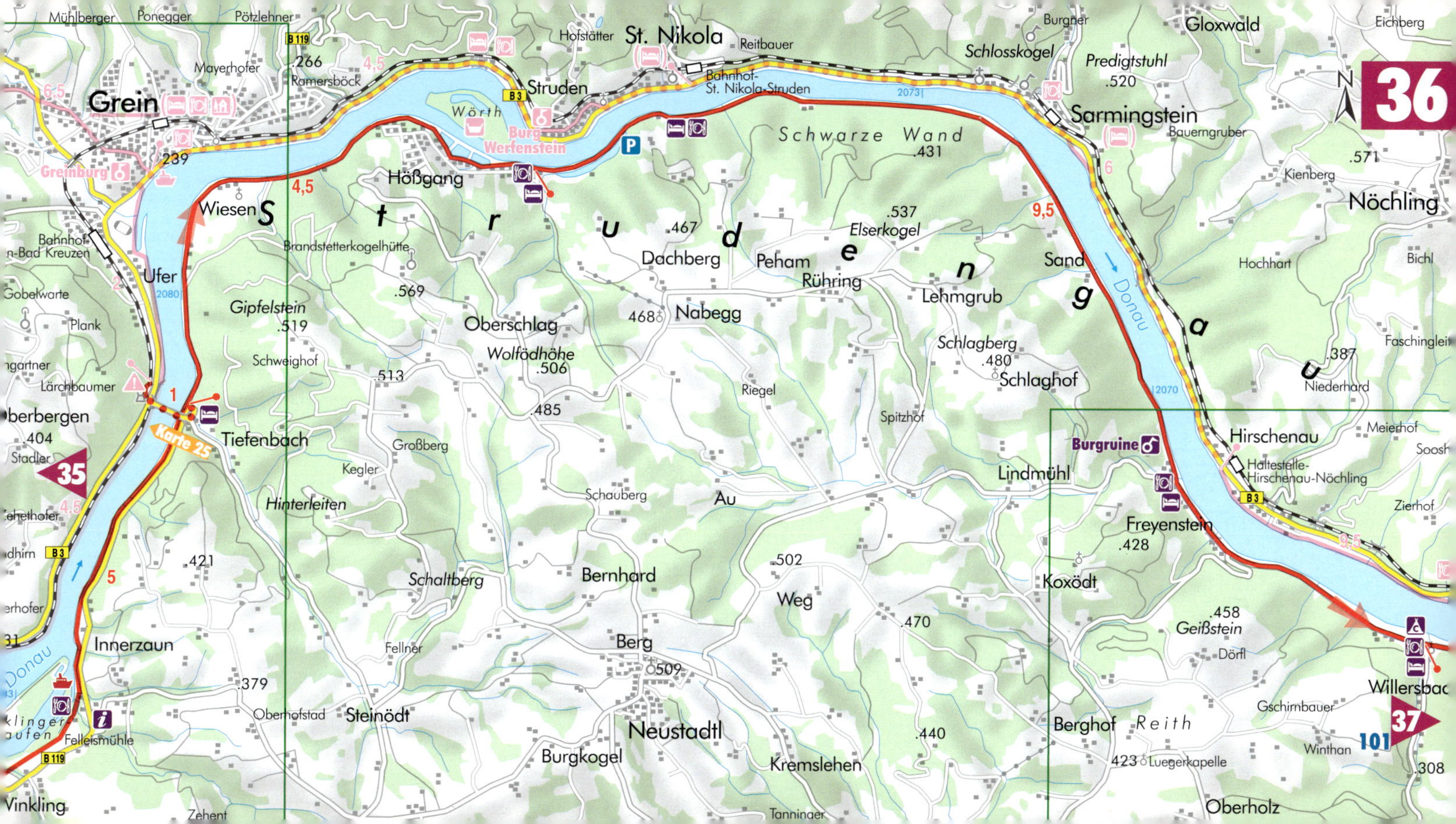
36
Grein
Greinburg
St. Nikola
Struden
Wörth
Burg Werfenstein
Bahnhof-St. Nikola-Struden
Sarmingstein
Schwarze Wand
Strudengau
Donau
Hößgang
Wiesen
Ufer
Brandstetterkogelhütte
Gipfelstein
Dachberg
Peham
Rühring
Nabegg
Oberschlag
Wolfödhöhe
Elserkogel
Lehmgrub
Sand
Schlagberg
Schlaghof
Tiefenbach
Karte 25
Oberbergen
Lärchbaumer
Großberg
Kegler
Hinterleiten
Schauberg
Au
Lindmühl
Burgruine
Freyenstein
Hirschenau
Haltestelle-Hirschenau-Nöchling
Nöchling
Hochhart
Niederhard
Predigtstuhl
Schlosskogel
Gloxwald
Kienberg
Bauerngruber
Reitbauer
Hofstätter
Burgner
Eichberg
Mühlberger
Ponegger
Pötzlehner
Mayerhofer
Ramersböck
Bahnhof Bad Kreuzen
Gobelwarte
Plank
Schweighof
Stadler
35
37
101
Innerzaun
Felleismühle
Steinödt
Oberhofstad
Schaltberg
Bernhard
Weg
Berg
Neustadtl
Burgkogel
Kremslehen
Fellner
Koxödt
Geißstein
Dörfl
Willersbach
Berghof
Reith
Gschirnbauer
Winthan
Luegerkapelle
Oberholz
Riegel
Spitzhof
Meierhof
Zierhof
Faschingleit
Bichl
Zehent
Tanninger
Vinkling
B 119
B 3

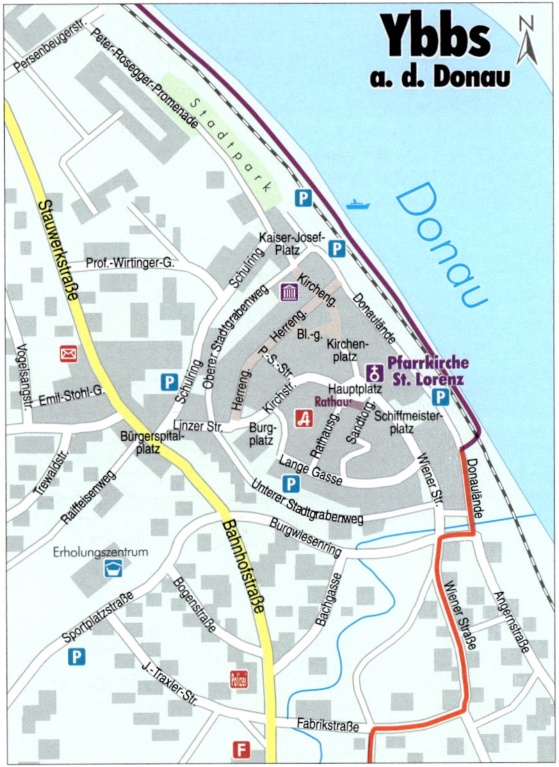

Donaubrücke vor Grein.

Tipp: Ab hier verläuft die empfohlene Route auf einer Nebenstraße am Südufer weiter nach Ybbs. Wenn Sie Grein besuchen oder ans Nordufer wechseln wollen, müssen Sie nach Unterquerung der Brücke in einer Schleife hinauf zur Straße radeln. Drüben führt wieder eine ebensolche Schleife zum Uferradweg hinunter (s. S. 76).

Von Grein nach Ybbs 25 km

Ab der Donaubrücke vor Grein auf einer reizvollen Anliegerstraße am rechten Ufer in den Strudengau ~ ab der Siedlung **Wiesen** wird das Tal enger und damit auch der Weg.

Sie nähern sich dem einst von den Schiffern gefürchteten Engpass bei Struden. Auf der Höhe der Insel ***Wörth*** *verursachte einst der* ***Hausstein-felsen*** *den berüchtigten „Wirbel". Schon früh wurde durch die Landzunge, die den Felsen mit dem rechten Ufer verband, der* ***Hößgang*** *gegraben, auf den die Schiffe bei genügend hohem Wasserstand ausweichen konnten. Dadurch erhielt auch das Dorf Hößgang seinen Namen.*

Ybbs a. d. Donau

Hößgang

Der Weg verlässt kurz das Ufer und führt um einen Badesee herum ~ hinter Hößgang befindet sich links die frühere Mautstelle, ***Burg Werfenstein***, und die Ortschaften Struden und ***St. Nikola***.

Das Donautal verengt sich weiter, die Granitfelsen reichen jetzt bis ans Ufer. In dem Restaurantschiff, das hier ständig vor Anker liegt, kann man neben dem Landschaftserlebnis auch kulinarischen Genüssen frönen.

Nach insgesamt 12 Kilometern ist **Freyenstein** erreicht.

Freyenstein

Oberhalb der Ortschaft thront auf einem bewaldeten Hügel die Burgruine. Hier soll am Grund des Flusses der legendäre Donaufürst „Nöck" leben, der sich allerdings ganz selten

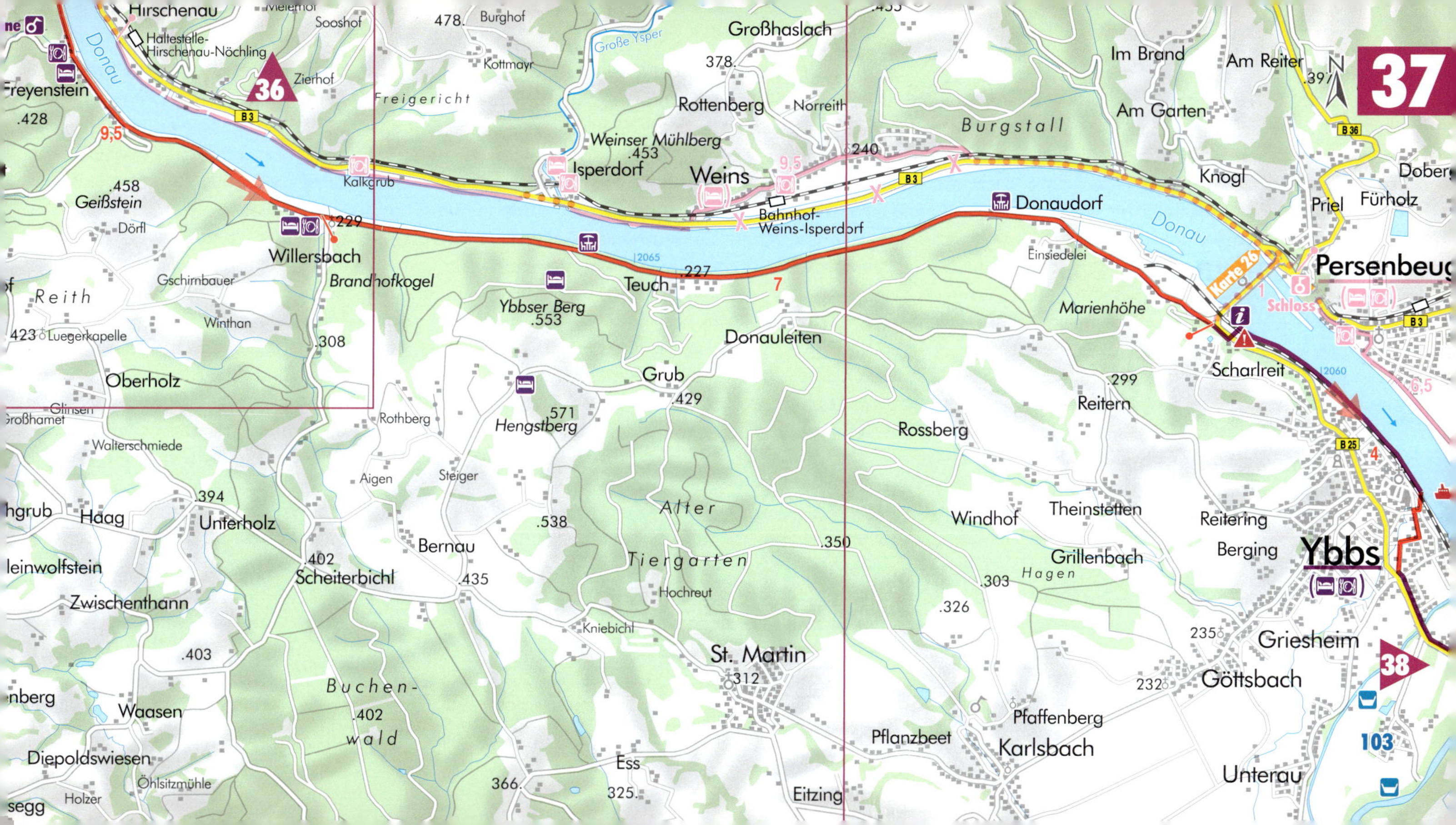
37
36
38
Hirschenau
Haltestelle-Hirschenau-Nöchling
Sooshof
Burghof
Kottmayr
Zierhof
Freyenstein
Großhaslach
Große Ysper
Freigericht
Rottenberg
Norreith
Im Brand
Am Reiter
Am Garten
Burgstall
Weinser Mühlberg
Isperdorf
Weins
Kalkgrub
Bahnhof-Weins-Isperdorf
Donaudorf
Donau
Knogl
Priel
Fürholz
Persenbeug
Schloss
Karte 26
Geißstein
Dörfl
Willersbach
Brandhofkogel
Teuch
Ybbser Berg
Einsiedelei
Marienhöhe
Reith
Gschirnbauer
Winthan
Luegerkapelle
Donauleiten
Grub
Scharlreit
Oberholz
Glinsen
Großhamet
Rothberg
Hengstberg
Reitern
Rossberg
Walterschmiede
Aigen
Steiger
Alter Tiergarten
Windhof
Theinstetten
Reitering
Haag
Unterholz
Bernau
Berging
Ybbs
Grillenbach
Hagen
Scheiterbichl
Hochreut
Zwischenthann
Kniebichl
Griesheim
St. Martin
Göttsbach
Buchen-wald
Waasen
Pfaffenberg
Pflanzbeet
Karlsbach
Diepoldswiesen
Öhlsitzmühle
Ess
Holzer
Eitzing
Unterau
B 3
B 36
B 25
103
9,5
7
6,5
4
1

und immer nur in Vollmondnächten zeigt.

Weiter geht's am Ufer durch **Willersbach**, ein kleines Dorf mit Gasthaus und Campingplatz ~ der Strudengau klingt allmählich aus und nach weiteren 7 Kilometern das **Kraftwerk Ybbs-Persenbeug**, das die zwei Orte anstatt einer Brücke verbindet ~ beim Brückenkopf befindet sich eine Informationsstelle für Radreisende. ⚠ Achtung beim Überqueren der Gleise vor der Informationsstelle – starke Glättegefahr!

Tipp: Über das Kraftwerk können Sie ans Nordufer wechseln. Die Beschreibung dazu finden Sie auf Seite 81.

Von Ybbs nach Melk 28 km

Am Südende des Kraftwerks Ybbs-Persenbeug zunächst auf dem linksseitigen Radweg ~ 50 Meter nach der **Rad-Information** nach links über die Bahngleise und zum Ufer hinunter ~ nach 2 Kilometern die **Promenade** von Ybbs und nach Ende der Laternenreihe rechts abbiegen ~ an der früheren Stadtbefestigung vorbei und nach links in die **Wiener Straße** ~ vor der Weiterreise empfiehlt es sich aber, kurz nach rechts zum Hauptplatz zu fahren und die stimmungsvolle Altstadt anzusehen.

Ybbs a. d. Donau ≈km 2058 R

PLZ: 3370; Vorwahl: 07412

- **Tourist-Information**, ✆ 55233
- **Pfarrkirche Hl. Lorenz**. Die dreischiffige Staffelkirche mit dem Netzgewölbe entstand um 1500. Kanzel, Orgel und der schöne, reichvergoldete Hochaltar sind von 1730.
- **Altstadt**. Die Sanierung der Bürgerhäuser aus der Renaissance und der teilweise erhaltenen Stadtbefestigung wurde zu einem Beispiel mit österreichischem Modellcharakter.

Auf der **Wiener Straße** stadtauswärts ~ über ein Bächlein und nach der ersten Querstraße halbrechts auf den Radweg ~ an der breiten **Bahnhofstraße** links auf dem Radweg Richtung Melk weiter, Bodenmarkierungen für Radfahrer erleichtern die Orientierung ~ nach Überquerung des Flusses Ybbs geht der Donauradweg links ab ~ bei der Einmündung der Ybbs in die Donau vom Damm hinunter und die Fahrt auf dem Treppelweg fortsetzen ~ der Radweg verläuft zwischen Fluss und Bahn dahin und führt durch den Weiler **Aigen** und weiter nach Säusenstein.

Säusenstein ≈km 2054 R

- **Theresienkapelle**. Sie ist als letzter Überrest eines ehem. Zisterzienserklosters (14. Jh.) erhalten. Ein einjochiger, kreuzrippengewölbter Raum, der an ein erneuertes sog. Barockschloss anschließt.
- **Pfarrkirche Hl. Donatus**. Der hoch über dem Ort gelegene spätbarocke Bau birgt sehenswerte Gewölbemalereien und ein Altarbild von Paul Troger (1746).

Pöchlarn – Nibelungendenkmal

Es geht am Uferweg weiter, bis der Weg vor **Diedersdorf** wieder die Nähe zur Bahn sucht ~ bei der Bahnunterführung von der Dorfstraße abzweigen und zur Donau zurück ~ auf der gegenüberliegenden Seite hebt sich die Wallfahrtskirche von **Maria Taferl** beeindruckend vom Horizont ab ~ in **Wallenbach**, wendet sich der Weg bei einem Bildstock vom Ufer ab und führt auf der Straße links der Bahn weiter ~ nach dem Krummnußbaumer Hafen nach links zum Treppelweg

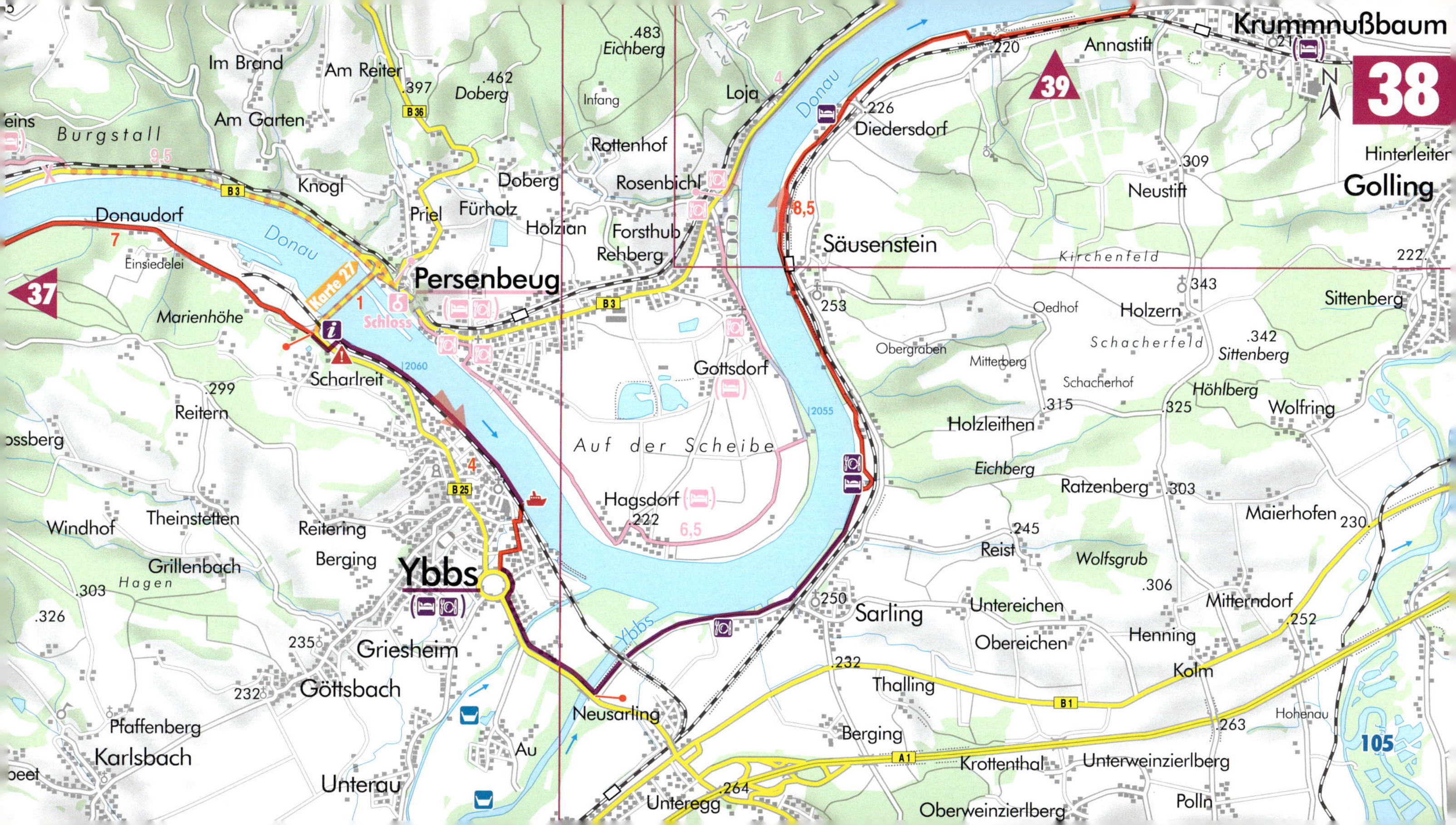
38
37
39
Krummnußbaum
Annastift
Diedersdorf
Hinterleiten
Golling
Neustift
Säusenstein
Kirchenfeld
Sittenberg
Holzern
Oedhof
Schacherfeld
Obergraben
Mitterberg
Schacherhof
Höhlberg
Wolfring
Holzleithen
Eichberg
Ratzenberg
Maierhofen
Reist
Wolfsgrub
Untereichen
Mitterndorf
Henning
Obereichen
Sarling
Kolm
Thalling
Hohenau
Berging
Krottenthal
Unterweinzierlberg
Oberweinzierlberg
Polln
Unteregg
Neusarling
Au
Unterau
Göttsbach
Griesheim
Karlsbach
Pfaffenberg
Ybbs
Berging
Reitering
Grillenbach
Hagen
Windhof
Theinstetten
Reitern
Scharlreit
Marienhöhe
Einsiedelei
Donaudorf
Burgstall
Im Brand
Am Reiter
Am Garten
Knogl
Doberg
Eichberg
Infang
Loja
Rottenhof
Rosenbichl
Priel
Fürholz
Holzian
Forsthub
Rehberg
Persenbeug
Schloss
Karte 27
Gottsdorf
Auf der Scheibe
Hagsdorf
Donau
Ybbs
B 3
B 36
B 25
B 1
A 1
105

abzweigen, geradeaus geht es in den Ort hinein.

Krummnussbaum

≈km 2049 R

Es folgt eine 3 Kilometer lange Strecke links vom Damm bis zur Erlaufmündung ~ dort nach rechts zur nächsten Brücke ~ gleich nach der Überquerung der Erlauf zum Donauufer zurück ~ als nächstes die **Donaubrücke**, die Pöchlarn mit Klein-Pöchlarn verbindet.

Pöchlarn

≈km 2045 R

PLZ: 3380; Vorwahl: 02757

- **Fremdenverkehrsstelle**, ✆ 2310-11
- **Oskar-Kokoschka-Geburtshaus**, Regensburger Str. 29, ✆ 7656, ÖZ: Mai-Okt., Mo-So 9-17 Uhr. Dokumentation und jährliche Wechselausstellung.
- **Sammlung Franz Knapp**, Rüdigerstr. 63. Radierungen, Aquarelle, Zeichnungen und Druckgraphiken des Heimatkünstlers, auch „malender Fährmann" genannt, in Wechselausstellungen.
- **Pfarrkirche Mariä Himmelfahrt**. Die Außengestalt der 1389-1429

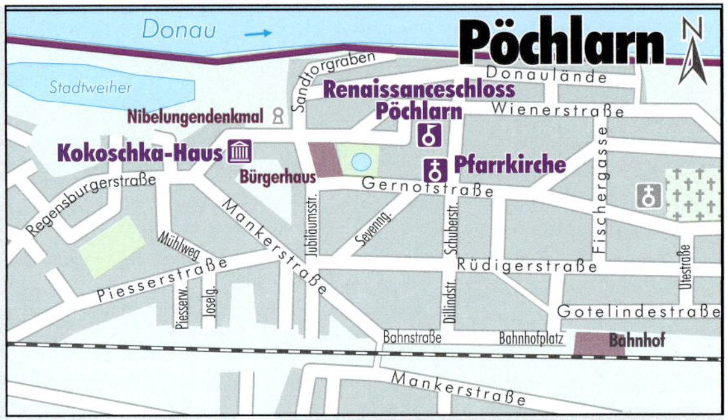

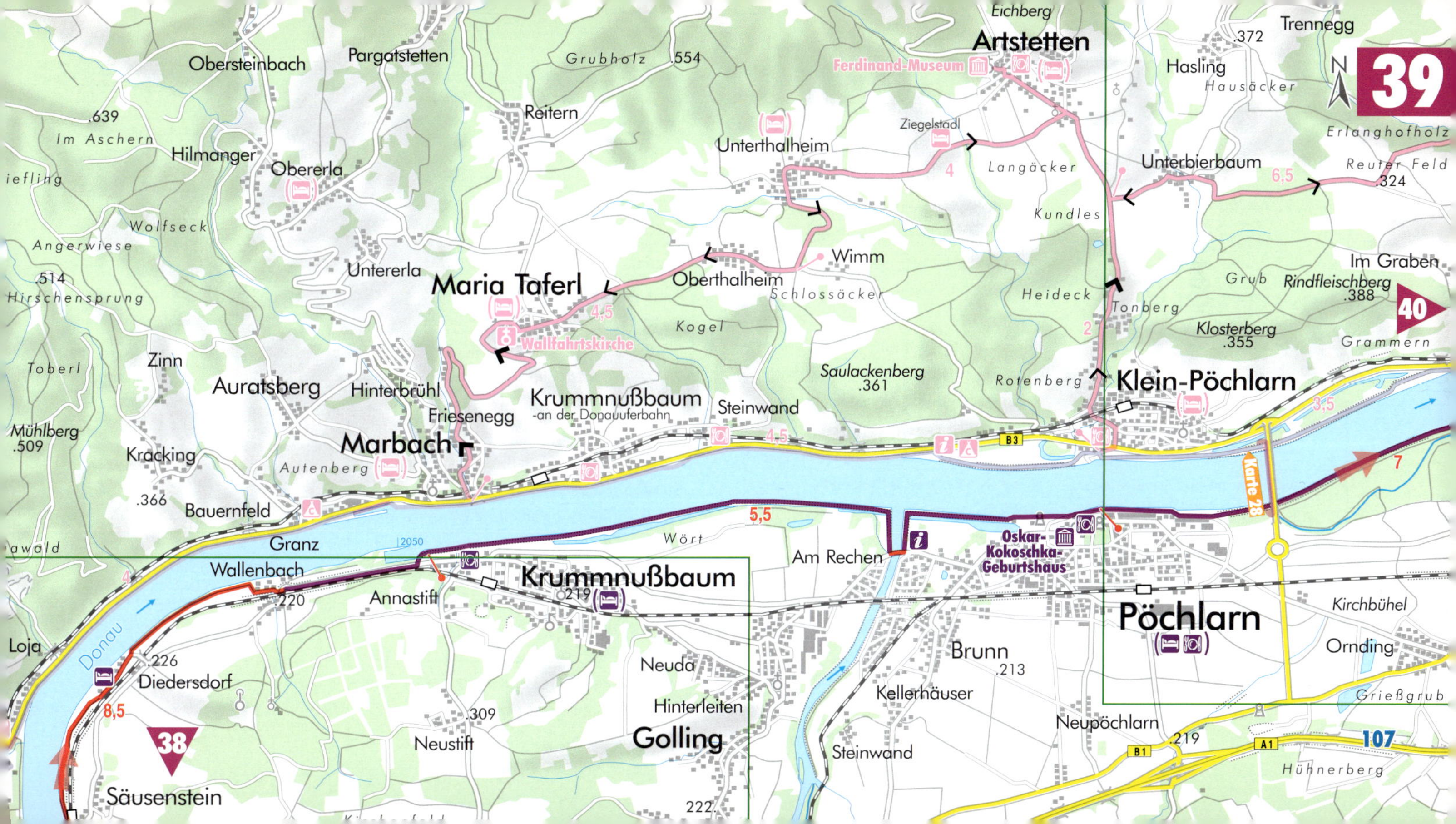

39
40
38
Eichberg
Artstetten
Ferdinand-Museum
Grubholz
.554
Trennegg
.372
Hasling
Hausäcker
Erlanghofholz
Obersteinbach
Pargatstetten
Reitern
.639
Im Aschern
Hilmanger
Obererla
Unterthalheim
Ziegelstadl
Langäcker
Unterbierbaum
Reuter Feld
.324
6,5
4
Kundles
Wolfseck
Angerwiese
Untererla
Wimm
.514
Hirschensprung
Maria Taferl
Oberthalheim
Schlossäcker
Heideck
Im Graben
Grub
Rindfleischberg
.388
Tonberg
4,5
Kogel
Wallfahrtskirche
2
Klosterberg
.355
Grammern
Toberl
Zinn
Auratsberg
Hinterbrühl
Saulackenberg
.361
Rotenberg
Klein-Pöchlarn
Krummnußbaum
-an der Donauuferbahn
Steinwand
3,5
Mühlberg
.509
Friesenegg
Marbach
B3
Kracking
Autenberg
4,5
7
.366
Bauernfeld
Karte 28
5,5
Granz
Wört
Oskar-Kokoschka-Geburtshaus
Am Rechen
Wallenbach
Krummnußbaum
.220
Annastift
219
Pöchlarn
Kirchbühel
Loja
Donau
.226
Diedersdorf
Brunn
.213
Ornding
Neuda
Kellerhäuser
Hinterleiten
Grießgrub
8,5
.309
Neupöchlarn
Golling
Neustift
Steinwand
B1
.219
A1
107
Hühnerberg
Säusenstein
222.

errichteten und nach 1766 barockisierten Kirche wird von eingelassenen Grabplatten und Römersteinen geprägt. Im Inneren gute Bilder des Martin Johann Schmidt (Kremser-Schmidt) zu sehen.

Welserturm. Im Jahr 1484 erbaut, diente die Anlage anfangs als Befestigung gegen Matthias Corvinus von Ungarn, später als Niederlassung der Welser Kaufleute (Salzhandel). Heute Stadtmuseum und jährliche Themenausstellung von Mai-Okt.

Nibelungendenkmal, Donaulände. Monument mit 16 Mosaikwappen von wichtigen Handlungsorten des Nibelungenliedes von Worms über Verona bis Esztergom.

Schlosspark, jahrhunderte alter Baumbestand, Kulturpavillon, Erlebnisspielpark

Pichler, Eisenstr. 2, ☎ 2456

In nächster Nähe zur Donau Melk entgegen ~ bis zum Kraftwerk Melk sind noch 6 Kilometer auf der geraden Strecke zurückzulegen, im Hintergrund erscheint das imposante Stiftsgebäude der Benediktiner ~ kurz vor dem Kraftwerk das Ufer verlassen und nach einer Linkskurve über die Betriebsstraße ~ 300 Meter nach der Kraftwerkseinfahrt links ab und bis zum Fährhaus bei Melk wieder am Donauufer ~ beim Fährhaus wendet sich der Weg nach rechts und erreicht über den Fluss Melk die Stadt.

Der **Ortskern** von Melk wird von der Donaulände geradeaus über die **Kremser Straße** erreicht ~ am Hauptplatz können Sie gleich links in die Fußgängerzone abbiegen ~ die Radroute zum Stift führt hingegen an der Kirche vorbei und weiter nach rechts in die **Bahnstraße** ~ an der nächsten Kreuzung mit der **Abt-Karl-Straße** links, geradeaus befindet sich der Bahnhof ~ von der Abt-Karl-Straße erneut links in die **Jakob-Prandtauer-Straße** ~ an der **Wiener Straße** halblinks über einen steilen Weg zum Stift ~ auf dem Rückweg können Sie rechts auf die **Wiener Straße** einbiegen und kommen auf dieser zur Fußgängerzone.

Melk ≈km 2036 R

PLZ: 3390; Vorwahl: 02752

Touristeninformation, Babenbergerstr. 1, ☎ 52307410

Schließfächer und **Radschuppen**, Abbe-Stadler-Gasse, rechte Verlängerung der Fußgängerzone.

Benediktinerstift, ☎ 555232, ÖZ: von Palmsonntag-3. Nov, Mai-Sept., 9-18 Uhr. Der Bau dieses großartigen Barockkomplexes von europäischem Rang erfolgte unter Baumeister Jakob Prandtauer anstelle des früheren Klosters von 1702-38. Die Deckenfresken des Marmorsaales

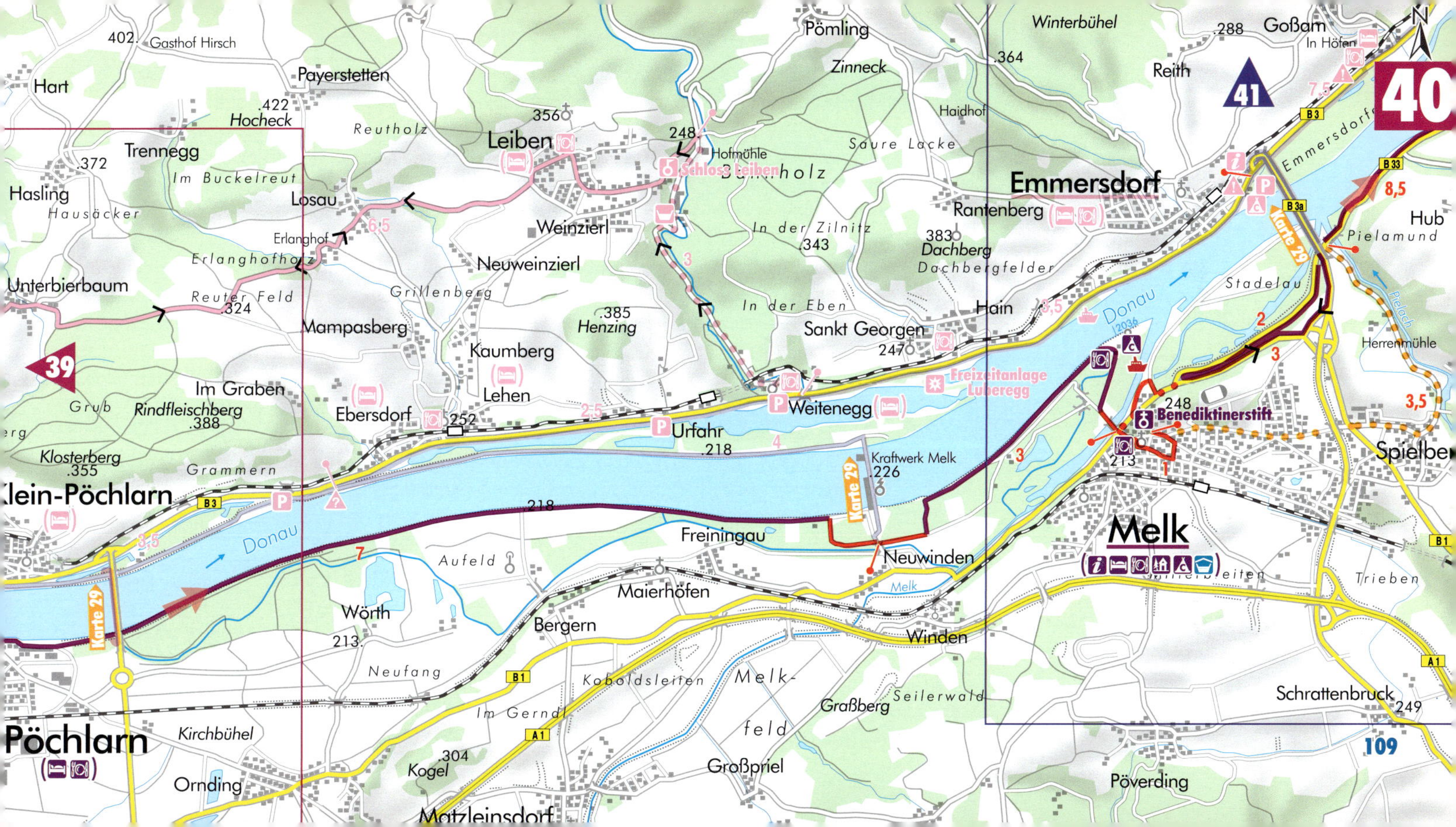
Gasthof Hirsch
402
Hart
Payerstetten
.422
Hocheck
Reutholz
356
Leiben
248
Hofmühle
Schloss Leiben
Pömling
Zinneck
Saure Lacke
Haidhof
Winterbühel
.364
.288
Goßam
In Höfen
Reith
41
40
7,5
B3
Emmersdorf
Trennegg
.372
Im Buckelreut
Hasling
Hausäcker
Losau
Erlanghof
6,5
Weinzierl
Erlanghofholz
Neuweinzierl
3
In der Zilnitz
.343
383
Dachberg
Dachbergfelder
Emmersdorf
Rantenberg
B3a
B33
8,5
Hub
Pielamund
Karte 29
Unterbierbaum
Reuter Feld
.324
Grillenberg
Mampasberg
.385
Henzing
In der Eben
Hain
3,5
Sankt Georgen
247
Donau
Stadelau
2
3
Pielach
Herrenmühle
39
Kaumberg
Im Graben
Grub
Rindfleischberg
.388
Lehen
Ebersdorf
252
2,5
Weitenegg
Freizeitanlage Luberegg
248
Benediktinerstift
3,5
Urfahr
.218
4
Kraftwerk Melk
.226
Karte 29
3
213
1
Spielberg
Klosterberg
.355
Grammern
Klein-Pöchlarn
B3
218
Freiningau
Melk
Neuwinden
3,5
Donau
7
Aufeld
Maierhöfen
Melk
Trieben
B1
Karte 29
Wörth
213.
Bergern
Winden
Neufang
B1
Koboldsleiten
Melk-
feld
Seilerwald
Graßberg
A1
Schrattenbruck
249
Im Gerndl
Pöchlarn
Kirchbühel
A1
.304
Kogel
Großpriel
Ornding
Matzleinsdorf
Pöverding

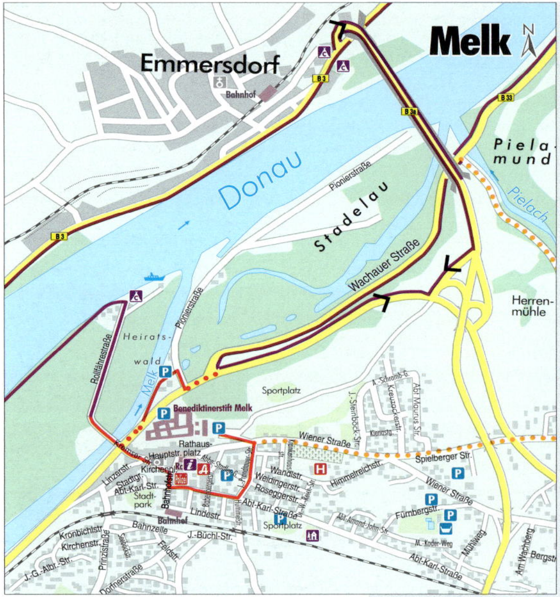

und die 100.000 Bände umfassende Stiftsbibliothek stellen die eindrucksvollsten Kostbarkeiten der Anlage dar.

Stiftskirche Hl. Peter und Paul. Der Barockbau aus der 1. Hälfte des 18. Jhs. birgt einen einzigartigen Innenraum mit Deckenfresken von J. M. Rottmayr, einer Kuppelhöhe von 64 m, raffinierten Lichteffekten, Bildern von Troger in den Seitenkapellen und einer beeindruckenden Anordnung von Säulen, Freiraum, Kronen, Baldachin und Medaillon.

Rathausplatz. Neben dem ehemaligen Lebzelterhaus (1657) auch mittelalterliche profane Baukunst.

Schloss Schallaburg, bei Anzendorf (5,5 km südlich von Melk), ☎ 02754/6317. Eines der schönsten Renaissanceschlösser nördlich der Alpen bestricht mit einem terrakottageschmückten Arkadengang, der romanischen Wohnburg, der gotischen Kapelle oder mit der manieristischen Gartenanlage. Jährlich wechselnde kulturgeschichtliche Großausstellungen.

*Das Benediktinerstift **Melk** markiert malerisch den Beginn der Wachau und bietet ein seltenes Zusammenspiel von Landschaft, Bauwerk und Strom.*

Nach Jahrhunderten wechselvoller Geschichte erlebte das Kloster zu Beginn des 18. Jahrhunderts unter dem Abt Berthold Dietmayer eine glanzvolle Blüte. Der Abt hatte im St. Pöltener Baumeister Jakob Prandtauer einen kongenialen und auch ökonomisch denkenden Partner gefunden. Dieser schuf den monumentalen barocken Prachtbau, nach den Türkenkriegen und der gelungenen Gegenreformation als Ausdruck eines neuen Lebensgefühls, eines gestärkten Herrschaftswillens sowohl der Kirche als auch der Habsburger.

Tipp: Der Donauradweg führt an der Donaulände nach links im Verkehr weiter. Wenn Sie weiter am rechten Ufer bleiben, zweigen Sie nach der Tankstelle nach links auf die Wiener Straße ab. Zur Route am linken Donauufer kommen Sie, indem Sie der verkehrsreichen Straße den Hang hinauffolgen und dann nach links zur Donaubrücke abzweigen. Wer sich die Steigung ersparen will, kann auf der Wachauer Straße bis zur Brücke vorfahren und dann das Fahrrad die Treppe hinauftragen. Am Nordufer führt dann der Donauradweg entlang der Uferstraße in die Wachau.

Benediktinerstift Melk

Von Melk nach Wien am Nordufer 121 km

In der letzten Etappe erreicht die Reise für viele ihren Höhepunkt: Denn mit der Milde und Heiterkeit der Wachau kann kaum eine andere Landschaft an der Donau konkurrieren. Eine jahrhundertealte Winzerkultur ließ ihre Weinterrassen an steilen Südhängen zu „Himmelsstiegen" werden und verlieh diesem Tal ihre typische Gestalt. Hinter Krems präsentiert sich das Donautal dann mit den weitläufigen Auen des Tullner Feldes wiederum ganz anders. Und nachdem letztendlich die Donau die Wiener Pforte passiert hat, geht die lange Reise zwischen den Ausläufern des Wiener Waldes in der charmanten Donaumetropole Wien zu Ende.

Von Melk bis nach Altenwörth fahren Sie auf Radwegen und ruhigen Wirtschaftswegen. Zwischen Altenwörth und Tulln verläuft der Donau-Radweg ausschließlich am Südufer, dieser Bereich ist im Text gekennzeichnet. Von Tulln aus geht es dann wieder am Nordufer auf einem donaunahen Radweg bis in die österreichische Hauptstadt.

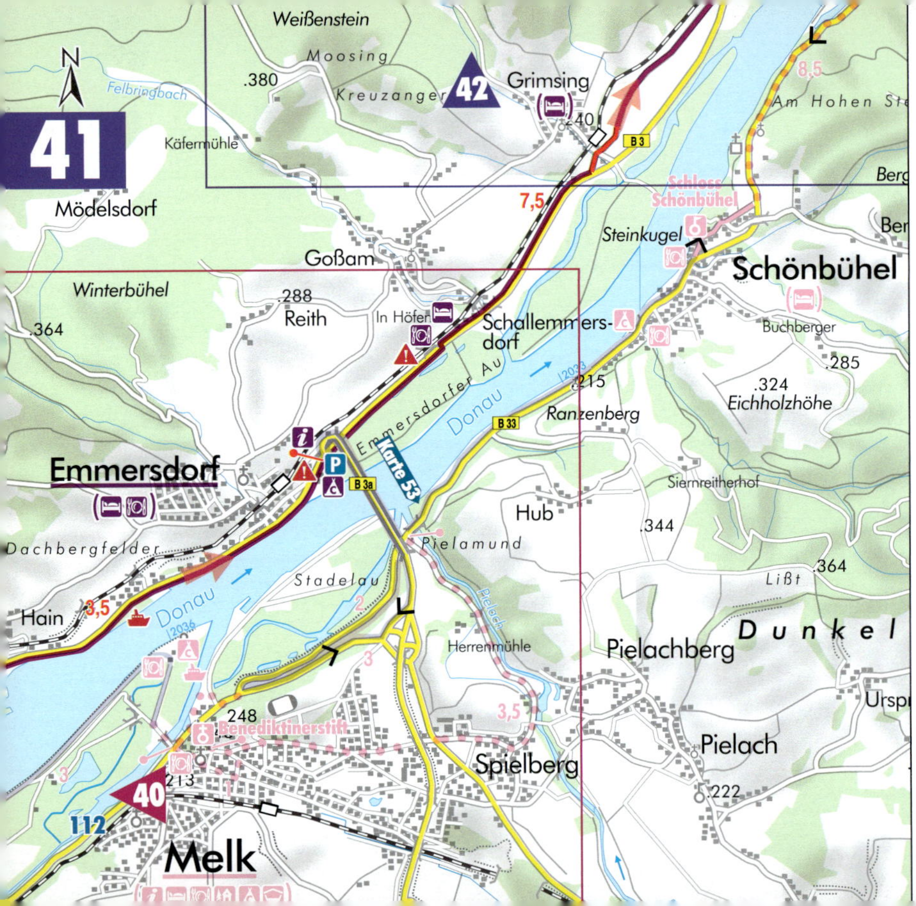

Am Nordufer von Melk nach Spitz — 20 km

Am Nordufer unter der Donaubrücke zwischen Emmersdorf und Melk hindurch und dem Radweg entlang der Straße folgen ~ nach der Ortstafel von Schallemmersdorf über die Uferstraße ~ weiter auf der linksseitigen Nebenfahrbahn und zwischen Straße und Bahn dahin ~ nur bei Grimsing führt die Route ein wenig von der Bundesstraße weg ~ 1,5 Kilometer nach Grimsing mündet der Güterweg in die Hauptstraße die Route wechselt auf den nicht sehr breiten Radweg, der zwischen Straße und Bahn verläuft ~ in Aggsbach-Markt links in die Dorfstraße.

Aggsbach-Markt ≈km 2027 L

PLZ: 3641; Vorwahl: 02712

- **Gemeindeamt**, ✆ 214
- Spätromanische **Pfarrkirche** aus dem 13. Jh.
- **Erlebnispark Hubhof**, ✆ 241, 4 km Richtung

Maria Laach/Jauerling (293 Höhenmeter, folgen Sie den Zwergen), ÖZ: Ostern-Anfang Sept., Mo-So 10-17 Uhr, Sept., Okt., auf Anfrage. Märchenlehrpfad, Märchenparade, Dinosaurierfreilichtmuseum, Tiergehege, Spielplatz (Sommerrodelbahn, Trampolin u. a.), Minigolf u. v. a.

Hinter Aggsbach-Markt weiter entlang der Bundesstraße auf dem stellenweise sehr schmalen Radweg ~ ungefähr auf Höhe der Ruine links von der Uferstraße nach Groisbach abzweigen ~ weiter rechts der Bahn nach Willendorf in der Wachau.

Tipp: Zum Venusmuseum und zur Fundstelle der Venus von Willendorf biegen Sie bei der Kapelle links ab und finden gleich links das Museum. Nach der Bahnunterführung rechts verläuft der Fußweg zur Fundstelle mit einem Denkmal und freigelegten Kulurschichten. Von der Route, die Willendorf geradeaus durchquert, ist die nachgebildete Statue allerdings auch zu sehen.

Willendorf ≈km 2024 L

PLZ: 3641; Vorwahl: 02712

Gemeindeamt Aggsbach Markt, ✆ 214

Steinzeitmuseum, Willendorf Nr. 4, ✆ 328, ÖZ: Anfang Mai-Mitte Okt., Sa 14-15.30, So/Fei 10-11.30 Uhr und 14-15.30 Uhr u. n. V.

Im Zuge der Errichtung der Donauuferbahn 1908 wurde im eiszeitlichen Löss bei Willendorf eine 11 Zentimeter hohe, aus Kalkstein herausgearbeitete Statuette gefunden, die eine unbekleidete, fettleibige Frauenfigur darstellt. Ihre Auffindung war eine wissenschaftliche Sensation. Sie gilt als Ausdruck eines Fruchtbarkeitskultes, beziehungsweise als Symbol der „Magna Mater". Daher die Bezeichnung ***„Venus von Willendorf"****. Unter allen bislang aufgefundenen, vergleichbaren figürli-*

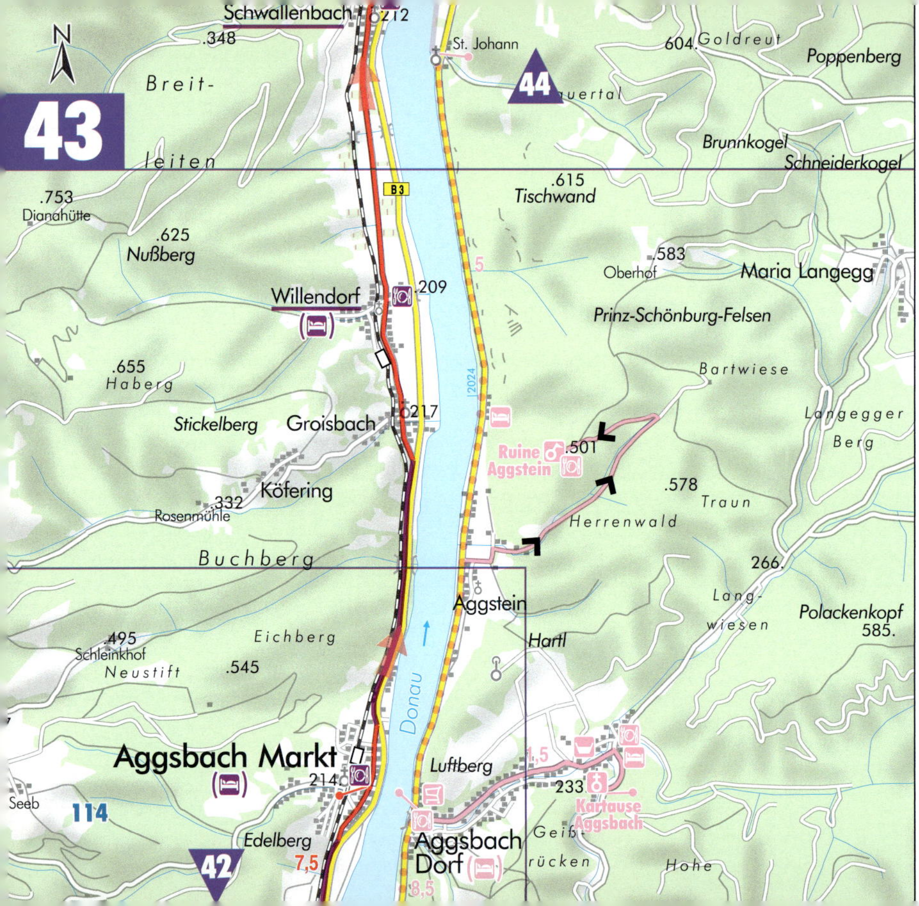

chen Darstellungen aus dem Paläolithikum (=Altsteinzeit) – das sind immerhin über 130 Objekte von Südwestfrankreich bis nach Sibirien – soll die Willendorfer Skulptur die formschönste sein.

Das nächste Dorf heißt Schwallenbach ⇝ nach dem Ortsende auf einer ruhigen Anrainerstraße durch Weinterrassen ⇝ ab der Einmündung in die Bundesstraße auf dem begleitenden Radweg ⇝ unterhalb der Ruine Hinterhaus – im Herzen der Wachau liegt Spitz ⇝ an der ersten Querstraße links und dann vor der Bahn nach rechts ⇝ an der nächsten Kreuzung etwas nach rechts versetzt weiter ⇝ an der Querstraße ist es möglich, rechts zur Fähre abzubiegen,

Denkmal am Fundort der „Venus von Willendorf"

der Weg in den Ort führt hier jedoch nach links unter der Bahn hindurch ⇝ gleich darauf rechts in die Bahnhofstraße, links geht's zum Kirchplatz.

Spitz a. d. Donau **≈km 2019 L**

PLZ: 3620; Vorwahl: 02713

- **Verkehrsverein**, ✆ 2363
- **Fähre nach Arnsdorf**: Betriebszeiten: April-Sept., Mo-Fr 6-21 Uhr, Sa, So/Fei 7-21 Uhr, Okt., März, Mo-Fr 6-19 Uhr, Sa 7-19 Uhr, So/Fei 8-19 Uhr.
- **Schloss Erlauhof mit Schifffahrtsmuseum**, Erlauhof, ✆ 2246, ÖZ: April-Okt., Mo-Sa 10-12 Uhr und 14-16 Uhr, So 10-12 Uhr und 13-17 Uhr.

Die reiche Darstellung der Donauschifffahrt seit römischen Zeiten geht insbesondere auf die Geschichte der Flößer, der Schiffszüge (oder der „Hohen Nau") und der Donaureisen ein.

Pfarrkirche Hl. Mauritius, Marktplatz. Das spätgotische Untergeschoss des 14./15. Jhs. trägt einen um 100 Jahre älteren, stattlichen W-Turm, im Inneren spätgotische Architektur mit Netzgewölbe und barocke Einrichtungen wie z. B. der Hochaltar mit einem Spätwerk des Kremser-Schmidt von 1799.

Unteres Schloss. Vermauerte Arkade, Erker und Wappen sind die Reste der Ausstattung aus dem 14. bis 16. Jh.

Altes Rathaus. Zusammen mit dem Bürgerspital (um 1400) bildet es eine sehenswerte gotische Baugruppe mit malerischem Hof, allerdings durch den Bahnbau etwas beeinträchtigt.

Ruine Hinterhaus. Auf schroffem Felsen bereits im 13. Jh. bestanden und im 16. Jh. um die Rundtürme erweitert, besitzt die wohlerhaltene Ruine einen mächtigen romanischen Bergfried, eine gotische Vorburg und Renaissancebefestigungen.

Rotes Tor. Der aus Bruchsteinen gemauerte, Torbogen (Schwedentor) gibt seit Generationen den malerischen Rahmen für charakteristische Wachauer Landschaftsblicke ab.

Spitz a. d. Donau

*Der Markt **Spitz** mit seinen 2.000 Einwohnern liegt rund um den **Tausendeimerberg**, der so heißt, weil seine Reben in guten Jahren bis zu 1.000 Eimer Wein (entspricht etwa 56.000 Litern) erbringen sollen.*

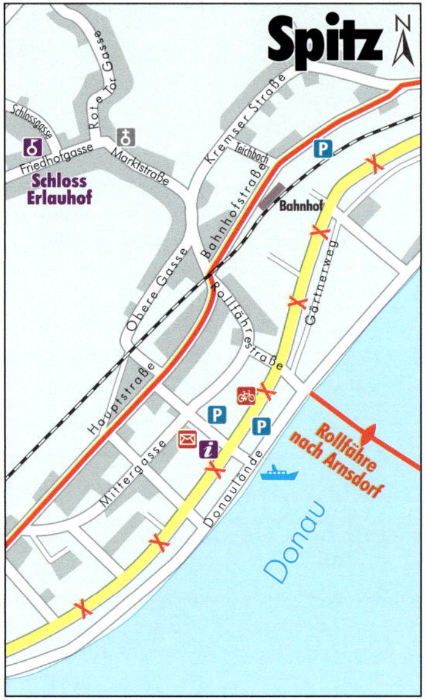

Von Spitz nach Krems 19 km

Vom Kirchplatz auf die **Marktstraße**, dann links in die **Kremser Straße** und parallel zum Donauufer weiter ⤳ an dem, nach dem Heimatfilm „Mariandl" benannten Hotel Mariandl vorbei, und wieder in die Weingärten hinaus ⤳ nach Überquerung der Bahn findet die Route ihre Fortsetzung links der Bundesstraße ⤳ bei der sehenswerten Kirche von **St. Michael** wieder auf den Güterweg wechseln. Zwischen Spitz und Dürnstein befinden sich übrigens die besten Weinlagen der Wachau.

Nach dem Panoramaweg der Donaubreiten kommt Wösendorf ⤳ an der Kirche rechts ab ⤳ an der darauffolgenden Querstraße nach links und auf einer Nebenstraße an Joching vorbei.

Der kleine Ritzlingbach soll der Weinsorte ***Riesling*** *den Namen gegeben haben. Im Mittelalter in die Rheinlande verpflanzt, kehrte sie veredelt als Rheinriesling in die Wachau zurück.*

Wein in der Wachau

Die Wälder wichen auf den Südhängen der Wachau bereits zu Zeiten Karls des Großen den Reben. Bis heute sind die Weinterrassen ein prägendes Landschaftselement in dem klimabegünstigten und vielleicht lieblichsten Abschnitt der Donau. Der Weinbau musste aber auch Rückschläge erleiden: So führten während des Mittelalters eine Klimaverschlechterung und später die Wirren des Dreißigjährigen Krieges zum Verfall vieler Weingärten. In der Zeit Maria Theresias wurden sogar Weinkeltereien durch Essigsiedereien ersetzt und um 1890 überfiel dann auch noch die aus Amerika eingeschleppte Reblaus die Weinstöcke.

Heute gedeihen in der Wachau wieder weltweit hochgeschätzte Weine. Besonders die Weißweine, für die die örtlichen Lössböden einen ausgezeichneten Nährboden darstellen, genießen unter Kennern einen sehr guten Ruf. Im Folgenden eine kleine Auswahl:

Grüner Veltliner: Tischwein, spritzig-herb, trocken bis halbtrocken. ***Rheinriesling****: ursprünglich aus der Wachau, wegen seines feinen Buketts sehr geschätzt.* ***Müller Thurgau****: fruchtig, süffig, mit wenig Säure.* ***Neuburger****: eher schwerer Wein, mild-würzig.*

Sturm wird der trübe Traubenmost genannt, der in den ersten Wochen der Gärphase entsteht und im Herbst gern getrunken wird. Ab dem 11. November wird der Most zum „Heurigen", zum jungen Wein. „Heurige" heißen aber auch die Buschenschenken, in denen die Weinbauern ihren eigenen Wein verkaufen, meist erkenntlich am „ausg'steckten" Reisigbuschen.

Nach einer Fahrt durch liebliche Weingärten folgt ein weiterer Höhepunkt der Wachau, Weißenkirchen ⤳ an der Querstraße geht's rechts zur Fähre, Richtung Dürnstein und Krems jedoch links halten ⤳ gleich nach dem Bahnübergang rechts ab ⤳ rechts von der Kirche weiter durch den Ort, am Wachaumuseum vorbei.

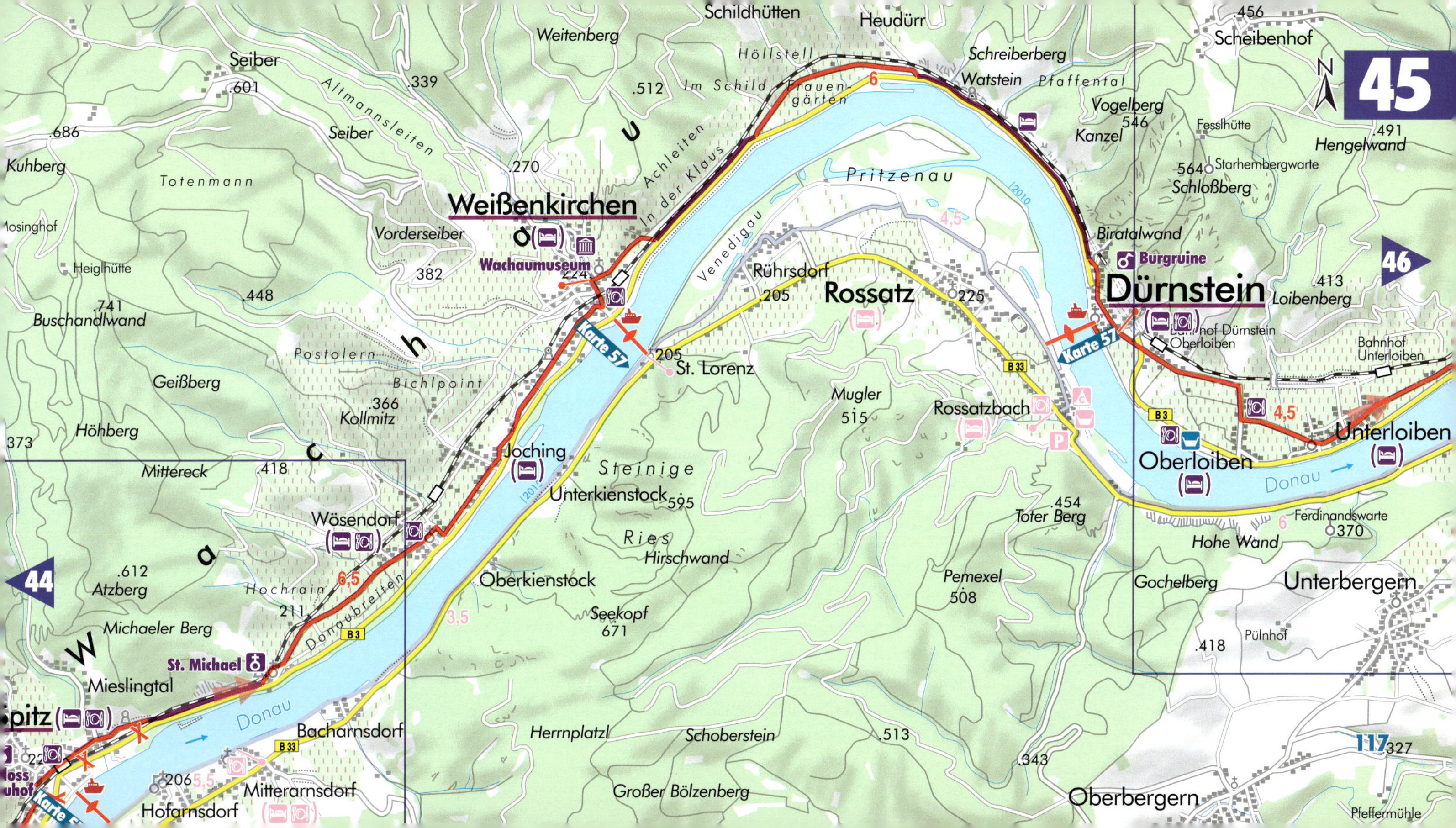
45
46
44
Weißenkirchen
Wachaumuseum
Dürnstein
Burgruine
Rossatz
Rührsdorf
St. Lorenz
Rossatzbach
Oberloiben
Unterloiben
Joching
Wösendorf
St. Michael
Spitz
Bacharnsdorf
Mitterarnsdorf
Hofarnsdorf
Donau
Karte 57
B 33
B 3
Schildhütten
Heudürr
Weitenberg
Scheibenhof
Schreiberberg
Watstein
Pfaffental
Vogelberg
Kanzel
Fesslhütte
Hengelwand
Starhembergwarte
Schloßberg
Biratalwand
Loibenberg
Bahnhof Dürnstein Oberloiben
Bahnhof Unterloiben
Pritzenau
Venedigau
Höllstell
Im Schild
Frauengärten
Achleiten
In der Klaus
Seiber
Altmannsleiten
Kuhberg
Totenmann
Vorderseiber
Heiglhütte
Buschandlwand
Postolern
Bichlpoint
Geißberg
Kollmitz
Höhberg
Mittereck
Atzberg
Hochrain
Michaeler Berg
Mieslingtal
Donaubreiten
Steinige
Unterkienstock
Ries
Hirschwand
Oberkienstock
Seekopf
Mugler
Toter Berg
Pemexel
Hohe Wand
Ferdinandswarte
Gochelberg
Unterbergern
Pülnhof
Herrnplatzl
Schoberstein
Großer Bölzenberg
Oberbergern
Pfeffermühle
Wachau

Weißenkirchen ≈km **2013 L**

PLZ: 3610; Vorwahl: 02715

Gemeindeamt, ✆ 2232, Zimmerinformation bei der Schiffsstation, ✆ 2600

Fähre: Mo-Fr 9-12 Uhr und 13.30-18.30 Uhr, Sa, So/Fei 9-18.30 Uhr

Wachaumuseum, Teisenhoferhof, ✆ 2268, ÖZ: April-Okt., Di-So 10-17 Uhr. Ein Teil des Museums zeigt Arbeitsgeräte der Weinhauer und eine historische Weinpresse, weiters sind Werke der „Wachaumaler" des 19./20. Jhs. wie Jakob Alt, Johann Nepomuk oder Martin Johann (Kremser) Schmidt zu sehen.

Wehrkirche St. Michael, 2 km donauaufwärts. Der gotische Neubau stammt aus der Zeit um 1500, die Pfarre aber reicht ein halbes Jahrtausend zurück und gilt als „Urpfarre" der Wachau. Die sagenhaften 7 Hasen am Dach des Presbyteriums stellen wahrscheinlich die „Wilde Jagd" mit Hirschen und Jägern dar. Es gibt jedoch noch andere legendäre Erklärungen.

Teisenhofer- oder Schützenhof, Marktplatz. Der besonders schöne Arkadenhof im Stil der Renaissance stammt in seiner heutigen Erscheinung aus der 2. Hälfte des 15. Jh. Sitz der 1. NÖ-Weinakademie und des Kreativseminars Weißenkirchen.

Pfarrkirche Mariae Himmelfahrt, Kirchplatz. Die ersten Teile der hochgelegenen Kirche, die von einer fast intakten Wehranlage umgeben ist, entstanden um 1400. Im Inneren mischen sich spätgotische und barocke Elemente.

Nach der Kirche in Weißenkirchen zunächst noch auf der Donauterrasse weiter ~ entlang einer hübschen Häuserzeile mit Heurigenschenken aus dem Ort hinaus ~ nach dem Bahnübergang links der Straße auf dem Radweg weiter ~ nach einem Kilometer nach links ~ auf einem Güterweg durch die „Frauengärten", die weitläufigen Weinterrassen werden nur von kleinen Winzerhütten unterbrochen ~ es geht dann auf dem Radweg entlang der Bundesstraße weiter.

Die romantische ***Ruine Dürnstein*** *kündigt bereits den berühmtesten aller Wachauorte an. In dem seit dem Dreißigjährigen Krieg verlassenen Gemäuer wurde einst König Richard Löwenherz gefangengehalten.*

Weißenkirchen

Bei der Ortstafel von Dürnstein vom Radweg auf die Nebenstraße, die Bundesstraße führt im Ortsgebiet durch einen Tunnel ~ die Route verläuft über eine kleine Anhöhe und unterhalb der Burgruine geradeaus durch den historischen Ortskern. Das schönste Bild von Dürnstein bietet sich allerdings vom Bad am Donauufer.

Dürnstein ≈km **2009 L**

PLZ: 3601; Vorwahl: 02711

Gemeindeamt, Rathaus, ✆ 219, Info 200

Fähre Rossatz-Dürnstein ✆ 02714/6355: Betriebszeiten 22.-24. April, 10-18 Uhr, 29. April-Juni, 10-18 Uhr, Juli, Aug., 10-19 Uhr, Sept.-8. Okt., 10-18 Uhr, 14., 15.Okt. 10-17 Uhr.

Donauschifffahrt Oberleitner-Fischer OEG, Rossatzbach 40, ✆ 02714/6355. Betriebszeiten: Mai-Okt. Charterfahrten in der Wachau und Donaurundfahrten „Dürnstein bei Nacht". Jeden Mo um 21.30 ab 5. Juni-28. Aug. Einstiegstelle an der Donaupromenade Dürnstein.

Burgruine Dürnstein. Errichtet um die Mitte des 12. Jhs., Saalbau und Kapelle leiten von der hochmittelalterlichen Burg als Zweckbau zum späteren Palasbau über. Im Winter 1192-93 wurde hier der englische König Richard Löwenherz gefangengehalten.

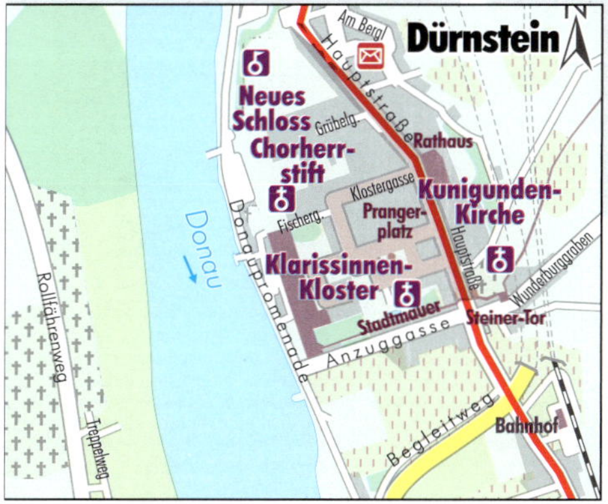

Stift Dürnstein, ✆ 375, ÖZ: April-Okt., Mo-So 9-18 Uhr, Führungen zu jeder vollen Stunde. 1410 gegründetes und 1710-33 von den bedeutendsten Künstlern dieser Zeit barockisiertes Augustiner-Chorherrenstift, dessen Hof zu den schönsten Klosterhöfen gehört.

Stiftskirche Mariä Himmelfahrt. Das Meisterwerk österr. Barockarchitektur mit dem blauweiß gehaltenen Kirchturm (um 1733) ist berühmt für die Einheit von Kunst und Landschaft.

Kellerschlössl, ✆ 371. Östl. der Stadt. 1714 vermutlich von J. Prandtauer mit stuckierten Räumen und Deckenfresken erbaut. Gänge von 800 m Länge bergen die Weinernten.

Durch ein Tor wird Dürnstein verlassen und geradewegs über die Bundesstraße ~ beim Tor nach rechts geht es zur Fähre nach Rossatz und weiter flussabwärts zum Freibad

Dürnstein

~ die Route hingegen führt inmitten von Wein- und Marillen- (Aprikosen) gärten auf einer schmalen Straße dahin ~ am Franzosendenkmal aus dem Jahr 1805 vorbei dem Straßenverlauf nach rechts folgen ~ gleich darauf nach links in die Weingärten.

In Unterloiben links an der Kirche vorbei ~ durch den Ort vorbei am Rieslingschurl, beliebtes Fotomotiv und Treffpunkt.

Etwa 20 Meter danach findet sich an der Felswand neben der Straße in großen Lettern ein rätselhafter Schriftzug: ***I. Kyselak.*** *Dabei handelt es sich um den Namen eines reiselustigen Biedermeier-Sonderlings. Wegen einer Wette unter Freunden unternahm dieser eine Reise, mit der er binnen drei Jahren in der ganzen Monarchie bekannt werden sollte. Mit Pinsel und Farbe wanderte er los und verewigte sich mitunter an den unglaublichsten Stellen, wodurch ihm bereits nach eineinhalb Jahren der Gewinn der Wette zugestanden wurde. Einer Anekdote zufolge wurde er ob seiner Verewigungslust auch zum Kaiser zitiert. Als Kyselak, entsprechend gerügt, sich wieder entfernt hatte, musste der Kaiser zu seinem Ärger auch an seinem Schreibtisch den bekannten Namenszug entdecken.*

Auf der anderen Donauseite erhebt sich das Stift Göttweig beherrschend über der Ebene ~ bei einem größeren Weingut wieder an der Hauptstraße und am Radweg weiter, eine Tafel verkündet offiziell das Ende der Wachau.

Tipp: Bei Förthof entfernt sich die Route von der Straße und führt zur Auffahrt der Mauterner Donaubrücke. Über die Brücke kommen Sie nach Mautern, von wo Sie einen Abstecher zum Stift Göttweig starten können (s. S. 140).

Am Nordufer folgt Stein an der Donau ~ auf einer Nebenfahrbahn der Donaustraße am Ort vorbei, die verlockende Steiner Landstraße hinter dem Linzer Tor ist nur aus der Gegenrichtung befahrbar.

Tipp: Sie steigen daher besser aus dem Sattel und wandern durch die romantischen Gassen.

Stein a. d. Donau ≈km 2003 L

PLZ: 3504; Vorwahl: 02732

Austropa Verkehrsbüro, Undstr. 6, ✆ 82676

Pfarrkirche St. Nikolaus, Steiner Landstraße. Die heutige dreischiffige Staffelkirche mit Langchor ist ein Werk des 15. Jhs. Trotz einer Regotisierung 1901 blieben Deckenfresko und Altarbilder von Martin Johann (Kremser) Schmidt erhalten.

Minoritenkirche, Minoritenplatz. Die dreischiffige Pfeilerbasilika zählt zu den frühesten Wölbebauten der deutschen Bettelorden (1264). Bedeutsam sind die Fresken aus dem 14. Jh., darunter eine Muttergottes mit Stiftern. Die Kirche dient

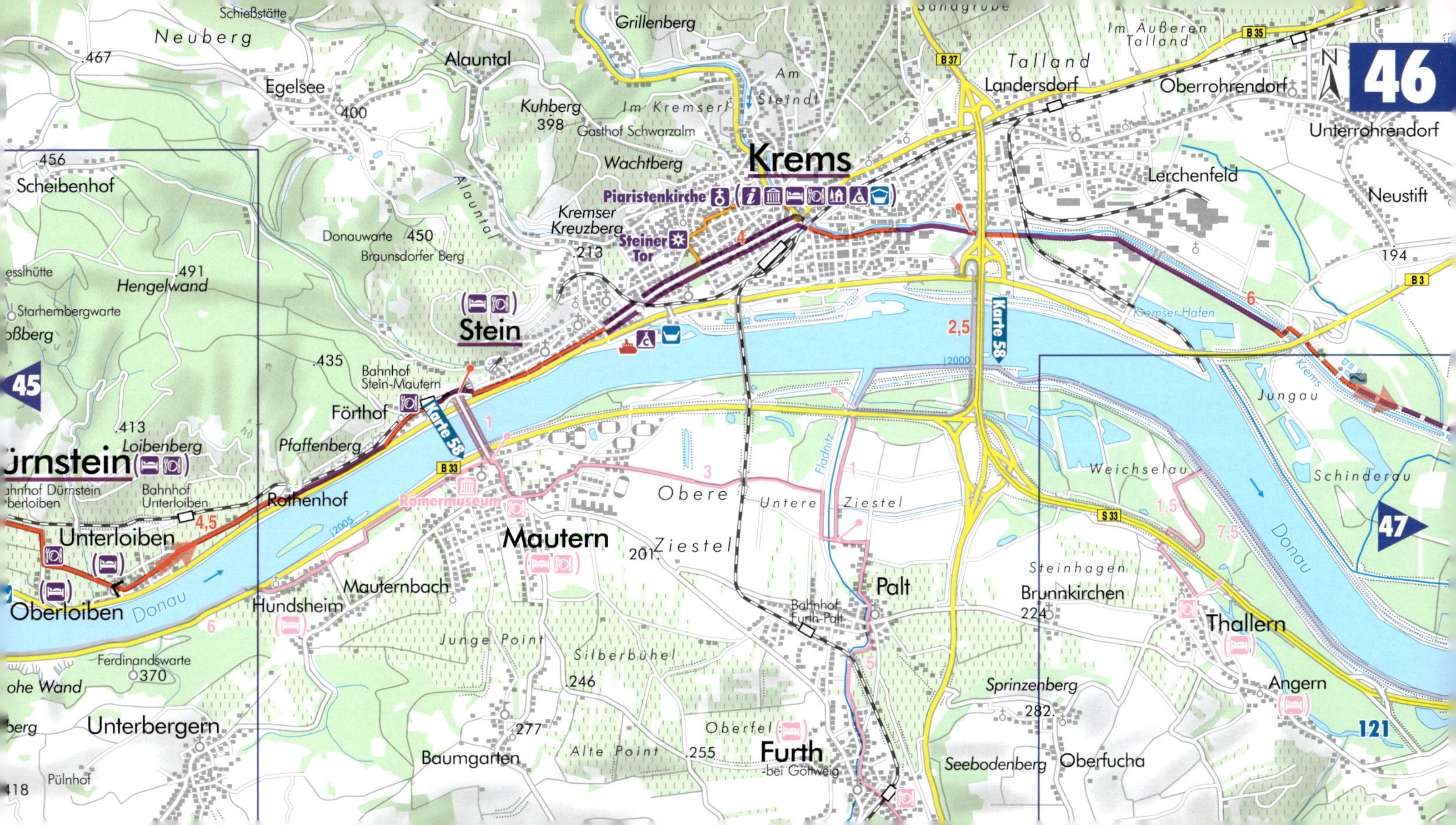

46
Krems
Stein
Mautern
Furth
-bei Göttweig
Piaristenkirche
Steiner Tor
Kremser Kreuzberg
Grillenberg
Alauntal
Neuberg
Schießstätte
Egelsee
Kuhberg
398
Gasthof Schwarzalm
Wachtberg
Im Kremser
Steindl
Talland
Im Äußeren Talland
Landersdorf
Oberrohrendorf
Unterrohrendorf
Lerchenfeld
Neustift
Scheibenhof
Donauwarte
450
Braunsdorfer Berg
Hengelwand
Starhembergwarte
Bahnhof Stein-Mautern
Förthof
Pfaffenberg
Loibenberg
Bahnhof Unterloiben
Rothenhof
Unterloiben
Oberloiben
Donau
Römermuseum
Obere
Untere
Ziestel
Palt
Bahnhof Furth-Palt
Brunnkirchen
Steinhagen
Thallern
Angern
Sprinzenberg
Seebodenberg
Oberfucha
Weichselau
Schinderau
Jungau
Kremser Hafen
Krems
Hundsheim
Mauternbach
Junge Point
Silberbühel
Ferdinandswarte
370
Unterbergern
Baumgarten
Alte Point
Oberfel
Pülnhof
Karte 58
B 33
B 35
B 37
B 3
S 33
45
47
121
Fladnitz

heute als Ausstellungsort moderner Kunstprojekte.

Steiner Landstraße. Der gut erhaltene alte Häuserbestand und die eingeschobenen Plätzchen mit barocken Statuen und Säulen verleihen der Straße einen seltenen Reiz.

Ehem. Frauenbergkirche, über der Pfarre St. Nikolaus. Errichtet 1380, im Turmraum spannt sich ein mächtiges Kreuzrippengewölbe. Seit der Restaurierung 1963 Kriegergedächtnisstätte.

Kunstmeile, Kunsthalle und Karikaturmuseum/ Deix Haus. In der Kunsthalle wird das ganze Jahr hindurch ein attraktives Programm geboten. Das Karikaturmuseum wurde als erstes österr. Haus für Satire, Karikatur und kritische Grafik eröffnet. Einen besonderen Stellenwert erhält das Museum durch die Einbindung von Manfred Deix, der mit ca. 200 Arbeiten in laufend aktualisierten Präsentationen im ersten Obergeschoss vertreten ist.

Nach Stein geht die Donauuferstraße in eine größere Straße mit beidseitigen Radwegen über, die geradeaus nach Krems führt ~ die Stadtmitte von Krems ist nicht mehr weit, nachdem die zwei Orte fast zusammengewachsen sind ~ nach der Bahnunterführung auf der Ringstraße an der Jugendherberge vorbei ~ zum alten Ortskern nach dem Stadtpark links in die **Utzstraße** abbiegen, diese führt über den Südtiroler Platz zur Fußgängerzone ~ durch die **Obere Landstraße** zum Fluss Krems und rechtsherum wieder zum Donau-Radweg zurück.

Die Ringstraße führt hingegen geradeaus weiter, vorbei am nahen Bahnhof ~ vor der Krems biegt dann die Route nach rechts in die **Austraße** ab.

Krems ≈km 2002 L

PLZ: 3500; Vorwahl: 02732

Austropa Verkehrsbüro, Undstr. 6, ✆ 82676

WEINSTADTmuseum, ehem. Dominikanerkirche, Körnermarkt 14, ✆ 801567 u. 572, ÖZ: 8. März-Ende Nov., Di-So 10-18 Uhr. Themen: archäologische Sammlungen, volkskundliche Exponate zum Weinbau, mittelalterliche Kunstschätze und Werke des Barockmalers M. J. Schmidt. Zudem sind weite Teile der Klosteranlagen zugänglich.

Motorrad-Museum, Egelsee (2 km nordwestl.), Ziegelofeng. 1, ✆ 41428, ÖZ: Mo-So 9-17 Uhr. Die private Sammlung bietet einen Querschnitt durch 8 Jahrzehnte (vorwiegend österreichische) Motorradgeschichte und viele andere Dinge rund ums Motorrad.

Pfarrkirche St. Veit, Pfarrplatz. Vollendet wurde die von außen massig wirkende Anlage von Cypriano Biasino 1630. Sie zählt neben der Stiftskirche von Göttweig zu den ersten Beispielen barocken Kirchenbaus in Österreich.

Piaristenkirche, Frauenbergplatz. Unter architektonischem Einfluss der Wiener Bauhütte 1475-1515 mit einem malerischen Treppenaufgang und einer dreischiffigen Halle errichtet. Ähnlich wie in Wien, bevölkern auch hier Statuen die Pfeiler. Martin Johann Schmidt malte alle Altarbilder.

Bürgerspitalkirche, Obere Landstraße. Beruhend auf dem System nach innen gekehrter Strebepfeiler 1470 errichtet. Sehenswert die schwungvollen Fenstermaßwerke und die vielgestaltigen Eisentürchen der gotischen Sakramentnische.

Ehem. Dominikanerkirche, Dominikanerplatz. Die basilikale Anlage wurde um 1265 fertiggestellt und gehört zu den frühen Wölbebauten der deutschen Bettelorden. Nach der Klosteraufhebung (1785) stand das Bauwerk als Knopffabrik, Getreidespeicher oder Theater in Verwendung, seit 1891 beherbergt es das WEINSTADTmuseum.

Gozzo-Burg – Ehem. Stadtpalais, Hoher Markt. Der reiche Kremser Bürger und Stadtrichter Gozzo ließ es 1260-70 mit Anlehnung an den italienischen Typus des Stadtpalastes errichten. Der besonders schöne Saal macht die Anlage zum bedeutendsten Profanbau Österreichs aus dieser Zeit.

Rathaus, Pfarrplatz. 1453 von Ulrich von Dachsberg an die Stadt geschenkt, in der Eingangshalle schöne Renaissancesäulen von 1549. Aus derselben Zeit stammen die besonders sehenswerten Erker mit reichen Wappenreliefs und dekorativer Ornamentik.

Bürgerhäuser, Untere und Obere Landstraße/Körnermarkt/Margarethenstraße. Das Stadtbild wird hauptsächlich von Bauten des 16. Jhs. bestimmt, mit Erkern, Reliefs und Sgraffiti an den Fassaden, die hie und da auch reizvoller Barockstuck überzieht.

Steiner Tor, westl. Ende der Stadt. Mit vier gotischen Rundtürmen bildet es eines der Stadttore und das Wahrzeichen von Krems. Errichtet 1480, barocker Aufbau von 1754.

Kapuzinerkloster Und, Undstraße. Der Bau des profanierten Komplexes begann 1614, in dessen Mittelpunkt ein kleines, überkuppeltes Gotteshaus steht. Fresko von Daniel Gran von 1756.

Schloss Grafenegg, 10 km östlich, ✆ 02735/2205-22, ÖZ: Di, Do 13-17 Uhr, Sa, So/Fei 10-17 Uhr. Der bedeutendste Schlossbau der Romanik in Österreich, umgeben von einem Englischen Garten.

Krems gilt als die älteste Stadt Niederösterreichs, hier lassen barocke Bürgerhäuser mit Renaissance-Arkadenhöfen, gotische Erker, Fenster und Kapellen und ein Gewirr mittelalterlicher Gässchen, die die Altstadt durchziehen, den eigentümlichen Charakter der Stadt für jeden zum Erlebnis werden. Wahrzei-

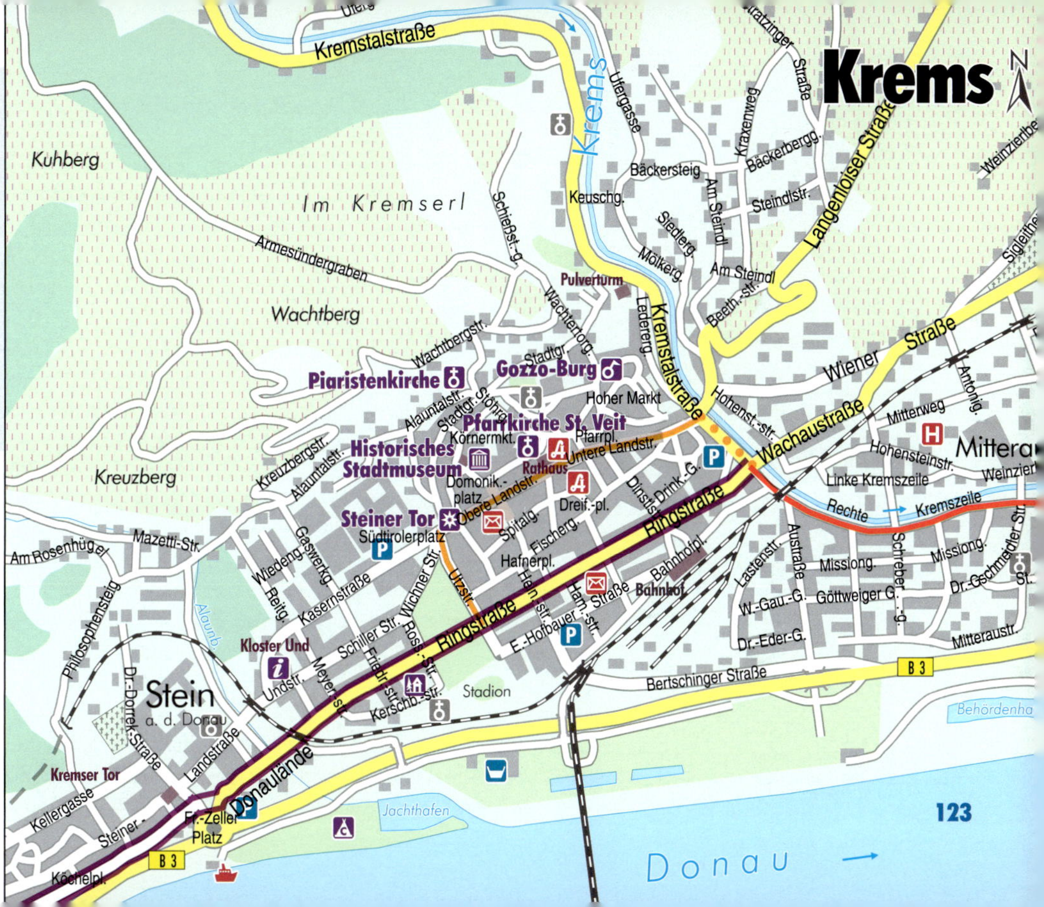

Stein a. d. Donau

chen von Krems ist das Steiner Tor, das zwischen mittelalterlichen Spitztürmen einen hohen Barockturm trägt. Hinter dem Tor erhebt sich der Wachtberg, auf dem eine der schönsten Kremser Kirchen steht, die Piaristenkirche. Über die teilweise überdachte altertümliche Piaristenstiege gelangt man zu der 1475 im gotischen Stil erbauten Kirche, die einen Hochaltar von Martin Johann Schmidt, genannt Kremser Schmidt, birgt.

Neben der mustergültig gepflegten Altstadt genießt Krems aber heute auch den Ruf einer innovativen Stadt mit neuartigen wissenschaftlichen Einrichtungen und künstlerischen Projekten.

Tipp: Wer von Krems aus weitere Touren im Kamptal und im Waldviertel plant, dem seien die ***bikeline*-Radtourenbücher Kamptal** und **Waldviertel**, sowie die **Radkarte Kamptal** empfohlen.

Aus der Stadt Krems führt der Donau-Radweg gut beschildert zur Donaubrücke hinaus ~ direkt nach der Bahnunterführung nach links von der **Austraße** in die **Rechte Kremszeile**.

Tipp: Hier an der Bundesstraße können Sie ans rechte Donauufer wechseln. Die beschilderte Route geht nach rechts ab, um die Donau am Radweg entlang der Bundesstraße zu überqueren (s. S. 144).

Am Nordufer von Krems nach Altenwörth 22,5 km

Entgegen der Beschilderung des Donau-Radweges der Krems weiterhin folgen und unter der Bundesstraße hindurch ~ 300 Meter weiter wendet sich die Straße ab und nun geradeaus auf dem Fuß- und Radweg entlang der Krems ~ am Chemiewerk vorbei ~ vor der nächsten Unterführung auf das andere Ufer, weil dort die Straße in besserem Zustand ist ~ nach weiteren 2,5 Kilometern entlang der Krems, auf der Höhe der Ortschaft Theiß, erneut über den Fluss ~ in einer weitläufigen S-Kurve dem besser ausgebauten Weg folgen, der trotzdem noch genug Schlaglöcher aufweist ~ nach 700 Metern und drei Brücken über die Nebenarme ist der

Krems a. d. Donau

Treppelweg am Donaudamm erreicht.

Auf dem prima asphaltierten Weg steht einer schnellen Fahrt nun nichts mehr im Wege bis zum Kraftwerk bei Altenwörth.

Tipp: Wer in angenehmer Umgebung etwas zu sich nehmen will, kann nach links dem Radweg über den Nebenarm in den nahen Ort folgen.

Altenwörth

PLZ: 3474; Vorwahl: 02279

- **Heimat- und Fremdenverkehrsverein**, Donaulände 39
- **Kamptal-Radweg**, in Altenwörth zweigt der gut ausgebaute Radweg in die landschaftlich reizvolle und kulturell äußerst interessante Region des Kulturparks Kamptal ab. Genaueres finden Sie im ***bikeline*-Radtourenbuch „Radwandern im Kamptal"** bzw. im ***bikeline*-Radatlas Waldviertel.**

Tipp: Vom Kraftwerk Altenwörth bis nach Tulln verläuft die Route nur am südlichen, rechten Donauufer. Dazu lesen Sie bitte auf Seite 146 bis 152, Karten 61 und 62 weiter.

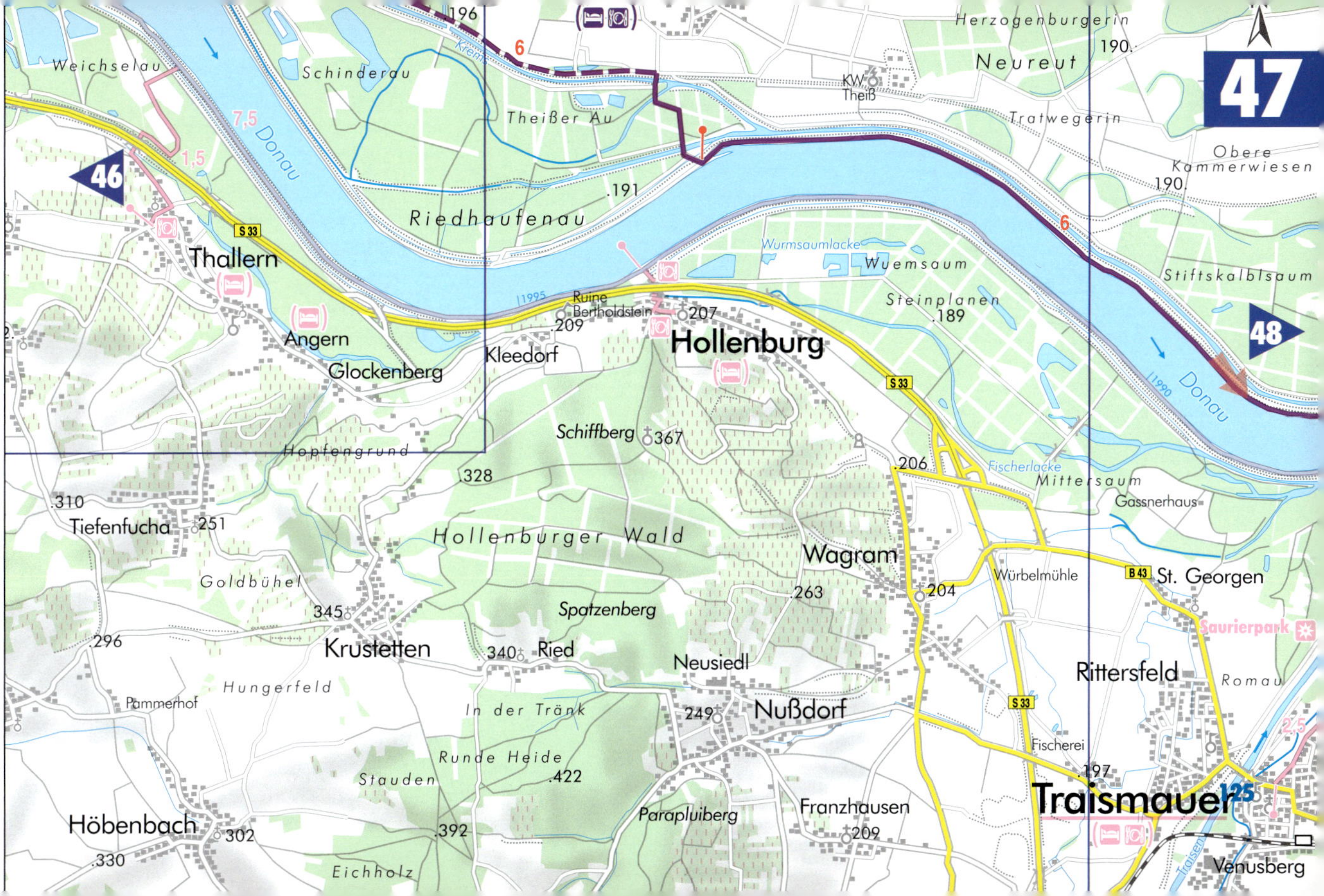

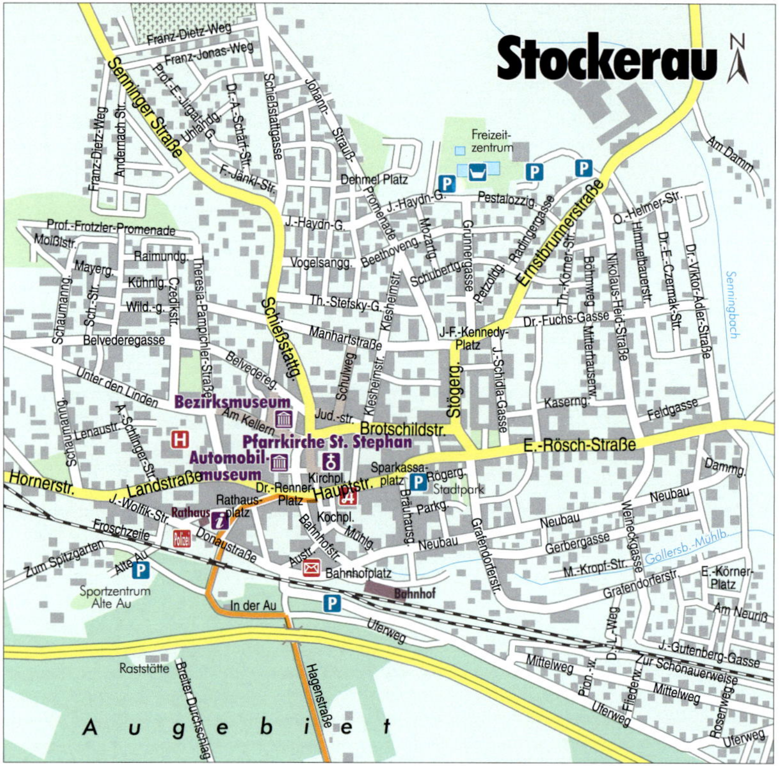

Es geht nun über das Kraftwerk durch die Seitentür des Kraftwerktores, die tagsüber nicht versperrt ist.

Tipp: Zu anderen Zeiten benutzen Sie die Gegensprechanlage.

Am Nordufer von Tulln nach Wien **38,5 km**

Nach Überquerung der Donau in Tulln rechtsherum durch eine Feriensiedlung zum Ufer zurück ~ auf dem gut ausgebauten Treppelweg stromabwärts ~ auf dem Damm bis zum Kraftwerk Greifenstein ~ vor der Staumauer geht es weg vom Ufer ~ an der breiten Zufahrtsstraße nach rechts.

Tipp: Wenn Sie hingegen nach Stockerau möchten, biegen Sie hier links ab. Sie fahren über das Krumpenwasser und biegen 500 Meter weiter links auf einen Forstweg ein. Mit Wegweisern versehen, fahren Sie dann im Zick-Zack durch die naturgeschützte Au und treffen nach 4 Kilometern in Stockerau ein.

Stockerau L

PLZ: 2000; Vorwahl: 02266

- **Stadtgemeinde**, Rathaus, ✆ 695.
- **Bezirksmuseum**, Belvederschlössl, ✆ 65188, ÖZ: Sa 15-17, So/Fei 9-11 Uhr. Außer der Geschichte des Bezirks und der Stadt eine Dokumentation über den Dichter Nikolaus Lenau, der 1818-22 in Stockerau lebte.
- **Automobilmuseum**, Jubiläumshalle, ✆ 64564, ÖZ: Sa 15-18, So/Fei 10-12 Uhr und 14-17 Uhr.
- **Rathaus**, Rathausplatz. Das ehem. Puchheimsche Schloss ist ein stattlicher Barockbau des 17. Jhs. mit bemerkenswerter Pilastergliederung, nach Plänen von Fischer von Erlach d. J.
- **Pfarrkirche Hl. Stephan**, Kirchenplatz. Der 88 m hohe Kirchturm ist der höchste in Niederösterreich und wurde 1725 erbaut. Der frühklassizistische Bau der Kirche ist ein kreuzförmiger Zentralraum.
- **Naturschutzgebiet Stockerau**, zwischen Krumpenwasser und Autobahn. Seit dem Bau des Kraft-

48
47
61
weiter am Südufer S. 146
Hinter dem Kamp
Scheiben
Kamp
Untere Kammerwiesen
Obere Kammerwiesen
Lämmerweide
St. Johann
Sandlau
Spitalau
Traismauerin
Großes Neureut
Große Au
Kalbsaumlacke
Stiftskalblsaum
Kalblsaum
Mehrsiedel
Holzgasse
Marktfuhrhaufen
Totenlacke
Gigging
Krieau
Altenwörth
Dammboden
Krems
Donau
Donaukraftwerk Altenwörth
Blankhaufen
Anschütt
Mitterhaufen
Obere Placken
Traisen
Mitterau
Hasenhaufen
Roßauerl
Hanslhaufen
Schweizergrund
Sitzenberger Au
Gemeindeau
Jagdhaus Großer Grund
Großer Grund
Schweizerhof
St. Georgen
Saurierpark
Rittersfeld
Romau
Binteile
Mitterteile
Untere Krautau
Obere Krautau
Heidengründe
Auwiesen
Donaufeld
Traismauer
Stollhofen
Frauendorf
Preuwitz
Seefeld
Maria Ponsee
Mitterndorf
Hilpersdorf
Venusberg
B 43
1985
6
8
8,5
9
2,5
6,5
192
189
188
187
186
185
184
183
182
190
191

Perzendorf
Neumühle
Zaina
Trübensee
B 3
B 19
B 14
B 213
Das Ganze Land
Neuschüttl
Grubau
Forsthaus Binderau
Binderau
Gemeindeau
Gemeindeau
Obere Kohlstätt
Rustensch
62
50
Donau
Donau
3,5
15
5
7
1962
1960
Egon-Schiele-Museum
Minoritenkirche
St. Stephan
Bahnhof Tulln-Stadt
Bahnhof Tulln
Tulln
128
Rafelswörth
Oberaigen
Unteraigen
Langenlebarn
Bahnhof Langenlebarn
Muckendorf
Weinhartshof
Zeiselmau
Bahnhof Zeiselmauer-Königs
Wipfing
Wolfpass
.178
.175
.176
.173
.174
.172
.171
176.
175.
173.
172.
177.

50
Stockerau
Spillern
Unterrohrbach
berzögersdorf
Unterzögersdorf
174
A 22
B 3
Bürgerhäufl
ausboden
171
In der Au
171
5,5
Grainggut
Eiswasserallee
Stockerauer Arm
Kreuzeichenboden
Das Ganze Land
Jagdhaus Theresienau
Krumpenwasser
168
169
51
Karte 6A
Kraftwerk Greifenstein
6,5
Windau
168
Donau
5,5
3,5
1950
171
170
Obere Kohlstätt
15
49
Rustenschachen
179
170
3
Burg Greifenstein
Greifenstein
Höflein
179
Bahnhof Greifenstein Altenberg
Eichenleitenberg
Totenkopf
Hundsberg 387
320
170
Bie
172
Donau
1955
7
Auhof
Wördern
403
Tempelbergwarte
441
Altenberg
129
Hadersfeld
Muckendorf
Bahnhof St. Andrä-Wördern
Köbering
Weinhartshof
Zeiselmauer

werkes bei Greifenstein kann die Au nur im „Gießgang“, d. h. bei Hochwässern, Donauwasser erhalten. Jedoch leben in diesen Weich- und Hartauen u. a. noch 27 Sumpf- und Wasserpflanzen, die auf der Roten Liste der gefährdeten Arten stehen.

Am Nordufer nach der Abzweigung Richtung Stockerau am Kraftwerkstor.

Tipp: Beim Kraftwerk Greifenstein können Sie ans Südufer wechseln, Beschreibung s. S. 154. Hier ist bis zum Einbruch der Dunkelheit ein Übertritt nach Greifenstein möglich. Drüben zweigen Sie bei der ersten Gelegenheit links zur Fähre ab, die Sie zwischen 9 und 21 Uhr direkt ins Ortszentrum bringt. Eventuelle Wartezeiten können Sie im Terrassen-Restaurant überbrücken. Sind Sie früher oder später unterwegs, so fahren Sie am Donauufer 2,5 Kilometer flussaufwärts, wo Sie beim Yachthafen ebenfalls auf die Südufervariante stoßen.

Am Nordufer links an der Kraftwerkseinfahrt vorbei und nach einer Rechtskurve auf dem Treppelweg weiter ~ schnurgerade geht es jetzt Richtung Korneuburg ~ die Donau wendet sich allmählich gen Süden und gegenüber dem Klosterneuburger Strombad biegt der Weg nach links in den Wald ab ~ über zwei Wasseradern und danach rechts ~ nach einer Linkskurve geht es über einen weiteren Steg ~ vor der Autobahnunterführung nach rechts und über ein Schienenpaar ~ für den Besuch in Korneuburg jedoch unter der Autobahn und auch unter der Bahn hindurch ~ dann den Radwegen entlang der Hauptstraße nach rechts folgen.

Burg Kreuzenstein

Korneuburg ≈km 1943 L

PLZ: 2100; Vorwahl: 02262

Tourismusinformation, Bürgerservice, ✆ 770700

Schiffsanlegestelle, Donaulände/Ecke Kanalstraße. Schiffsfahrten auf der Strecke Wien-Dürnstein-Wien, Mai-Okt. jeden So, Zustieg in Korneuburg um 9.30 Uhr. Inform. beim Bürgerservice.

Rollfähre, Korneuburg-Klosterneuburg, ✆ 0663/011135, März-3. Nov, Mo-Fr ab 6.30 Uhr, Sa, So/Fei ab 8 Uhr. Jeweils bis Sonnenuntergang.

Kulturzentrum, Dr. Max-Burckhard-Ring 11, ✆ 72553, ÖZ: Sa 14-17, jeden 1. So im Monat 9-12 Uhr. Thema: In dem 1908 als „Tröpferlbad“ errichteten Gebäude sehen Sie die Ausstellung: Von der Urgeschichte zur Gegenwart.

Rathaus, Hauptpl. Das neugotische Gebäude, dem mittelalterlichen Stadtturm harmonisch angegliedert, entstand 1894-96. Sehenswert die prächtige Wappendecke, der renovierte Stiegenaufgang im Foyer und die Sitzungssäle.

Augustinerkirche. Eine 1745-48 erbaute ehem. Klosterkirche mit prächtigem Rokoko-Hochaltar, einer gemalten Scheinarchitektur mit der Darstellung des Letzten Abendmahles von F. A. Maulpertsch (1770).

Burg Kreuzenstein, 5 km nordwestl. Die von dem Schwedischen Heer verwüstete Burg wurde 1879 unter Graf Wilczek als Modellburg des 15. Jhs. unter Verwendung von Originalbauteilen aus ganz Europa ausgebaut.

Rattenfängerbrunnen. Dieser künstlerisch besonders schön ausgeführte Brunnen wurde 1898 vom Wiener Bildhauer Emanuel Pendl erbaut. Er

51
50
52
Karte 65
Eiswasserallee
Stockerauer Arm
Kreuzeichenboden
Teiritzberg
Am Wasweg
Am Teiritz
Stetten
N
Haltestelle Leobendorf-Burg Kreuzenstein
A 22
B 3
B 6
.167
.170
.169
6,5
Windau
168
Hofau
Ganserfeld
Badeteich Bisamberg
Donau
5,5
raftwerk reifenstein
Burg Greifenstein
179
Höflein
Greifenstein
Eichenleitenberg
otenkopf
Hundsberg
.387
320
441
mpelbergwarte
Hadersfeld
.409
1945
Rathaus
Korneuburg
Flandorf
Klein-Engersdorf
Jachthafen
2,5
.168
Rollfähre
.326
Heuberg
245
.364
3,5
Haltestelle Unt. Kritzendorf
.420
Sonnberg
Weißer Hof
Kritzendorf
.392
Freiberg
Tuttenhof
9
.169
Bisamberg
Bisamberg
Elisabethhöhe
.358

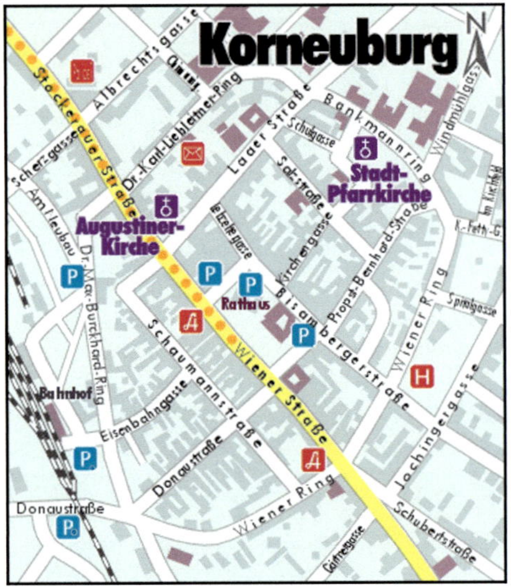

stellt die Figur des Rattenfängers aus dem Sagenkreis der Stadt Korneuburg dar.

Fahrradverleih, Hauptbahnhof, ✆ 72467

Auf dem weiteren Weg Richtung Wien zuerst neben der Autobahn dann nach rechts abzweigen ~ links um eine schmucke alte Werftsiedlung herum.

Tipp: Nach 1,5 Kilometern im Gewerbegebiet kommen Sie zur Fähre nach Klosterneuburg (ÖZ: März bis Nov. Mo-Fr 6.30 Uhr bis Sonnenuntergang, Sa, So, Fei 8 Uhr bis Sonnenuntergang). Drüben folgen Sie der breiten Asphaltstraße flussabwärts durch den Wald, und erreichen nach 2,5 Kilometern bei der Brücke über den Klosterneuburger Durchstich die Route am rechten Ufer unweit des Bahnhofs Klosterneuburg-Kierling (s. S. 158).

Weiter geht's aber auch am linken Ufer ~ 500 Meter nach der Korneuburger Fähre beim Wirtshaus Tuttendörfl auf den Treppelweg wechseln ~ an der Schleusenanlage vorbei, an der die Neue Donau beginnt ~ auf

den nun kommenden 9 Kilometern bis zur Reichsbrücke in Wien am besten den Wegen auf der Donauinsel folgen.

Die Reichsbrücke kommt nach dem Donauturm, hier türmt sich auch der Bau der UNO-City auf ~ bei der Reichsbrücke entweder in die U-Bahn einsteigen, oder dem Radweg auf der Brücke ins Zentrum von Wien folgen.

Tipp: Für die Fortbewegung in Wien mit dem Fahrrad empfehlen wir den ***bikeline*-Radatlas Wien**, ein Radstadtplan mit Karten im Maßstab 1:15.000. Der Donau-Radweg ist aber hier noch nicht zu Ende, Richtung Bratislava und Budapest fahren Sie einfach entlang der Donau weiter. Ein guter Wegbegleiter ist das ***bikeline*-Radtourenbuch Donau-Radweg, Teil 3**: Von Wien nach Budapest.

Auf dem Radweg entlang der **Lassallestraße** geht es zum **Praterstern**, hier bietet sich gleich ein Besuch des weltberühmten Praters mit Riesenrad an ~ dann weiter auf der Praterstraße bis zur **Urania** ~ hier schließen Sie an den Ring-Rund-Radweg an ~ der Ring umkreist mit einem Radweg die Altstadt und ist praktisch eine Aneinanderreihung der wichtigsten Sehenswürdigkeiten von Wien.

Korneuburg
Klein-Engersdorf
A 22
2,5
51
B 3
.168
Rollfähre
Bisamberg
B i s a m b e r g
Veitsberg
Karte 66
Elisabethhöhe
.358
.336
Falkenberg
Tuttenhof
2,5
.169
3,5
1940
Magdalenenhof
308
Langenzersdorf
Lahnerberg
Stift Klosterneuburg
.167
B 3
B 14
Klosterneuburg
9
Strebersdorf
Neue Donau
A 22
Industriezentrum
Haltestelle Strebersdorf
Donau
Josefinnenhütte
Leopoldsberg
425
Kahlenberg
Sulzwiese
484
Schwarzlackenau
Josefsdorf
Kahlenbergerdorf
1935
Donauinsel
.295
Burgstall
Jedlesee
WIEN
Latisberg
Krapfenwald
N u ß b e r g
.377
Cobenzl
Nußdorf
Stadtplan
N
Sievering
Heiligenstadt
Grinzing
Donaukanal
52

Von Melk nach Wien am rechten Ufer 121 km

Das Benediktinerstift Melk im Rücken, führt der Donau-Radweg in die wohl bekannteste Weinregion Österreichs, in die Wachau. Dieser Landstrich ist besonders im Frühjahr zur Zeit der Marillenblüte ganz zauberhaft anzusehen. Von der Ruine Aggstein haben Sie einen herrlichen Blick auf die kleinen Juwele der Wachau: Spitz, Weißenkirchen und Dürnstein. Hinter Krems verändert sich das Landschaftsbild komplett – die weite, flache Ebene des Tullnerfeldes umfängt nun den Donaustrom. Kurz vor Wien verengt sich das Tal noch einmal, die Donau tritt durch die Wiener Pforte am Rande des Wienerwaldes und geleitet Sie über Klosterneuburg in die Donaumetropole Wien.

Die Route am rechten Ufer verläuft großteils auf Radwegen und ruhigen Nebenstraßen. Nur auf dem Wegstück zwischen Melk und Arnsdorf fahren Sie auf einer verkehrsreicheren Straße ohne Radverkehrsanlage. Steigungen kommen nur auf den Ausflügen zur Ruine Aggstein und zum Stift Göttweig vor.

Schloss Schönbühel

Von Melk nach Krems 35 km

Auf der **Wachauer Straße** aus Melk hinaus und unter der Donaubrücke durch, Richtung Schönbühel ~ Schönbühel mit seinem gleichnamigen Schloss wird auf dem Radweg nach etwa 2,5 Kilometern erreicht ~ vor dem **Amtshaus** Schönbühel über die Straße ~ weiter rechts neben der B 33 bergauf Richtung Aggsbach-Dorf.

Schönbühel ≈km 2032 R

PLZ: 3392; Vorwahl: 02752

Gemeindeamt, ✆ 8619

Pfarrkirche Hl. Rosalia, Servitenkloster. Als schlichter, einschiffiger Bau zusammen mit dem Kloster 1666-74 entstanden. Die 1737 seitlich angefügte Peregrinkapelle birgt eine Kuppel mit einem Fresko von Johann Bergl (1767).

Schloss Schönbühel. Die Anlage reicht in das 12. Jh. zurück, der heutige rechteckige Komplex stammt allerdings von 1819-21, ist in Privatbesitz und kann nicht besichtigt werden.

Zirka 100 Meter nach dem Friedhof Schönbühel wird auf der rechten Seite der anschließende Forstweg genützt ~ im Bereich der Inselzufahrt kommt es zu einer Straßenquerung ~ dann auf dem Treppelweg weiter nach Aggsbach-Dorf zur ehemligen Schiffsstation.

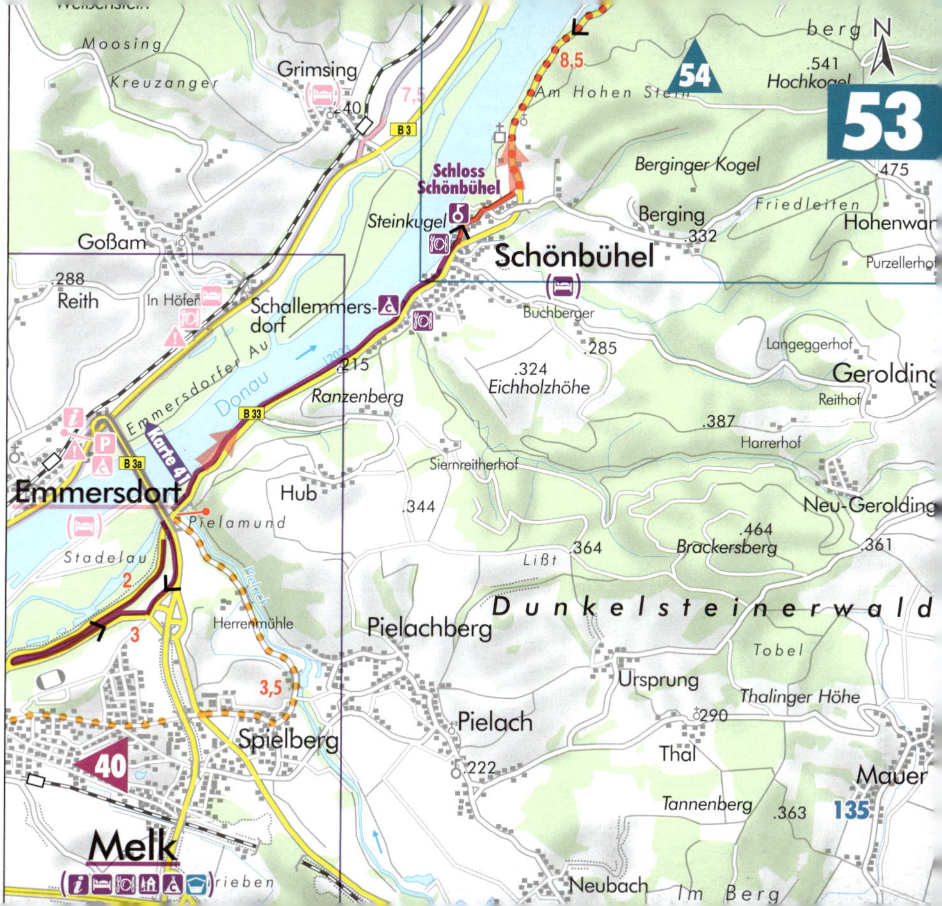

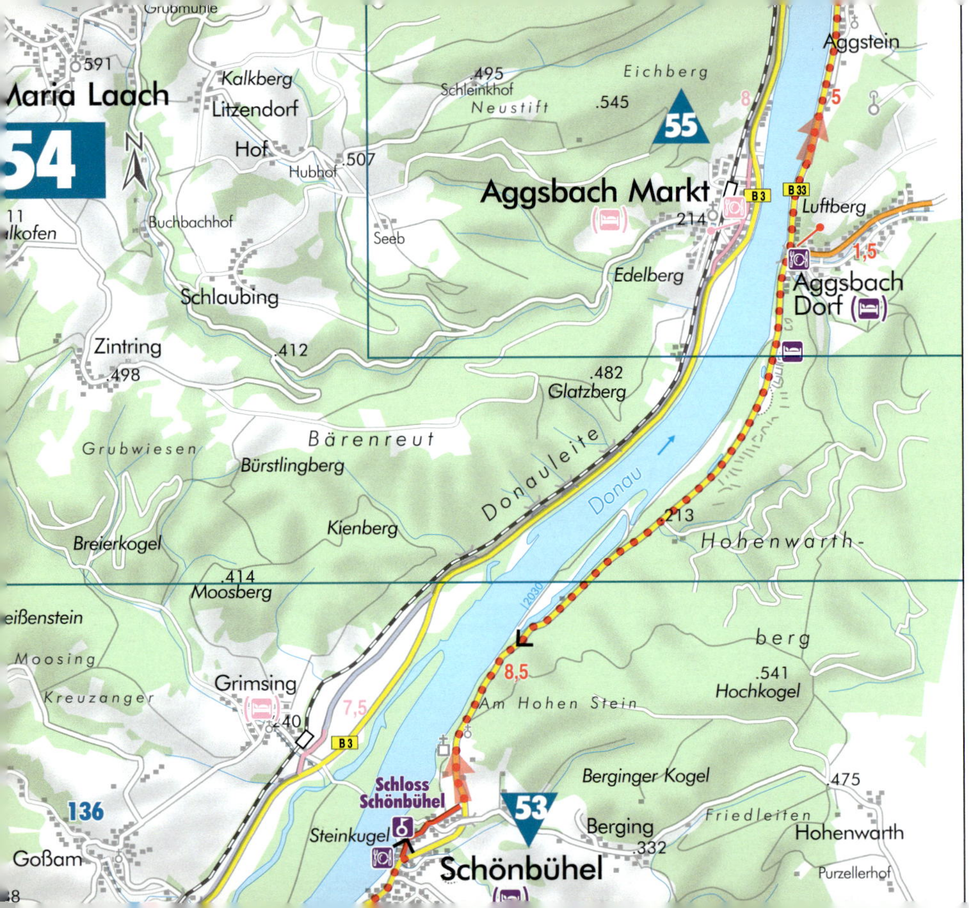

Tipp: Vom Ort aus bietet sich auch ein kurzer Abstecher zur Kartause Aggsbach an, die 1,5 Kilometer entfernt am Wolfsteinbach steht. Dazu verlassen Sie 500 Meter nach der Schiffstation die Hauptstraße nach rechts und radeln im Tal bis zur nächsten größeren Weggabelung. Hier erreichen Sie rechtsherum gleich die klösterliche Anlage. Von der Weggabelung nach links erreichen Sie nach 50 Metern das Freibad.

Aggsbach-Dorf ≈km **2027 R**

PLZ: 3642; Vorwahl: 02753

Gemeindeamt, ✆ 8269 od. ✆ 8006

Ehem. Kartause Marienpforte, 2 km östlich. 1380 gründete Heidenreich von Maissau, Mundschenk und Landmarschall von Österreich, das Kloster mit 12 Mönchen der Kartäuser. Nach dem Niedergang während der Reformation erfolgte 1782 die Aufhebung durch Joseph II. Heute Pfarre mit Kloster- und Wirtschaftstrakten aus dem 16.-17. Jh.

Kartäuserkirche Maria Himmelfahrt. Der

einschiffige, schmale Bau wurde 1392 geweiht. Sehenswert die figuralen Schlusssteine, die Barockkanzel mit den vier Evangelisten und das Hochaltarbild (17. Jh).

Hinter **Aggsbach-Dorf** auf der Uferstraße nach kurzer Fahrt **Aggstein**, dessen berühmte Burg hoch über dem Fluss schon von weitem das Tal beherrscht.

Tipp: Ein ziemlich steiler Waldweg führt mit 20 Prozent Steigung zur Ruine empor, eine reine Schiebestrecke also. Trotzdem sei die 2 Kilometer lange Tour zur romantisch gelegenen Anlage allen empfohlen, die romantische Burgen und große Panoramabilder lieben. Der Blick reicht vom 300 Meter hohen Plateau weit über die Wachau hinaus bis zu den Alpen. (ÖZ: April-Okt., Mo-So 8-18 Uhr, gemütliche Burgstube.)

Die weithin sichtbare ***Ruine Aggstein*** *geht auf eine Gründung aus dem 13. Jahrhundert zurück, wurde von den Türken verwüstet und 1606 von Anna von Polheim neu aufgebaut. Dem Besitzer im 15. Jahrhundert, Scheck von Wald, schreibt die Sage grausame Geschichten zu: er soll Schiffe geplündert, Seile über die Donau gespannt und Raubzoll verlangt haben. Seine Gefangenen mussten dann von den Felsen hinabspringen. Heute sind noch vier Höfe, ein Hauptwehrgang, das Burgverlies mit 8 Meter tiefem Hungerloch, die Burgküche und die Burgkapelle erhalten.*

Hinter **Aggstein** dem Verlauf der Donaustraße folgen ~ nach 3,5 Kilometern bei der Kirche in **St. Johann im Mauerthale** links zum Uferweg abbiegen ~ zur Linken erhebt sich die

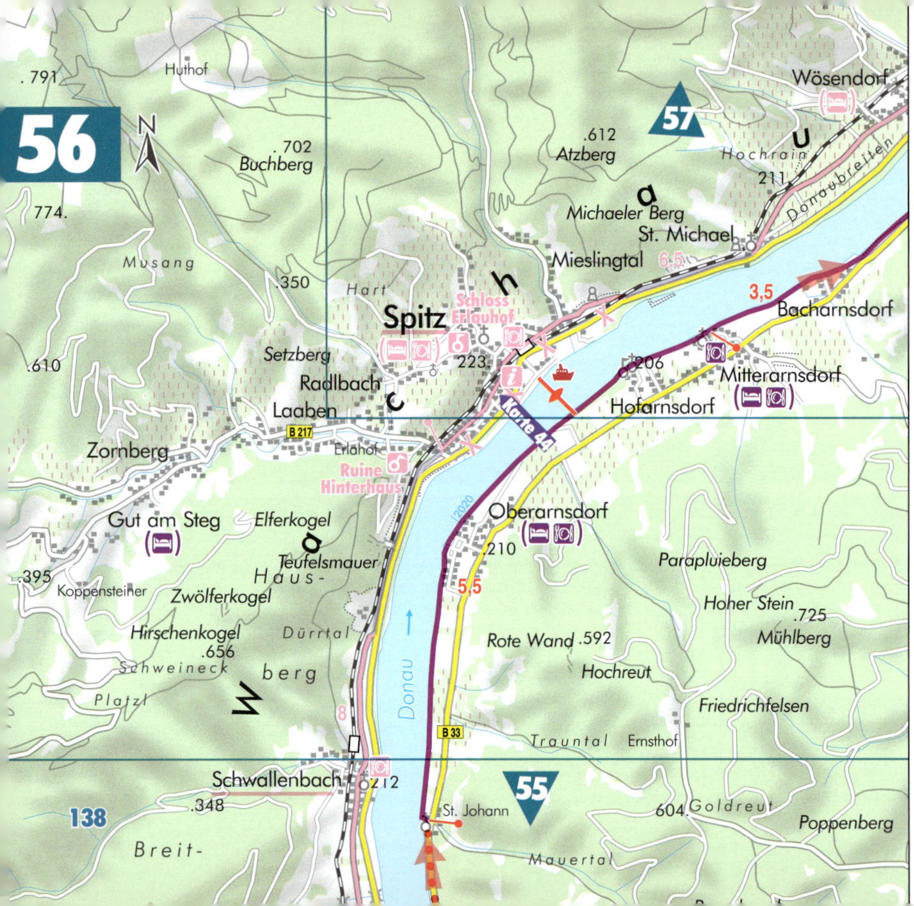

einnehmende **Ruine Hinterhaus** über der Donau.

Arnsdorf

≈km 2018 R

An **Oberarnsdorf** vorbei und zur **Fähre nach Spitz** (ÖZ: April-Sept., nach Bedarf 6-21 Uhr, Sa, So 7-21 Uhr) ~ der Treppelweg führt entlang von Obstgärten mit unzähligen Marillenbäumen weiter und bietet einen herrlichen Blick auf Spitz mit den steilen Weinhängen im Hintergrund ~ der nächste Ort **Mitterarnsdorf**, ein bezauberndes Winzerdorf, ist über einen der Durchlässe zu erreichen.

Tipp: Am „ausg'steckten" Buschen erkennen Sie, wo es neuen Wein zu verkosten gibt.

Ruine Aggstein

Weiter geht's auf dem Radweg nach Rossatz ~ nach 3,5 Kilometern lockt bei der **Kapelle St. Lorenz** der Uferweg, der zur **Fähre nach Weißenkirchen** führt (Betriebszeiten: Mo-So 9-12 Uhr und 13.30-18.30 Uhr, Sa, So/Fei 9-18.30 Uhr) ~ am rechten Donauufer führt ein gemütlicher Wirtschaftsweg durch die Gärten ~ in **Rührsdorf** auf die Dorfstraße wechseln ~ an der ersten

Weißenkirchen
Dürnstein
Rossatz
Spitz
Heudürr
Scheibenhof
Weitenberg
Seiber
Höllstell
Schreiberberg
Watstein
Pfaffental
Im Schild
Frauengärten
Vogelberg
546
Kanzel
Fesslhütte
Hengelwand
Altmannsleiten
Kuhberg
Totenmann
Achleiten
In der Klaus
Pritzenau
Starhembergwarte
Schloßberg
Mosinghof
Vorderseiber
Venedigau
Biratalwand
Burgruine
Heiglhütte
Wachaumuseum
Rührsdorf
Loibenberg
Buschandlwand
Bahnhof Dürnstein
Oberloiben
Bahnhof Unterloiben
Postolern
Bichlpoint
St. Lorenz
Karte 45
Geißberg
Kollmitz
Mugler
515
Rossatzbach
Höhberg
Joching
Unterloiben
Mittereck
Steinige
Unterkienstock
595
Toter Berg
Donau
Ferdinandswarte
Wösendorf
Ries
Hirschwand
Hohe Wand
Atzberg
Hochrain
Oberkienstock
Pemexel
508
Gochelberg
Unterbergern
Michaeler Berg
Donaubreiten
Seekopf
671
Pülnhof
St. Michael
Mieslingtal
Bacharnsdorf
Herrnplatzl
Schoberstein
Mitterarnsdorf
Hofarnsdorf
Großer Bölzenberg
Oberbergern
Pfeffermühle
B 3
B 33
56
58
139

Weggabelung danach links und nach einer S-Kurve vor dem Dorf **Rossatz** noch einmal nach links, rechtsherum erreichen Sie den Ort.

Rossatz ≈km **2010 R**

PLZ: 3602; Vorwahl: 02714

- **Donauschifffahrt Wachau**, Rossatzbach 40, ✆ 6355. Betriebszeiten: 13. April-27. Okt. Charterfahrten zwischen Melk und Krems.
- **Fähre**: 2.-17. April, Sa, So/Fei 10-18 Uhr, 18.-29. April, Mo-So 10-18 Uhr, 30. April-25. Sept., 9-20 Uhr, 26. Sept.-16. Okt., 10-18 Uhr, 17. Okt.-30. Okt., Sa, So/Fei 10-18 Uhr.

Die Route führt links an Rossatz vorbei und trifft beim Campingplatz wieder auf die Donau, wo die **Personenfähre nach Dürnstein** anlegt ~ jenseits der Donau markiert die verlassene Ruine Dürnstein den wohl berühmtesten Ort in der Wachau ~ nach der Fähre geradeaus durch eine enge Gasse am Römerhof vorbei und nach 300 Metern laut Bodenmarkierungen nach rechts zur Hauptstraße ~ nun nach links Richtung Mautern ~ auf dem straßenbegleitenden Radweg etwa 3,5 Kilometer bis nach Hundsheim, wo bei der ersten Gelegenheit nach rechts in den Ort abgebogen wird.

Durch **Hundsheim** und danach auf dem Güterweg durch die Weingärten ~ bald nähert sich wieder die Bundesstraße ~ über den Parkplatz bei der Römerhalle zur Donaubrücke.

Tipp: Wenn Sie nach Krems wollen, überqueren Sie am besten hier den Strom. Wollen Sie aber gleich weiter nach Tulln, so bleiben Sie an diesem Ufer. Außerdem können Sie von hier aus den Auflug zum imposanten Stift Göttweig unternehmen. Dazu biegen Sie bei der Brücke rechts ab und kommen ins Zentrum von Mautern.

Mautern ≈km **2003,5 R**

PLZ: 3512; Vorwahl: 02732

- **Gemeindeamt**, Rathauspl. 1, ✆ 83151
- **Römermuseum, im alten Schüttkasten**, Schlossg. 12, ✆ 81155, ÖZ: April-Okt., Mi-So 10-12 Uhr, Fr, Sa 16-18 Uhr, gegen Voranmeldung sind Stadtführungen möglich. Unter den Funden der Römerzeit sind die Wandmalereien hervorzuheben, außerdem große Anzahl prähistorischer Gegenstände und Fresken aus der Romanik und Gotik.
- **Pfarrkirche St. Stephan**. In der gotischen Staffelkirche mit polygonalem Chor der Zeit um 1400 sind besonders die Kreuzwegbilder von Martin Johann Schmidt (1770) sehenswert.
- **Ehem. Margarethenkapelle**, Frauenhofgasse. Bereits 1083 erwähnt und entlang der römischen Stadtmauer errichtet. Im einschiffigen romanischen Langhaus mit quadratischem Chor befindet sich heute das Römermuseum.
- **Bürgerhäuser**, St. Pöltner Straße/Kremser Straße. Die geschlossene Reihe wuchtiger Häuser mit Portalen, Runderker und Einfahrtshallen im Stil der Renaissance stammen meist aus dem 16. Jh.
- **Schloss**. Der vierflügelige Bau umfasst Renaissance-Teile aus dem 15. Jh. und diente einst als Verwaltungssitz des Passauer Bistums.
- **Janaburg**. Der Bau zeigt sich noch im Wesentlichen im Stil des 16. Jhs. mit einem Renaissancebrunnen im Hof.

An der Römerhalle und am Schloss vorbei auf der Kremser Straße ins Zentrum ~ auf der **St. Pöltener Straße** nach links am Rathausplatz vorbei weiter zum Südtiroler Platz ~ links abbiegen zum Hotel Wagner-Bacher und dann rechts in den **Grünen Weg** ~ an der Raabkaserne vorbei aus Mautern hinaus ~ nach der Bahn beim Damm der Fladnitz nach rechts ~

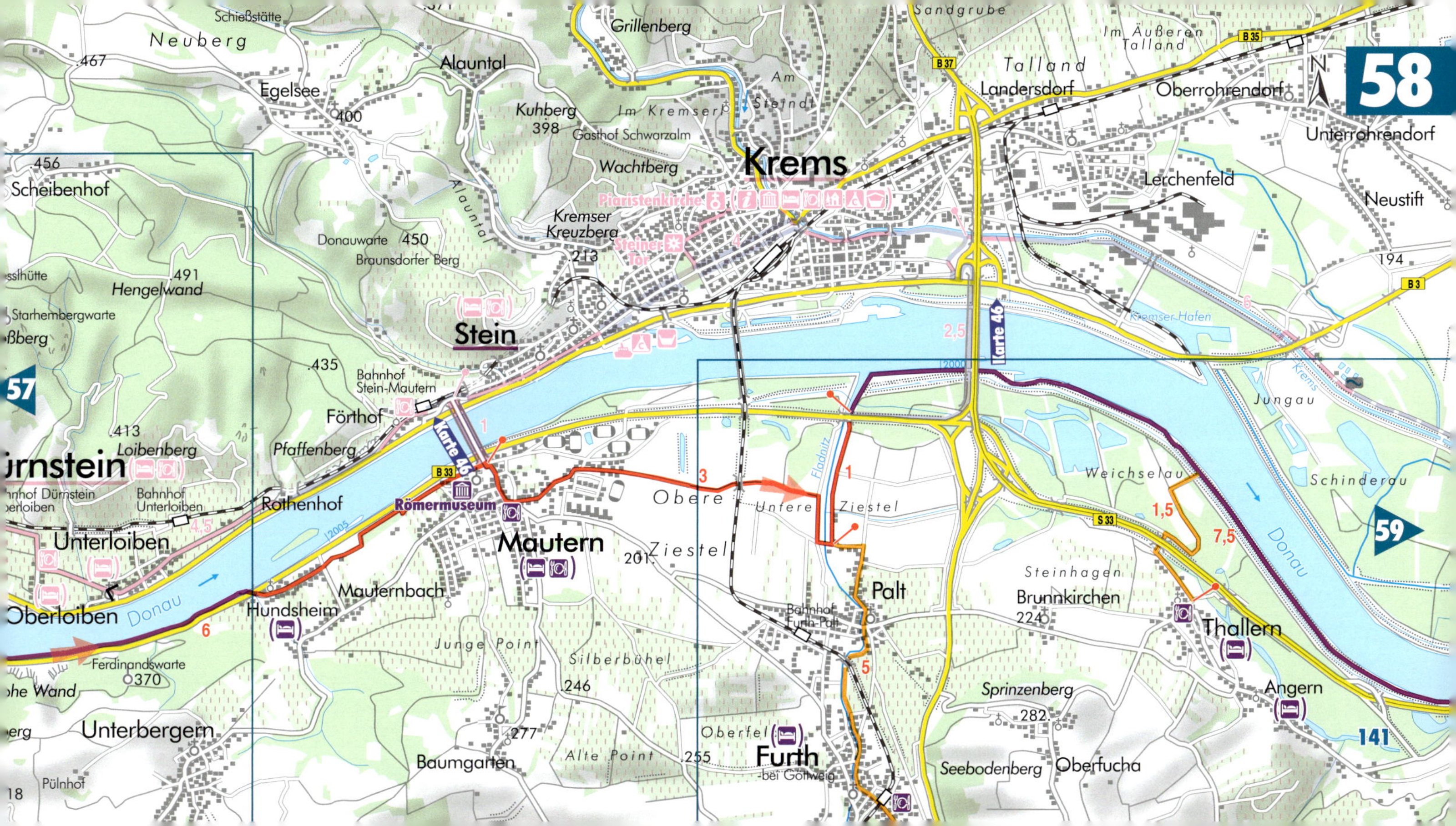
58
57
59
141
Krems
Stein
Mautern
Furth
-bei Göttweig
Palt
Thallern
Angern
Brunnkirchen
Unterloiben
Oberloiben
Hundsheim
Mauternbach
Baumgarten
Unterbergern
Förthof
Rothenhof
Landersdorf
Oberrohrendorf
Unterrohrendorf
Lerchenfeld
Neustift
Egelsee
Alauntal
Grillenberg
Kuhberg
398
Wachtberg
Kremser Kreuzberg
Gasthof Schwarzalm
Piaristenkirche
Steiner Tor
Römermuseum
Bahnhof Stein-Mautern
Bahnhof Furth-Palt
Bahnhof Unterloiben
Donauwarte 450
Braunsdorfer Berg
Hengelwand
Starhembergwarte
Scheibenhof
Neuberg
Schießstätte
Loibenberg
Pfaffenberg
Ferdinandswarte
370
Pülnhof
Junge Point
Silberbühel
Alte Point
Obere Ziestel
Untere Ziestel
Ziestel
Oberfel
Steinhagen
Sprinzenberg
Seebodenberg
Oberfucha
Weichselau
Schinderau
Jungau
Kremser Hafen
Talland
Im Äußeren Talland
Sandgrube
Am Steindl
Im Kremser
Karte 46
Donau
Krems
Fladnitz
B 33
B 35
B 37
B 3
S 33
.467
.400
.456
.491
.435
.413
.213
194
201
224
282
.246
277
.255
1
2,5
3
1,5
7,5
5
4,5
6
18

beim nächsten Steg über das Flüsschen.

Tipp: Hier sollten Sie nun entscheiden, ob Sie nach links abzweigen, wo Sie nach rund 2 Kilometern den Donauradweg erreichen, oder vorher noch zum Stift Göttweig aufbrechen in diesem Fall müssten Sie nach rechts entlang der Fladnitz weiterfahren.

Zum Stift Göttweig 10 km

Unter der Bundesstraße durch ~ rund einen Kilometer entlang der Fladnitz ~ beim Steg wenden Sie sich nach links von der Fladnitz ab ~ bei der nächsten Kreuzung nach rechts ~ Sie gelangen nach **Palt** ~ nach der Kirche rechts und dann in den zweiten Weg halblinks ~ am Ufer der Fladnitz verläuft ein beschaulicher Weg nach Furth bei Göttweig.

Neben der Kirche verlässt die Route das Flüsschen und geht links ab ~ nach der Bahnunterführung beginnt der Anstieg ~ nach gut einem Kilometer zweigen Sie schließlich rechts ab und erklimmen den bewaldeten Hügel, auf dem die Anlage thront ~ von der Aussichtsterrasse genießen Sie – vielleicht bei einer guten Tasse Kaffee – den erhabenen Ausblick auf das Donautal.

Furth bei Göttweig R

PLZ: 3511; Vorwahl: 02732

Infobüro Gemeindeamt, Untere Landstr. 17, ✆ 84622

Benediktinerstift Göttweig, ✆ 85581-231, ÖZ: 21. März-15. Nov., Restaurant täglich geöffnet, Führungen Mo-So um 11 und 15 Uhr. Das weithin sichtbare, großartige Klosterschloss entstand nach den (nicht voll ausgeführten) Plänen Hildebrandts in der barocken Glanzzeit Göttweigs zu Beginn des 18. Jhss. Besonders sehenswert: die Portalgestaltung des westlichen Torbaus, die Kaiserstiege, die 1770 ausgestattete Bibliothek, der Altmannsaal und die Kunstkammer mit wertvollen Schätzen aus dem Mittelalter.

Stiftskirche Mariä Himmelfahrt. In Hildebrandts Entwürfen als großartiger Kuppelbau vorgesehen, 1750-65 jedoch verändert fertiggestellt, bildet die Kirche mit der prächtigen Zweiturmfassade das Zentrum der Klosteranlage. Reiche Innenausstattung, in der Krypta steht die steinerne Freifigur des hl. Altmanns, eine außerordentlich bedeutsame Arbeit der Zeit um 1540.

Stift Göttweig

Weingut Unger, Kircheng. 14, ✆ 85895, ÖZ: Mo, Mi, Do, Fr 8.30-12 Uhr und 13-18 Uhr, Sa 9-12.30 Uhr. Weinverkauf und Ausschank, gegen Anmeldung Kellerführung mit Weinverkostung im Klosterkeller.

Von Göttweig kehren Sie entlang der Fladnitz wieder zum Donauradweg zurück.

Entlang der Fladnitz Richtung Donau ~ unter der Bundesstraße hindurch.

Tipp: Um nach Krems und zur Nordufervariante zu gelangen, fahren Sie hier rechts entlang der Bundesstraße und über die Brücke ans Nordufer der Donau (s. S. 122).

59
58
60
Donau
Palt
Thallern
Angern
Glockenberg
Kleedorf
Hollenburg
Ruine Bertholdstein
Theiß
KW Theiß
Donaudorf
Weidacker
Herzogenburgerin
Neureut
Tratwegerin
Obere Kammerwiesen
Hinter dem Kamp
Stiftskalblsaum
Wuemsaum
Wurmsaumlacke
Steinplanen
Riedhaufenau
Theißer Au
Schinderau
Jungau
Weichselau
Steinhagen
Brunnkirchen
Sprinzenberg
Seebodenberg
Oberfucha
Tiefenfucha
Grünberg
Hopfengrund
Schiffberg
Hollenburger Wald
Goldbühel
Wagram
Spatzenberg
Krustetten
Ried
Neusiedl
Nußdorf
Würbelmühle
St. Georgen
Saurierpark
Rittersfeld
Romau
Mittersaum
Gassnerhaus
Fischerlacke
Fischerei
Traismauer
143
Franzhausen
Parapluiberg
Runde Heide
Stauden
In der Tränk
Hungerfeld
Pammerhof
Höbenbach
Paudorf
Riedlermühle
Adalbertrast
Predigtstuhl
Kleinwien
Panholz
Stift Göttweig
Aigen
Göttweig
Bahnhof Furth-Palt
Ziestel
Fladnitz
Krems
S 33
B 43
196
190
191
189
207
209
367
328
206
204
263
340
345
310
251
282
224
214
425
313
296
257
255
302
330
392
422
249
209
197
2,5
7,5
1,5
1
6
5

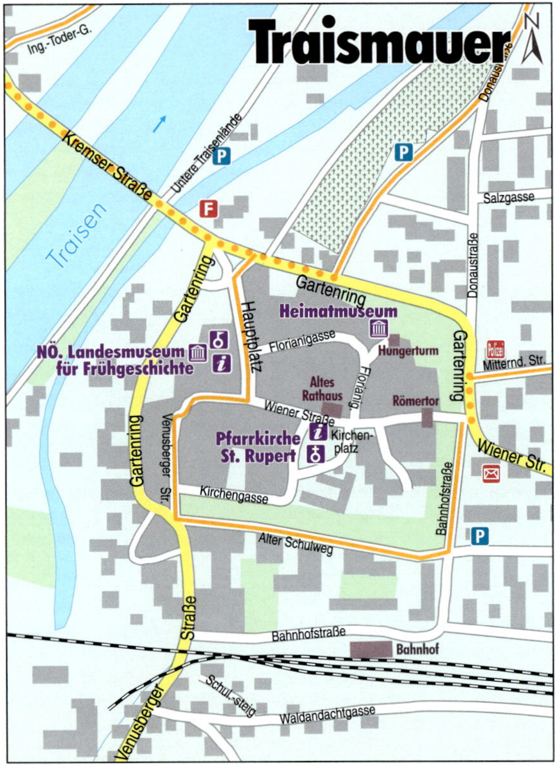

Von Krems zum Kraftwerk Altenwörth 25,5 km

Der **Donauradweg** verläuft ab der Mündung der Fladnitz in die Donau immer dicht am Donauufer ~ unter der Donaubrücke durch und um das Hafengelände herum, eine Tafel warnt kurioserweise vor gelegentlich ausgespannten Seilen für Schiffe ~ einen Kilometer weiter bei einem Häuschen auf den Damm hinauffahren, um mehr Ausblick zu haben.

Etwa 4 Kilometer weiter, nach der **Ruine Bertholdstein**, ein Radlertreff mit Imbissstube, wo auch die Möglichkeit besteht, nach **Hollenburg** abzuzweigen. Der Ort liegt hinter der Autobahn am Fuße der höchsten Erhöhung der Gegend, des Schiffbergs.

Hollenburg ≈km 1994 R

PLZ: 3506; Vorwahl: 02739

Pfarrkirche. Dreischiffige, netzgewölbte Pfeilerbasilika mit charakteristischem Westturm und bedeutender gotischen Madonna um 1420.

Hinter **Hollenburg** führt der Dammweg durch eine zunehmend ebene und offene Landschaft.

Tipp: Nach 6 Kilometern, beim Gasthaus an der Donau, kommt wieder Abwechslung in die Reise, denn Sie können hier vom Damm abzweigen und auf dem Schubert-Radweg durch das Tullner Feld radeln. Diese Variante in die Region der Sommeraufenthalte von Franz Schubert ist um 14 Kilometer länger als die Hauptroute an der Donau und verläuft beschildert zumeist auf ruhigen Landstraßen. Wollen Sie aber der Donau treu bleiben, so lohnt sich zumindest der Abstecher nach Traismauer.

Traismauer R

PLZ: 3133; Vorwahl: 02783

Informationsstelle, Schloss, ✆ 8555

NÖ. Landesmuseum für Frühgeschichte,

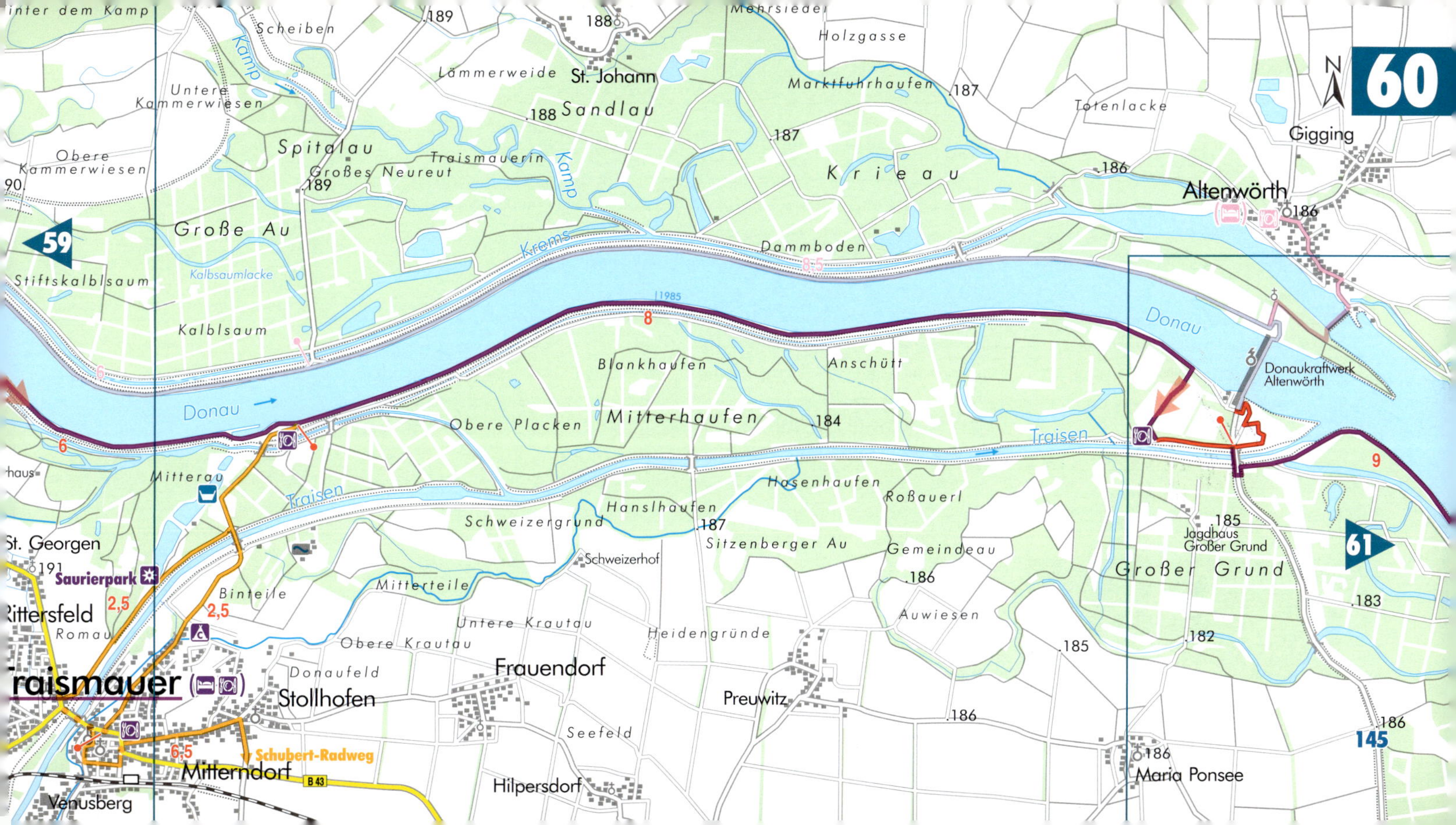

60
59
61
St. Johann
Sandlau
Spitalau
Große Au
Krieau
Altenwörth
Gigging
Donau
Krems
Kamp
Traisen
Donaukraftwerk Altenwörth
Blankhaufen
Anschütt
Mitterhaufen
Obere Placken
Hasenhaufen
Roßauerl
Hanslhaufen
Schweizergrund
Sitzenberger Au
Gemeindeau
Jagdhaus Großer Grund
Großer Grund
Schweizerhof
Mitterteile
Binteile
Untere Krautau
Obere Krautau
Heidengründe
Auwiesen
Donaufeld
Frauendorf
Stollhofen
Preuwitz
Seefeld
Hilpersdorf
Maria Ponsee
Mitterndorf
Venusberg
Traismauer
Saurierpark
St. Georgen
Rittersfeld
Romau
Mitterau
Schubert-Radweg
B 43
Scheiben
Holzgasse
Lämmerweide
Untere Kammerwiesen
Obere Kammerwiesen
Traismauerin
Großes Neureut
Marktfuhrhaufen
Totenlacke
Dammboden
Kalbsaumlacke
Stiftskalblsaum
Kalblsaum
Mehrsiedel
1985
.189
188
.188
.187
.186
186
.184
.187
.185
.186
.183
.182
.185
.186
.186
186
191
8,5
8
6
9
2,5
6,5

Hauptpl. 1, ✆ 8555, ÖZ: April-Okt., Di-So 9-17 Uhr. Dokumentation des ersten nachchristlichen Jahrtausends durch archäologische Funde.

Pfarrkirche Hl. Rupert, Kirchenplatz. Vom spätromanischen Bau (13. Jh.) stammen Mauern im Langhaus, Turm und Chor, die spätgotische Erneuerung (Ende 15. Jh.) ließ ein Netzrippengewölbe entstehen, attraktive Innenausstattung aus dem 18. Jh.

Schloss, Hauptplatz. Erwähnung findet die ursprüngliche Burg bereits im Nibelungenlied, Verwaltungssitz der Salzburger Erzbischöfe und im 16. Jh. umgestaltet, erhielt damals die Hoflauben mit gedrücktem Bogen. April-Okt. „Kulturzyklus".

Saurierpark, Traisenaue nördl. der Stadt, ✆ 20020, ÖZ: 23. März-1. Nov., Mo-So 9-18 Uhr. Auf einem 2,5 ha großen, naturnahen Gelände werden naturgetreue Nachbildungen der mächtigsten und bekanntesten (fossilen) Tiere der Erde gezeigt, wie z. B. Pteranodon, Monoclonius oder Saltasaurus.

Im Gasthaus an der Donau bei **Traismauer** setzt die **Hauptroute** am Donauufer fort ~ nach 7 Kilometern beim **Kraftwerk Altenwörth** kurz vor den Schleusen das Ufer verlassen ~ vor der Traisen knickt der Weg nach links ab und führt zu einer Brücke ~ rechts über den Fluss, nach Altenwörth geht es hier nach links übers Kraftwerk.

Vom Kraftwerk Altenwörth nach Tulln 20,5 km

Auf der anderen Seite der Traisen in spitzem Winkel links hinunter ~ am Flüsschen entlang bis zur Mündung.

Am Treppelweg der Donau bestimmen nun zwei Kraftwerke das Bild: das thermische Kraftwerk Dürnrohr und das nie in Betrieb genommene Atomkraftwerk Zwentendorf. Im Hintergrund sehen Sie schon die nördlichen Ausläufer des Wienerwaldes.

Nach 1,5 Kilometern biegt der Weg nach rechts ab und führt etwa 500 Meter unbefestigt durch den schattigen Auwald ~ nach dem Steg über einen Donauarm ~ an der Asphaltstraße links und am Kernkraftwerk vorbei ~ danach mündet der Weg in eine Zufahrtsstraße und führt über eine Brücke ~ drüben nach links auf den Treppelweg ~ kurz vor dem Flusskilometer 1975 entweder nach rechts zum Campingplatz oder ins Ortszentrum von Zwentendorf, die Route verläuft hingegen geradeaus an der Donaufront.

61
Altenwörth
In den Weidäckern
Donaukraftwerk Altenwörth
Donau
Traisen
Hochau
Seewiesen
Harraßäcker
B3
Utzenlaa
Mistbutten
Jagdhaus Eleonorenhain
Brennten
Bergau
Rondellenwasser
Kälberau
Gegenau
Kranawettenau
Michaelergrund
Großer Grund
Eisteich
60
Rabischwasser
ehemaliges Kernkraftwerk
Mühlhäufl
Brunnader
Plackenwasser
Roßwörthaufen
aria Ponsee
Jagdhaus Plackenhaus
Bärndorf
Plack en
Goldwascher
Zwentendorf
Kleinschönbichl
Erpersdorf
Dürnrohr
Umspannwerk-Dürnrohr
Donau-Chemie
Perschling
Geschirrwasser
Pischelsdorf
Langenschönbichl
62
147

Zwentendorf ≈km **1974 R**

PLZ: 3435; Vorwahl: 02277

Gemeindeamt, ✆ 2209-0

Atomkraftwerk Zwentendorf. Das einzige und nie in Betrieb genommene Atomkraftwerk Österreichs ist neben Hainburg ein Erfolgssymbol für die heimische Umweltschutzbewegung, nachdem es 1979 per Volksentscheid stillgelegt wurde.

Schiffer und Schopper

Am Anfang stand das „Naufahren", das Fahren stromab. Eine eigene Kunst, die schweren Zillen und Plätten so „rinnen" zu lassen, dass sie einen ordentlichen Gang bekamen und sie dann wieder aus dem Stromstrich herauszunehmen. Die allermeisten dieser „naufahrenden" Schiffe haben ihren Heimathafen nach dieser einen Fahrt nie mehr gesehen. Am Zielort kamen sie zum Plättenschinder, der sie zu Brennholz zerschlug. Sie mussten aber erst so weit kommen, denn Stromschnellen und Felsvorsprünge machten die Schifffahrt zu einem gefährlichen Unterfangen. Vor dem Greiner Struden, dem Schrecken aller Schiffsleute, zogen es die Händler sogar oft vor, ihre Schiffe zu entladen und die Fracht auf dem Uferweg zu befördern.

Die Wende von der Einbahn des Naufahrens zum Schiffzug oder Gegenzug kam mit der steigenden Fracht von Getreide und Wein aus dem Osten. Und diese Prozedur muss man sich einmal vorstellen: die Schiffe lagen in der schweren Strömung und wurden von Dutzenden berittenen und ledigen Pferden gegen die Strömung gezogen. Dieses schräge Gehen am Treppelpfad im Zug und das Klettern über felsige Uferböschungen! Von Wien nach Linz brauchte ein solcher Schiffszug mehr als drei Wochen, von Linz nach Passau acht Tage.

Die Schopper tragen ihren Namen nach dem schwierigsten Teil ihrer Arbeit, dem Abdichten der Fugen zwischen den Holzpfosten. Unter den Donauschiffen (denn jeder Fluss hatte seine eigenen Schiffsformen!) gab es zunächst das bunte Volk der einfachen Plätten und Mutzen; dann die Gamsen, von denen allein die Inngamsen in Erinnerung geblieben sind: am Inn dienten sie der Steinverfuhr, und wenn sie altersschwach geworden waren, kamen sie zum Scheiterführen an die Donau und dann erst zum Plättenschinder. Um 1850 entstand schließlich die schlanke und schöne Form der legendären „Siebnerin". Sie wurden zum elegantesten Schiff, das je die Donau befuhr.

Am Ende der geschotterten Strecke nach **Zwentendorf** vor einem Betonklotz nach rechts ~ gleich darauf geht es nach links Richtung **Kleinschönbichl** weiter ~ hinter der Ortschaft am Bootshafen vorbei ~ vor dem Perschlingbach nach rechts ~ auf der nächsten Brücke über den Bach und weiter auf dem Begleitradweg entlang der Straße nach Pischelsdorf ~ am

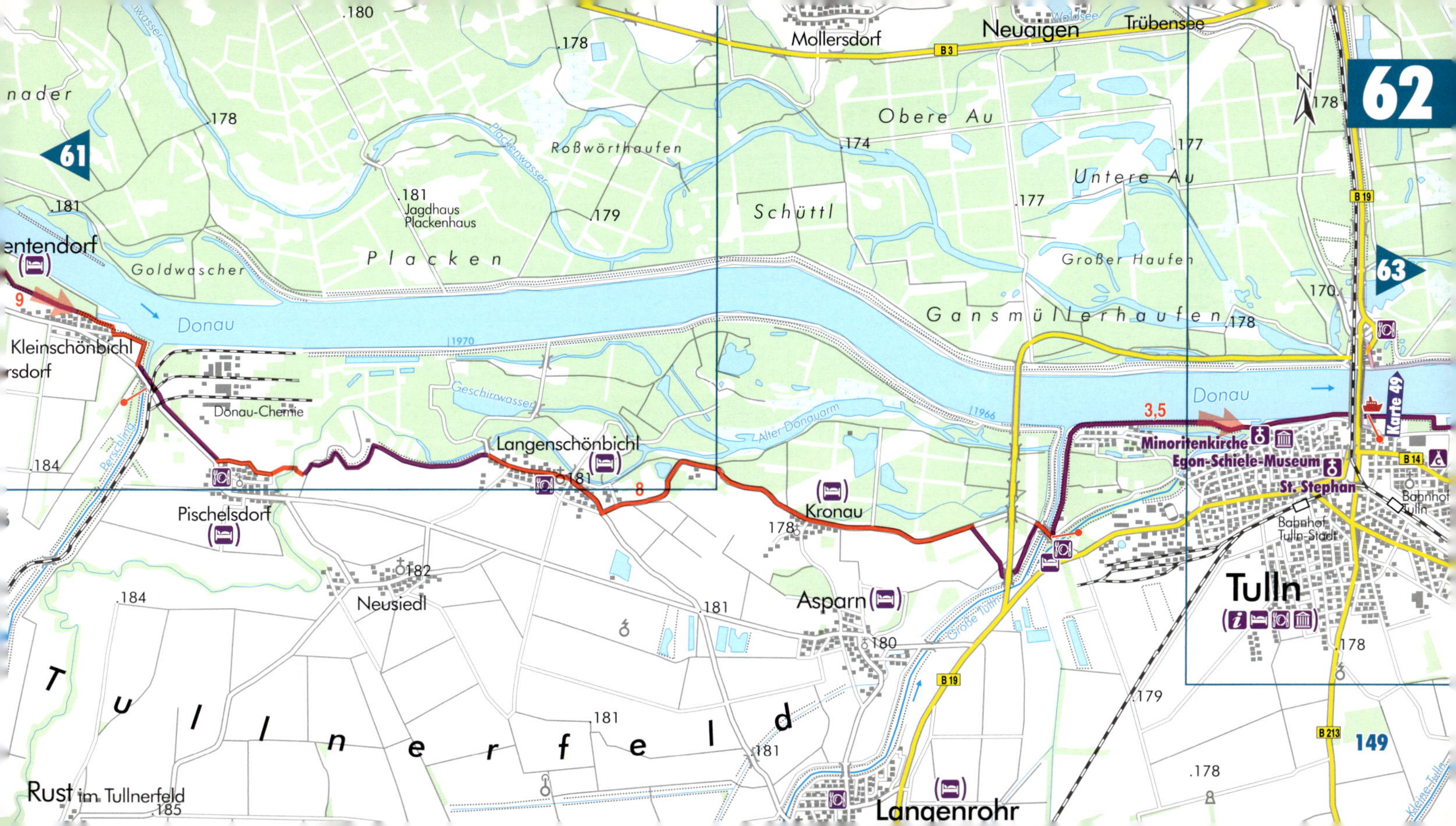

62
61
63
Karte 49
Neuaigen
Trübensee
Mollersdorf
Waldsee
B 3
B 19
B 14
B 213
Obere Au
Untere Au
Roßwörthaufen
Schüttl
Plackenwasser
Jagdhaus Plackenhaus
Placken
Goldwascher
Großer Haufen
Gansmüllerhaufen
Donau
Kleinschönbichl
Donau-Chemie
Geschirrwasser
Alter Donauarm
Perschling
Langenschönbichl
Pischelsdorf
Kronau
Neusiedl
Asparn
Minoritenkirche
Egon-Schiele-Museum
St. Stephan
Bahnhof Tulln
Bahnhof Tulln-Stadt
Tulln
Große Tulln
Kleine Tulln
Tullnerfeld
Rust im Tullnerfeld
Langenrohr
9
8
3,5

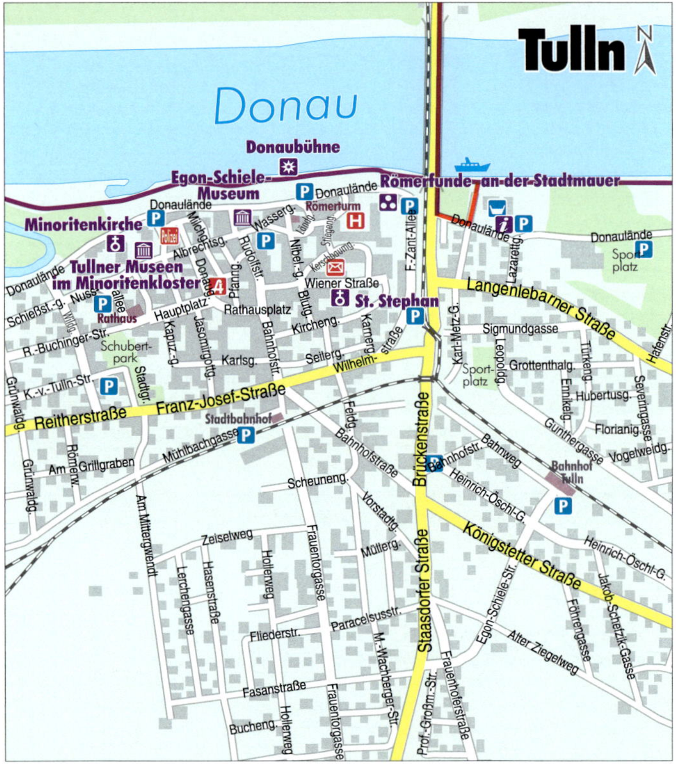

Ortsrand von **Pischelsdorf** unter einer großen Linde links abbiegen, wer das Wirtshaus im Dorf aufsuchen will, hält sich geradeaus.

Pischelsdorf

Auf der Route wird Pischelsdorf umrundet → am Waldsaum links → danach geht es über einen Bach und weiter dem Asphaltband folgend → nach etwa 2 Kilometern mündet der Weg bei **Langenschönbichl** in eine Vorfahrtsstraße und führt geradeaus durch den Ort → am Ortsende links nach Kronau → auf einer schwach frequentierten Landstraße durch die Felder und in **Kronau** geradeaus auf die Hauptstraße.

An der Kreuzung mit der B 19 führt der Radweg rechts hinunter → bergauf zur Großen Tulln → am Ufer links → unter der B19 hindurch → an der nächsten Brücke rechts über die Große Tulln und gleich wieder links → nach der Einmündung der Großen Tulln nähert sich am Donauufer die „Gartenstadt" Tulln.

Tipp: Vom Gästehafen aus können Sie die Erkundungstour durch Tulln starten, indem Sie rechts in den Klosterweg abbiegen. So gelangen Sie am Museumsgebäude vorbei zum Hauptplatz. Das Egon-Schiele-Museum hingegen finden Sie direkt an der Donaulände.

Für weitere Touren im Weinviertel finden Sie den Anschluss im ***bikeline*-Radatlas Weinviertel**. Des Radfahrens müde, können Sie übrigens in Tulln bereits in die S-Bahn nach Wien einsteigen.

Tulln ≈km 1963 R

PLZ: 3430; Vorwahl: 02272

Tourismusinformation, ✆ 65836.

Egon-Schiele-Museum, Donaulände 28, ✆ 64570, ÖZ: Di-So 10-18 Uhr. Im ehemaligen Stadtgefängnis werden über 100 Originalwerke des Malers gezeigt, darunter der „Blick über verschneite Weingärten auf Klosterneuburg" (1907). Dokumentation über Schieles Leben und seine Zeit.

Römermuseum, Marc Aurel Park 1b, ✆ 65922, ÖZ: Di-So 10-18 Uhr. Das Tullner Römermuseum im

63
Perzendorf
Neumühle
Zaina
.178
.175
B 3
.176
ensee
Das Ganze Land
Neuschüttl
Grubau
.173
Jagdhaus Theresienc
Forsthaus Binderau
.178
B 19
62
Gemeindeau
Binderau
Gemeindeau
Obere Kohlstätt
.171
64
Rustenschache
.174
.174
.172
15
.175
Donau
Donau
3,5
Karte 49
1962
1960
5
7
Egon-Schiele-Museum
noriten-kirche
St. Stephan
Rafelswörth
176.
Oberaigen
Langenlebarn
Unteraigen
Weinhartshof
Muckendorf
B 14
Zeiselmauer
B 14
Bahnhof Tulln-Stadt
Bahnhof Tulln
Bahnhof Langenlebarn
Bahnhof Zeiselmauer-Königstetten
ulln
B 213
.178
177.
175.
Wipfing
173.
172.
151
Wolfpassing

Marc Aurel-Park zeigt mit vielen Originalfunden, Bildern, Figurinen, Dioramen und Modellen das militärische und zivile Leben im Römerlager „Comagenis" in einer Zeitspanne von etwa 90-488 n. Chr.

Tullner Museen im Minoritenkloster, Minoritenplatz 1, ✆ 61915, ÖZ: Di-Fr. Abteilungen Stadtmuseum, Land am Strome, Tulln unter der Erde, Landesfeuerwehrmuseum, österr. Zuckermuseum.

Stadtpfarrkirche St. Stephan, Wiener Straße. Von der dreischiffigen Pfeilerbasilika aus dem 12. Jh. ist das besonders seheswerte West-Portal noch rein romanisch erhalten, es wird von je 6 Halbfiguren in Rundbogennischen verziert (vermutlich die 12 Apostel). Die wertvollsten Stücke der Einrichtung kommen aus aufgelassenen Klöstern wie z. B. der Kartause Gaming.

Tulln

Karner – Dreikönigskapelle, nebst St. Stephan. Das schönste und reichste österreichische Beispiel dieses Bautypus vereint spätromanische mit frühgotischen Elementen (13. Jh.). Beachtenswert das fünfeinhalbstufige Trichterportal und die Ausmalung aus dem 13. Jh. (1873 erneuert).

Minoritenkirche, Minoritenplatz. Die Klosterkirche entstand 1732-39 und bietet eine sehenswerte stilistische Einheitlichkeit des Innenraumes sowie qualitätsvolle Altarplastiken. Neben der unterirdischen barocken Gruft befindet sich auch eine Einsiedelei, deren Wände mit Muscheln, Steinen und Knochen verziert sind.

Römerturm an der Donaulände. Der Flankenturm des römischen Reiterlagers Comagna ist eines der ältesten (intakten) Gebäude Österreichs.

Stadtbild. Geprägt von einstöckigen Häusern mit ländlichem Charakter, die häufig noch einen mittelalterlichen Kern besitzen.

Aubad

Tipp: In Tulln können Sie wieder ans Nordufer der Donau wechseln, Beschreibung s. Seite 126, Karte 49. Um ans Nordufer zu gelangen, zweigen Sie rechts ab und fahren auf der Rampe zur Brücke hinauf. Ein schmaler Radweg führt ans andere Ufer.

64
Stockerau
Spillern
Unterrohrbach
Oberzögersdorf
Unterzögersdorf
Bürgerhäufl
hausboden
In der Au
Graingut
Eiswasserallee
Stockerauer Arm
Kreuzeichenboden
Das Ganze Land
Krumpenwasser
Jagdhaus Theresienau
Kraftwerk Greifenstein
Karte 50
Windau
Donau
Obere Kohlstätt
Rustenschachen
Burg Greifenstein
Greifenstein
Höflein
Eichenleitenberg
Bahnhof Greifenstein-Altenberg
Totenkopf
Hundsberg
Tempelbergwarte
Auhof
Wördern
Altenberg
Hadersfeld
Köbering
Bahnhof St. Andrä-Wördern
Muckendorf
Zeiselmauer
Weinhartshof
63
65
153
A 22
B 3

Am Südufer von Tulln nach Wien 38 km

Von der Donaupromenade bei Tulln gelangen Sie am unteren Treppelweg schnell zur Donaubrücke ~ auf der Südufervariante in **Tulln** unter der Brücke hindurch und dem Dammverlauf nach Greifenstein folgen, das sind noch rund 15 Kilometer ~ nach dem Umfahren des Hafenbeckens bietet sich rechter Hand im **Aubad** Gelegenheit zur Erfrischung ~ auf der Dammkrone Richtung Greifenstein, die Donau selbst gleicht vor dem nächsten Kraftwerk einem riesigen See.

Nach ungefähr 3 Kilometern an der Donaulände von **Langenlebarn** und der „Dorflacke" der Kleinen Tulln vorbei ~ entlang eines Erholungsgebietes nach **Muckendorf** ~ vorne am Horizont erscheint die hübsche Silhouette der **Burg Kreuzenstein** ~ nach weiteren 4 Kilometern das **Kraftwerk Greifenstein**.

Tipp: Hier gabelt sich der Weg. Geradeaus nördlich des Altarmes verläuft die Route am Südufer. Außerdem können Sie über das Kraftwerk bis zum Einbruch der Dunkelheit ans Nordufer gelangen, nachts existiert hier außerdem eine Gegensprechanlage. Eine Variante führt hier nach rechts weg und südlich des Altarmes nach Greifenstein (s. S. 130).

Für die Variante südlich des Altarmes beim Yachthafen rechts abzweigen, über den Zulauf zum Altarm und links ab ~ auf dem Treppelweg bis zum **Alten Hafen** und zur **Badewiese** ~ vorbei an der Fähranlegestelle und weiter in Richtung Altarmschwelle.

Auf der Hauptroute vor dem Kraftwerk rechts zum **Gasthaus Jarosch** ~ am nördlichen Altarmufer, vorbei an der Fähranlegestelle ~ über den Altarm auf einer neu errichteten Brücke ~ auf der anderen Seite liegt rechts der Ort **Greifenstein** und die **Badewiese**, die Route führt nach links weiter.

Über den schmucken Häusern Greifensteins, unter denen sich bereits Villen im „Wiener Landhausstil" befinden, thront die alte Burg.

Greifenstein ≈km **1949 R**

PLZ: 3422; Vorwahl: 02242

i **Gemeindeamt Greifenstein**, Hauptstr. 43,

☎ 32231 oder Gemeindeamt St. Andrä-Wördern, ☎ 31300.

⛴ **Überfuhr zum Kraftwerk**: Mo-So ,9-21 Uhr nach Bedarf.

♁ **Burg**. Im 19. Jh. von Fürst Johann Liechtenstein auf Resten einer früheren Befestigung wiederaufgebaut, in der typischen Kleinburg mit Bering, Palas und Bergfried sind noch eine Knappenstube und Torraum aus dem 12. Jh. zu sehen. Restaurant.

Ab **Greifenstein** geht's entlang der Bahn weiter, und die Route kehrt zurück zur Donau ~ an der Querstraße nach links zum Treppelweg ~ zu Ortsbeginn von **Höflein** erfährt der Radweg eine kurze Ablenkung, kehrt aber gleich wieder ans Donauufer zurück ~ kurz nach der Abzweigung in

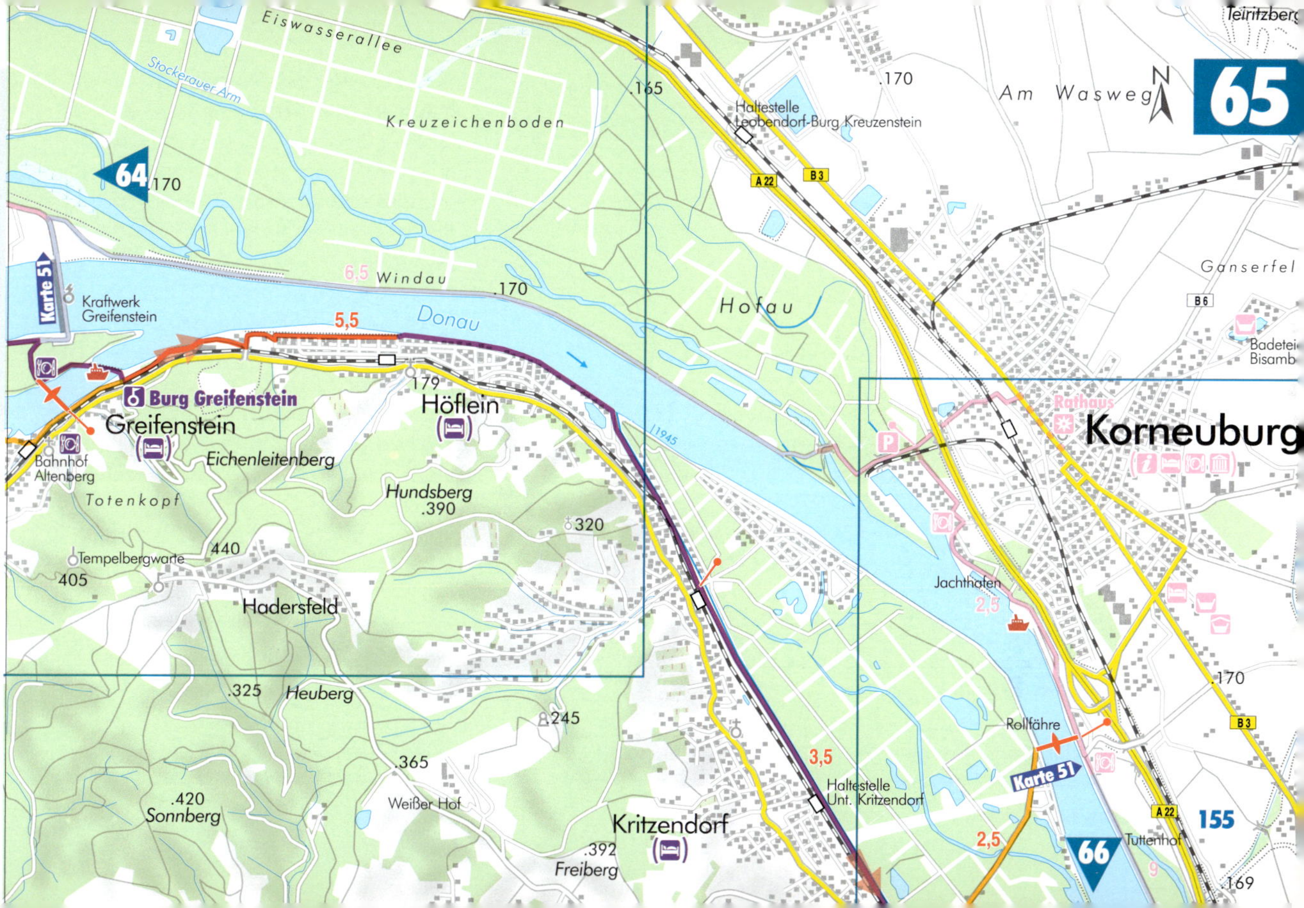

den Ort von der Wohnstraße ab hinunter zum Treppelweg ~ ein kurzes Stück noch entlang der Donau, die sich hier gen Süden wendet und die **Wiener Pforte** durchfließt, dann weicht der Treppelweg von der Donau ab.

Kritzendorf

Beim Bahnhof **Kritzendorf** entweder rechts in den Ort abzweigen oder geradeaus nach Klosterneuburg ~ nach 3,5 Kilometern ist der **Bahnhof Klosterneuburg-Kierling** erreicht, hier links über den Klosterneuburger Durchstich.

Bevor Sie aber die Fahrt nach Wien fortsetzen, lassen Sie sich die sehenswerte Stiftsanlage von Klosterneuburg nicht entgehen. Sie beherrscht beeindruckend das Ortsbild und wird von den Wäldern des Kahlenberges und des Leopoldsberges, den Wiener Hausbergen, eingerahmt.

Beim **Bahnhof** durch die Unterführung und dann über den Nieder-

markt ~ auf der Straße **Hundskehle** direkt zum Rathausplatz und zum Stift.

Klosterneuburg ≈km 1940 R

PLZ: 3400; Vorwahl 02243

Information u. Gästeservice, Donaupark-Camping, In der Au, ✆ 32038

Stiftsmuseum, Stiftspl. 1, ✆ 411154, ÖZ: Mai-Nov., Di-So 10-17 Uhr. Schwerpunkte der Sammlung sind gotische Tafelmalerei und Skulpturen, Bronzestatuetten der Renaissance, Elfenbein und Kleinplastiken 10.-18. Jh., Klosterneuburger Ansichten. Unter den vertretenen Künstlern Rueland Frueauf der Jüngere, Rudolf v. Alt und

★★★★

HOTEL – RESIDENZ

SCHRANNENHOF

NIEDERMARKT 17-19
A-3400 KLOSTERNEUBURG
TEL.: 02243/32072
FAX.: 02243/3207213
E-Mail: Info@Schrannenhof.at
www.Schrannenhof.at

★★★

HOTEL PENSION

HÖHENSTRASSE

Kollersteig 6
Tel.: 02243/32191
Fax.: 02243/38269
Ruhiges 35-Betten Hotel. Abstellmöglichkeit für Fahrräder im Hof. Alle Zimmer mit SAT-TV. Günstige Verbindung nach Wien mit Bus und Bahn
hotel-hoehenstrasse@klosterneuburg.net
www.klosterneuburg.com/hotel-hoehenstrasse

★★★

FRÜHSTÜCKS-PENSION

ALTE MÜHLE

MÜHLENGASSE 36
A-3400 KLOSTERNEUBURG
TEL.: 02243/377 88
FAX.: 02243/377 88-22,
E-Mail: Info@Hotel-AlteMuehle.at
www.Hotel-AlteMuehle.at

★★★

HOTEL RESTAURANT

ANKER

Niedermarkt 5
A-3400 Klosterneuburg
Tel.: 02243/321 34
Fax.: 02243/321 34 62
E-Mail: hotel-anker@klosterneuburg.net
www.hotel-anker.at

WIEN BESUCHEN – IN KLOSTERNEUBURG WOHNEN!

Ausgezeichnete Verkehrsanbindungen:
Nach Wien: alle 10 Minuten ein Autobus, alle halben Stunden die Schnellbahn.
Nach Passau: ÖBB-Radtramper ab Klosterneuburg – Weidling um 09.47 Uhr, 2004: von 15. Mai bis 3. Oktober
Bustransfer nach Passau ab Klosterneuburg – Kierling
(Anmeldung in der Information erforderlich!)
Kunst und Kultur: Stift Klosterneuburg mit jährlich wechselnden Sonderausstellungen, ganzjährigen Führungen, SAMMLUNG ESSL – Kunst der Gegenwart.
Sport und Entspannung: Freizeitzentrum „Happyland" ganzjährig und Erlebnisbad an der Donau während des Sommers. Gemütliche Heurige, Gassen- und Gartenlokale, gepflegte Restaurants sowie Hotels mit Atmosphäre, Gasthöfe und Pensionen sorgen für Wohlbefinden.

Information und Gästeservice:
Rezeption Donaupark – Camping
A-3400 Klosterneuburg, in der Au
Tel.: +43(0)2243/320 38; Fax: +43(0)2243/258 78

Prospektanforderung:
Tourismusverein Klosterneuburg
A-3402 Klosterneuburg, Postfach 37
Tel.: +43(0)2243/343 96; Fax: +43(0)2243/267 73
E-Mail: tourismus@klosterneuburg.com
www.klosterneuburg.net/tourismus

Egon Schiele.

Sammlung Essl, Kunst der Gegenwart, An der Donau-Au 1, ÖZ: Di-So 10-19 Uhr, Mi 10-21 Uhr. Größte Privatsammlung Österreichs mit 3.200 m² Ausstellungsfläche und Skulpturengarten.

Archäologisches Museum – Unterkirche St. Martin, Martinstr. 38, ÖZ: So 10-12 u. n. V. Tausendjährige Kirchengeschichte in Originalen. Die ältesten Spuren in der Grabung gehen von einer fränkischen Holzkirche um 900 aus, u. a. bemerkenswert das spätgotische Taufbecken.

Mährisch-Schlesisches Heimatmuseum, Schießstattg. 2, ÖZ: Di 10-16 Uhr, Sa 14-17 Uhr, So 10-13 Uhr. Die Sammlung stammt größtenteils aus dem östlichen Sudetenland und Beskidenland, und zeigt religiöses Leben und Brauchtum.

Chorherrenstift Klosterneuburg, Stiftspl. 1, ✆ 411212, Führungen: Mo-So10-17 Uhr. Mittelalterliches Stiftsgebäude. Ab 1108 auf der Stelle eines römischen Kastells errichtet und im 15. bis 19. Jh. weiter ausgebaut. Nur mit Führung zugänglich. Barocker Stiftsneubau, die großartige Anlage entstand 1730-55 unter Karl VI. und sollte die barocke Einheit von Kirche und Kaiserstaat demonstrieren, die beginnende Säkularisierung setzte dem gigantischen Projekt jedoch ein vorzeitiges Ende. Im Rahmen der Führungen werden u. a. die Kaiserzimmer mit ihren hervorragenden Stukkaturen und der Gobelinsaal gezeigt.

Verduner Altar im Stift Klosterneuburg

Stiftskirche Unsere Liebe Frau. Der romanische Bau stammt aus den Jahren 1114-1136,

Korneuburg
Klein-Engersdorf
A 22
2,5
65
Karte 52
Rollfähre
B 3
.168
Bisamberg
B i s a m b e r g
Veitsberg
Elisabethhöhe
.358
.336
Falkenberg
Tuttenhof
.169
3,5
1940
Magdalenenhof
308
Langenzersdorf
Lahnerberg
Stift Klosterneuburg
B 14
.167
B 3
Klosterneuburg
Strebersdorf
Neue Donau
A 22
Industriezentrum
Haltestelle Strebersdorf
Donau
Josefinnenhütte
Leopoldsberg
425
Kahlenberg
484
Sulzwiese
Josefsdorf
Kahlenbergerdorf
Schwarzlackenau
1935
7
Donauinsel
Jedlesee
.295
Burgstall
WIEN
atisberg
Krapfenwald
N u ß b e r g
.377
Cobenzl
Nußdorf
Stadtplan
Heiligenstadt
Sie ring
159
Grinzing
Donaukanal
66

Blick auf Wien

das Innere erhielt im 18. Jh. seine heutige Gestalt. In der Leopoldkapelle der berühmte Verduner Altar, das vielleicht großartigste Emailwerk des Mittelalters bestehend aus 51 biblischen Bildtafeln, zu sehen.

Pfarrkirche St. Martin, Martinstr. 38. Die Pfarre reicht vor die Mitte des 11. Jhs. zurück, im Innern fallen vor allem die 16 überlebensgroßen, vergoldeten Holzstatuen auf Wandkonsolen auf.

Bevor sich die Babenberger in die von Ungarn und Slawen beherrschten Donauebene von Wien vorwagten, verlegten sie 1106 ihre Pfalz von Melk nach ***Klosterneuburg****. Auch nach der Verlegung der Residenz nach Wien, Mitte des 12. Jahrhunderts spielte die geschützte Anhöhe in den Bergen des Wienerwaldes die Rolle des Rückzugsortes für die Kaiser. Nach den beendeten Türkenkriegen wurde von Donato Felice d'Allio ein Klosterschloss nach dem Vorbild des Spanischen Escorial erbaut.*

Nach dem **Bahnhof Klosterneuburg-Kierling** über den Klosterneuburger Durchstich ~ gleich darauf nach rechts zum Schützenhaus ab, hier stoßen nun auch jene vom linken Ufer über Korneuburg hinzu ~ auf einer Straße mit mäßigem Verkehr um das Freizeitzentrum herum ~ nach der Strandsiedlung links zum Freibad abzweigen, oder der Route nach rechts folgen noch einmal über den Klosterneuburger Durchstich ~ dann über den Weidlingbach und gleich darauf nach links.

Sie sehen zur Rechten den ***Kahlenberg*** *und den* ***Leopoldsberg****, die auf ihrer Südseite die Wiener Weinhänge tragen. Die ausgezeichneten Weine werden in den berühmten Heurigen in Grinzing, Nußdorf oder Kahlenbergerdorf ausgeschenkt. Wein gedeiht aber auch jenseits der Donau an der linken Flanke der Wiener Pforte, am* ***Bisamberg****.*

Auf der **Donaustraße** durch das Gewerbegebiet, dann ist der Stadtrand von Wien erreicht ~ an der **Kuchelauer Hafenstraße** nach links und unter der Bahn hindurch nach Kahlenbergerdorf, ein Winzerort mit Heurigen und romantischen Stiegen.

Kahlenbergerdorf R

Die Route ins Zentrum wechselt hier auf den Radweg links der Bahn ~ ab hier führt der Weg kaum verfehlbar bis ins Zentrum von Wien ~ durch einen Park und damit wieder für kurze Zeit an der Donau ~ hier verabschiedet sich der Strom und die Route folgt nunmehr dem Donaukanal ~ vor den Schleusen über einen Durchschlupf unter der Bahn nach **Nußdorf**.

Auf einer kleinen Anhöhe an dem von Otto Wagner erbauten Absperrwerk des Donaukanals vorbei und nach einer kurzen Talfahrt vor der Bahnunterführung links abzweigen ~ auf dem Radweg ist jetzt die Urania, ein Volksbildungshaus, als Ziel angegeben ~ auf dem „Donaukanal-Radweg" unter unzähligen Straßenbrücken hindurch ~ der Radweg führt an der von Friedensreich Hundertwasser verschönten Müllverbrennungsanlage vorbei.

Tipp: Die Stadt verdichtet sich allmählich und Sie können bald entscheiden, in welche Richtung es für Sie weitergehen soll (siehe auch Text Linkes Ufer). Zum Donau-Radweg weiter nach Bratislava über-

Wien (Nord)
Donau
Donaukanal
Nussdorf
Heiligenstadt
Unter-döbling
Bhf. Nussdorf
Bahnhof Heiligenstadt
Brigittakapelle
St. Thomas
St. Jakob
Döblinger Bad
Meteorologische Zentralanstalt
Müllverbrennungs-anlage
Heiligenstädter Park
Wertheimstein-park
Setagaya Park
Nussdorfer Friedhof
Zum Weißen Kreuz
Absperrwerk
Nußdorfer Schleusenbrücke
Am Brigittenauer Sporn
Brigittaspitz
J.-v.-Schemmerl Brücke
Eisenbahnstr.
Nussdorfer Platz
Heiligenstädter Str.
Heiligenstädter Straße
Heiligenstädter Lände
Nussdorfer Lände
Brigittenauer Lände
Grinzinger Straße
Hohe Warte
Döblinger Hauptstraße
Döblinger Gürtel
Barawitzkagasse
Boschstraße
Muthgasse
Mooslackeng.
Kreilplatz
Greinergasse
Steinbüchlweg
Hammerschmidtgasse
Kahlenberger Straße
Eroicagasse
Eroicag.
Zahnradbahnstr.
Sickenbergg.
Nußberggasse
Dennweg
Frimmelgasse
Beethovengang
Schreiberbach
Probusgasse
Pfarrpl.
Armbrustergasse
Bernatzikg.
Springsiedelg.
Gallmeyergasse
Klabundgasse
Pokornygasse
Osterleitengasse
Gebhardtg.
Radelmayerg.
Stürzergasse
Geweyg.
Aussichtsweg
Steinfeldg.
Wollerg.
Pernterg.
Böhmmühlg.
Geistg.
Halteraug.
12.-Feb.-Platz
Gürtelbrücke
Döblinger Steg
Heiligenst.-Br.
Lorenz-Müller-G.
Adalbert-Stifter-Straße
Klosterneuburger Straße
Dresdner Straße
Stromstraße
Wexstr.
Jägerstr.
Jägerstraße
Leipziger Str.
Pappenheimg.
Raffaelg.
Spielmanngasse
Burghardtgasse
Diermayrg.
Zrinyig.
Hartlg.
Forsthausg.
Hopsag.
Leystraße
Leystr.
Kornhäuselgasse
Griegstraße
Passetistr.
Meldemannstraße
Schottenaustr.
Höchstädtplatz
Leithastr.
Universumstr.
Nordbrücke
Brigittenauer Sporn
Bachg.
Dieng.
Spielg.
Kupferg.
Hinterg.
Pöchlg.
Baug.
Weilg.
Spaung.
K.-Czerny-G.
U4
U6

Rathaus, Wien

queren Sie den Donaukanal auf der Aspernbrücke und gelangen geradeaus auf dem Radweg der Praterstraße zum Praterstern. Von dort können Sie entweder die Prater Hauptallee oder die Lasallestraße Richtung Donau wählen. Die Beschreibung der gesamten Strecke bis Budapest finden Sie im ***bikeline*-Radtourenbuch Donau-Radweg, Teil 3**.

Entlang des Donaukanals geht es nun immer weiter in die Stadt hinein ~ nach der **Rossauer Kaserne** beim **Schottenring** auf den Ring-Rund-Radweg einbiegen ~ dieser führt einmal um den ganzen Innenstadtbereich herum.

Der **Wiener Westbahnhof** ist am besten mit dem Rad vom Ring aus zu erreichen ~ neben dem Kunsthistorischen Museum biegen Sie auf den Radweg neben der **Babenbergerstraße** ein und begeben sich weiter in die beliebteste Einkaufsstraße der Wiener, in die **Mariahilfer Straße** ~ sie führt nun geradeaus, zwar mit Tempo 30, aber viel Verkehr und ohne jegliche Radverkehrsanlage zum Westbahnhof.

Tipp: Wenn Sie dem Verkehr der Mariahilferstraße teilweise ausweichen möchten, dann biegen Sie von dieser rechts in die Stiftgasse ein und dann wieder links in die Lindengasse, die zum Gürtel führt. Nach links kommen Sie auf dem Gürtelradweg dann zum Westbahnhof. Sie können es aber auch bequemer haben, indem Sie zu den in der Ortsinfo angegebenen Zeiten die U-Bahn (U 3) benutzen.

Wien ≈km 1929

Vorwahl: 01

- **Wiener Tourismusverband**, 1025 Wien, ✆ 24555
- **Tourist-Info Wien**, 1., Albertinaplatz/Ecke Maysedergasse
- **Fahrradbüro**, Frankenbergg. 11, ✆ 5058435 Hotelbuchungen: 24555
- **Rad & U-Bahn**. Mo-Fr 9-15 und ab 18.30 Uhr, Sa ab 9 Uhr, So/Fei ganztägig. Für den Transport muss ein Halbpreisticket gelöst werden. Einstieg nur an Türen mit Fahrradsymbol, in der U6 nur in den Niederflurwaggons.
- **Rad & Schnellbahn**. Mo-Fr 9-15 und ab 18.30 Uhr, Sa ab 9 Uhr, So/Fei ganztägig. In Zügen, die im Kursbuch ein Fahrradsymbol tragen, ist die Mitnahme jederzeit möglich. In der Kernzone Wien (Zone 100) muss dafür ein Halbpreis-Fahrschein, auf allen anderen Strecken eine Fahrrad-Tageskarte gelöst werden.
- **Geführte Radtouren: Pedal Power Tours**, Ausstellungsstr. 3, ✆ 7297234 und **Vienna-Bike**, Wasag. 28/2/5, ✆ 3191258 . Entdeckungsreisen mit dem Fahrrad durch Wien.
- **Wien-Karte**, 72-Stunden-Karte für die öffentlichen Verkehrsmittel, inklusive Ermäßigungen bei vielen Museen und Sehenswürdigkeiten in Wien. Erhältlich u. a. bei der Tourist Information, in Hotels und an den Verkaufsstellen der größeren U-Bahnhöfe
- **Albertina**, Albertinapl. 1, ✆ 53483510, ÖZ: tägl. 10-18 Uhr, Mi 10-21 Uhr. Eines der bedeutendsten Museen der Welt: von Michelangelo bis Rubens, von Dürer bis Picasso reichen die Sammlungen. Immer wieder finden auch bedeutende Ausstellungen über verschiedene Künstler oder Fotografie statt . Hier werden mehr als 60.000 Zeichnungen und ca. 1 Million druckgrafische Blätter von der Spätgotik bis zur zeitgenössischen Moderne aufbewahrt.
- **Kunsthistorisches Museum**, 1, Maria-Theresien-Platz, ✆ 525240, ÖZ: Di-So 10-18 Uhr, Do 10-21 Uhr. Zählt zu den bedeutendsten Kunstsammlungen der Welt. Den Kern der Gemäldegalerie bilden Werke von Dürer, Rubens, Tizian und Bruegel d. Ä. (größte Bruegel-Sammlung der Welt).

Wien
Augarten
Augartenpalais
Nordwestbahnstraße
Wallensteinstr.
Obere Augartenstraße
Untere Augartenstr.
Rembrandtstr.
Taborstraße
Leopoldsgasse
Große Sperlg.
Große Schiffg.
Obere Donaustraße
Franz-Josefs-Kai
Donaukanal
Wettsteinpark
Rossauer Lände
Brigittenauer Lände
Spittelauer Lände
Klosterneuburger-Straße
Jägerstr.
Hannovermarkt
St. Brigitta
Brigittapl.
Leipziger Str.
Pappenheimg.
Hartlgasse
Raffaelg.
Treustr.
Wasnergasse
Rauscherstraße
Heinzelmanng.
Wallensteinpl.
Gaußpl.
Porzellang.
Liechtensteinstr.
Lichtenstein Park
Museum Moderner Kunst
Alserbachstr.
Franz-Josefs-Bahnhof
Universitätszentrum
mit Wirtschaftsuniversität
Althanstr.
Augasse
Nordbergstr.
Spittelauer Pl.
J.-Tandler-Platz
Bauernfeldplatz
Hahng.
Servitengasse
Müllnerg.
Berggasse
Hörlg.
Türkenstr.
Schlickpl.
Rossauer Kaserne
Deutschm.-platz
Maria-Theresien-Str.
Schottenring
Börse
Börsepl.
Wipplingerstr.
Hohenstaufeng.
Schottenstift
Freyung
Schottentor
Votivpark
Votivkirche
Roosevelt-platz
Währinger Str.
Universität
Universitätsstr.
Reichsratsstr.
Rathauspark
Rathausplatz
Burgtheater
Dr.-Karl-Lueger-Ring
Volksgarten
Theseustempel
Bundeskanzleramt
Minoritenk.
Minoritenplatz
Parlament
Herrengasse
St. Michael
Michaelerpl.
Kohlmarkt
Graben
St. Peter
Stephansdom
Stephansplatz
Dom- und Diözesanmuseum
Universitätskirche
Dominik.-k.
Wollzeile
Schwedenplatz
Morzinplatz
St. Ruprecht
Hoher Markt
Maria a. Gestade
Altes Rath.
Am Hof
Kirche am Hof
Judenpl.
Salzgries
Concordiaplatz
Rudolfplatz
Heinrichsg.
Vermessungsamt
Kenzl-P.
Schwedenbr.
Marienbr.
Salztorbr.
Augartenbr.
Rossauerbr.
Friedensbr.
Karmelitermarkt
Karmeliterk.
Hollandstraße
Franz-Hochedlinger-G.
Fleischmarkt
Postgasse
Postspark.
Lugeck
Rossauer Steg
163

Noch besonders sehenswert: Ägyptisch-Orientalische Sammlung, Antikensammlung, Münzkabinett.

Naturhistorisches Museum, 1, Maria-Theresien-Platz, ✆ 521770, ÖZ: Mi-Mo 9-18 Uhr. Schwerpunkte: Mineraliensammlung mit seltenen Rohdiamanten und Meteoriten, Fossiliensammlung mit 15.000 Skeletten (darunter Dinosaurier), prähistorische Sammlung mit „Venus von Willendorf", Anthropologische Sammlung vom Jungpaläolithikum bis zur Gegenwart.

Österreichisches Museum für angewandte Kunst (MAK), 1, Stubenring 5, ✆ 711360, ÖZ: Di-So 10-18, Do 10-21 Uhr. Schausammlungen ostasiatischer, islamischer Kunst, Bibliothek und Kunstblättersammlung, Glas und Keramik, Metalle, Wiener Werkstätte, Sammlung von Möbeln und Holzarbeiten, Textilien und Teppichen. Werke moderner Künstler und Künstlerinnen.

Jüdisches Museum der Stadt Wien, 1, Dorotheerg. 11, ✆ 5350431, ÖZ: So-Fr 10-18, Do 10-21 Uhr. Rund 50 Jahre nach Kriegsende öffnete wieder ein jüdisches Museum seine Tore in Wien. Die Wechselausstellungen zeigen jüdische Kulturgeschichte, bildende Kunst, Literaturgeschichte und Fotografie.

Museum für Völkerkunde, 1, Neue Burg/Heldenplatz, ✆ 534300, ÖZ: Mi-Mo 10-16 Uhr. Neben Dauerausstellungen, wie der Mexikosammlung Kaiser Maximilians mit dem umstrittenen Federkopfschmuck von Montezuma, der polynesischen Sammlung von James Cook und den Bronzen aus Benin.

Österreichische Nationalbibliothek, 1, Josefspl. 1, ✆ 534100, ÖZ: März-Mitte Mai, Mo-Sa 10-14 Uhr, 15. Mai-26. Okt., Mo-Sa 10-16 Uhr, So/Fei 10-13 Uhr. Vater und Sohn Fischer von Erlach schufen 1723-37 im Prunksaal einen der glanzvollsten Räume des Barock. Die Deckengemälde stammen von Daniel Gran. Im Mittelpunkt stehen jedoch die 15.000 goldgepressten Bände des librophilen Prinzen Eugen von Savoyen.

KunstHausWien, 3, Untere Weißgerberstr. 13, ✆ 7120491, ÖZ: Mo-So10-19 Uhr. Zu sehen sind vor allem die Werke von Hundertwasser (Malerei, Architektur, Skulpturen) und wechselnde Ausstellungen von Künstlern des 20. Jhs.

Kunsthalle Wien, 4, Karlsplatz/Treitlstr. 2, ✆ 521890, ÖZ: Mo-So 10-18, Do 10-20 Uhr.

Stephansdom, Wien

Wechselausstellungen zeitgenössischer Kunst sowie Meisterwerke der klassischen Moderne.

Haus der Musik, 1, Selerstätte 30, ✆ 5164851. ÖZ: Mo-So 10-22 Uhr. Thema: Rund um die Musik und vieles zum selbstständigen Erproben.

Schatzkammer, 1, Hofburg-Schweizerhof, ✆ 5337931, ÖZ: Mi-Mo 10-18 Uhr. Eine der bedeutendsten Schatzkammern der Welt verwahrt die Kaiserkrone des Heiligen Römischen Reiches (um 962), die österreichische Kaiserkrone, den

Burgunderschatz und den Schatz des Ordens vom Goldenen Vließ.

Österreichische Galerie des 19. und 20. Jh., 3, Oberes Belvedere, Prinz-Eugen-Str. 27, ✆ 795570. ÖZ: Di-So 10-17 Uhr. Die Schau bietet einen Überblick über die österr. Malerei vom Biedermeier über die Ringstraßenzeit bis zum Jugendstil. Neben der größten Sammlung der Werke von Klimt, Schiele und Kokoschka, auch Waldmüller, Romako, Makart, Wotruba zu sehen.

Heeresgeschichtliches Museum, 3, Arsenal, Objekt 18, ✆ 795610, ÖZ: Sa-Do 10-16 Uhr. Im orientalisch-klassizistischen Bau von 1857, dem ersten geplanten Museum Wiens, wertvolle Sammlungen zur Militärgeschichte Österreichs vom Dreißigjährigen Krieg bis zum Ersten Weltkrieg.

Sigmund-Freud-Museum, 9, Bergg. 19, ✆ 3191596, ÖZ: Juli-Sept., Mo-So 9-18 Uhr, Okt.-Juni, Mo-So 9-16 Uhr. Von 1891 bis 1938 wohnte hier der Begründer der Psychoanalyse, bevor er Österreich verlassen musste. Freuds einstige Ordination ist heute als Museum eingerichtet.

Salvador-Dalí-Schau, 1, Josefspl. 5, ✆ 5122549. ÖZ: Mo-So 10-18 Uhr.

Secession, 1, Friedrichstr. 12, ✆ 5875307, ÖZ: Di-Fr 10-18 Uhr, Sa, So/Fei 10-16 Uhr. Nach Plänen von Joseph Olbrich wurde das Haus 1897-98 für die progressive Künstlergruppe der „Wiener Sezession" errichtet. Neben Wechselaustellungen moderner Kunst ist hier heute der 34 m lange Beethoven-Fries von Gustav Klimt zu besichtigen.

Straßenbahnmuseum, 3, Erdbergstr. 109, ✆ 790944900, ÖZ: Mai-4. Okt., Sa, So/Fei, 9-16 Uhr. Mehr als 80 historische Fahrzeuge seit 1871 sowie Autobusse und Wagen der ehemaligen Wiener Stadtbahn.

Uhrenmuseum, 1, Schulhof 2, ✆ 5332265, ÖZ: Di-So 9-16.30 Uhr. Ausstellung von 3.000 Uhren, u. a. mit allen möglichen Kuriositäten.

Theatermuseum, 1, Lobkowitzpl. 2, ✆ 51288000, ÖZ: Di-So 10-17 Uhr. Das Museum beinhaltet vor allem Bühnenmodelle, Kostüme und Requisiten sowie Fotos und Zeichnungen.

Lipizzanermuseum in der Stallburg, 1, Reitschulg. 2, ✆ 5264184, ÖZ: Mo-So 9-18 Uhr. Thema: Auf über 400 m² sind Leihgaben aus der Gemäldegalerie, der Wagenburg des Kunsthistorischen Museums, den Archiven der Spanischen Reitschule; Besuch der Hofstallungen mit Lipizzanern.

Museums Quartier Wien, 7, Museumspl. 1, ✆ 5235881. Spektakuläres Kulturareal am Rand der Wiener Altstadt und achtgrößter Museumsbezirk der Welt.

Sisi Museum, Hofburg-Kaiserappartements, Michaelerkuppel, $§ 81113335, ÖZ: tägl. 9-17 Uhr, Juli und Aug. bis 17.30 Uhr. Zentrale Themen im eindrucksvoll wie einfühlsam gestelteten Sisi Museum sind die unbeschwerte Jungmädchenzeit in Bayern, die überraschende Verlobung mit dem Kaiser sowie ihre offizielle Rolle als österreichische Kaiserin.

Liechtenstein Museum, Die Fürstlichen Sammlungen, 9, Fürsteng. 1, $§ 31957670, ÖZ: tägl. 9-20 Uhr. Eines der bedeutendsten privaten Museen der Welt im barocken Gartenpalais der Familie Liechtenstein macht Kunstschätze von Weltrang zugänglich, die über ein halbes Jahrhundert für die Öffentlichkeit unzugänglich waren – von Meistern wie Rubens, van Dyck, Mantegna oder Susini.

Stephansdom, 1, Stephansplatz, ✆ 515523526, Führungen: Mo-Sa 10.30 und 15 Uhr, So/Fei 15 Uhr. Österreichs bedeutendstes gotisches Bauwerk, neben dem Riesenrad im Prater das Wahrzeichen Wiens, repräsentiert die (Bau-)Geschichte von 800 Jahren. Sehenswertes: das Grabmal Kaiser Friedrichs III. aus rotem Marmor, der Kanzel Anton Pilgrams von 1514/15, der „Wiener Neustädter Altar" von 1447. Unter dem Dom weit verzweigtes Katakombensystem mit wertvollen hist. Zeugnissen, Führungen: Mo-Sa 10, 11, 11.30, 14, 14.30, 15.30, 16, 16.30 Uhr, So/Fei 14, 14.30, 15.30, 16, 16.30 Uhr.

Schloss Schönbrunn, 13, Schönbrunner Schloss-Straße (U-Bahn-Station), ✆ 81113, ÖZ: April-Okt., Mo-So 8.30-17 Uhr, Nov.-März, Mo-So 8.30-16.30 Uhr. Das ursprünglich von Fischer von Erlach größer und prächtiger als Versailles geplante Barockschloss entstand mit 1441 Zimmern und Sälen in den Jahren 1696-1730. Es diente als Sommerresidenz der Habsburger und hier fand der Wiener Kongress statt.

Zoo - Tiergarten Schönnbrunn, Schlosspark nahe dem Hietzinger Tor (U-Bahn), ✆ 87792940, ÖZ: März, Mo-So 9-17.30, April 9-18 Uhr, Mai-Sept., Mo-So 9-18.30, Okt., Feb., 9-17 Uhr, Nov-Jan., 9-16.30 Uhr. In barocker Parkumgebung befindet sich einer der ältesten Tiergärten der Welt mit neuen Ideen für die Tierhaltung.

Wüstenhaus Schönbrunn, im Tiergarten Schönbrunn, ÖZ: Mai-Sept. 9-18 Uhr und Okt.-April 9-17 Uhr.

Spanische Reitschule, 1, Hofburg, Innerer Burghof, „Morgenarbeit": Sept.-Mitte Dez., Feb.-Juni, Di-Sa 10-12 Uhr. Hier kann man dem Training der Lipizzaner beiwohnen, ohne Kartenreservierung.

Ringstraße. Nach Schleifung der früheren Stadtbefestigung 1857-58 entstand an der Stelle des Glacis einer der schönsten Boulevards mit Bauten wie Burgtheater, Kunsthistorisches Museum und Parlament. Ebenso setzte sich hier das liberale Großbürgertum mit ihren Palais ein Denkmal.

Belvedere, Prinz-Eugen-Straße 27. Das Schloss, das als eines der schönsten barocken Bauwerke gilt, wurde als Sommerresidenz für Prinz Eugen von Savoyen ab 1700 unter der Bauleitung von Lukas von Hildebrandt errichtet. Das Gebäude wird von einem eleganten Terrassengarten mit Kaskaden und Plastiken ergänzt.

Spittelberg. Der Stadtteil zwischen Breite Gasse und Stiftgasse besitzt Modellcharakter für eine Revitalisierung mit Erhaltung der historischen (in dem Fall biedermeierzeitlichen) Bausubstanz und präsentiert sich heute als ein „Beisl"- und Kunstviertel mit Flair.

Naschmarkt, Wienzeile zw. Getreidemarkt und Kettenbrückengasse. Der größte Obst- und Gemüsemarkt Wiens zeigt voller Individualität und Atmosphäre die lebendige Antithese zu Supermärkten, und die Begegnung vieler Kulturen. Samstags großer Flohmarkt.

Wien
Zentrum (I.)
Votivkirche
Sigmund-Freud-Museum
Rossauer Kaserne
Börse
Universität
Schottenstift
Maria a. Gestade
St. Ruprecht
Karmeliterkirche
Bahnhof Wien Nord
Praterstern
Volksprater
Riesenrad
Planetarium
Prater-museum
Dogenhof
Urania
Rechnungshof
Kunsthaus Wien
Kirche a. Hof
Burgtheater
Rathaus
Parlament
St. Peter
Dom- und Diözesanmuseum
Dominik.-K.
Universitätskirche
Minoritenkirche
St. Michael
Stephansdom
Alte Hofburg
Hofreitschule
Schatzkammer
National-bibliothek
Jüd. Museum
Museum f. Angew. Kunst
Neue Hofburg
Naturhistor. Museum
Volkstheater
Volkskunde-museum
Kapuziner-gruft
Kunsthistor. Museum
Tabakmuseum
Messepalast
Goethe Denkmal
Staats-oper
Stadtpark
Johann-Strauß-Denkmal
Kursalon
Bruckner-Denkmal
Schubert-Denkmal
Krankenhaus St. Elisabeth
Hundertwasserhaus
Bahnhof Wien Mitte
Westbahnhof
Südbahnhof
Opernring
Kärntner Ring
Schubertring
Schottenring
Dr.-K.-Lueger-Ring
Dr.-K.-Renner-R.
Burgring
Universitätsstr.
Ausstellungsstraße
Untere Donaustr.
Obere Donaustr.
Franz-Josefs-Kai
Donaukanal
Schüttelstr.
Weißgerberlände
Landstraßer Hauptstr.
Prater
Schweizerhaus
Liliputbahn
Praterstraße
Uraniastr.
Stubenring
Am Heumarkt
Getreidemarkt
Friedrichstr.
Konzerthaus
Akademietheater
Secession
Kunst-akademie
Theater
Künstler-haus
Beethoven-haus
Rochus-park
Rotundenallee
Erdberger Lände
Schwedenplatz
Graben
Heldenplatz
Volksgarten
Rathauspark
Theseus Tempel
Bundes-kanzleramt
Justiz-palast
Kleinstes Haus Wiens
Maria Theresia Denkmal
Reg.-gebäude
Spenadlwiese
Konstantinhügel
167

Wiener Riesenrad im Prater

Riesenrad, im Wiener Prater, ÖZ: Jan. u. Feb., Nov. u. Dez., 10-20 Uhr; März, April u. Okt., 10-22 Uhr, Mai-Sept., 9-24 Uhr. 1896/97 von Ing. Walter Basset errichtet, 61 Meter Durchmesser.

Wien. Wie lässt sich eine Donau-Metropole kurz beschreiben, die über sieben Jahrhunderte Residenzstadt war, einst den Mittelpunkt eines Weltreiches bildete und traditionell zu den kulturellen Zentren Europas gehört, ohne dass bekannte Klischees wiederholt oder Wesentliches ausgelassen werden? Vielleicht, indem über das Verhältnis dieser Stadt zu „ihrem" Strom erzählt wird.

Wien liegt ja bekanntlich an der Donau, die einmal sogar blau gewesen sein soll. Und trotzdem suchen Besucher vergeblich nach historischen Uferzeilen, beschaulichen Flusspromenaden, nach einer „gewachsenen" Stadt am Strom. Lediglich die Kleine Donau, eigentlich ein Kanal, durchfließt die Innenstadt der Donau-Metropole. Wien büßte das Wesen einer Donaustadt im 19. Jahrhundert ein, als mit der ersten Flussregulierung die enge Bindung an den Strom verloren ging. Dabei wurde der bis dahin krause Stromverlauf der Donau durch einen schnurgeraden „Durchstich" in der Manier von Reißbrett-Ästheten zusammengefasst und in den Eröffnungsreden 1875 als Meisterleistung österreichischer Ingenieurkunst gepriesen. Auch der namensgebende kleine Wienfluss sucht seit der Jahrhundertwende seinen Weg vom Wienerwald zu seinem Vorfluter in einer kahlen Steinwanne.

Wien und die Donau, ein unversöhnlicher Gegensatz? Landschaft ist jedenfalls machbar und am Fluss kann wieder Leben einkehren; das demonstriert in jüngster Vergangenheit ein weiterer Eingriff am Strom. Der lange Überschwemmungsstreifen entlang der begradigten Donau, bis dahin einem städtischen Niemandsland gleich, wurde für ein Entlastungsgerinne ausgehoben und aus dem Material die Donauinsel aufgeschüttet. Seitdem sind Beide der Wiener Freizeitglück.

Übernachtungsverzeichnis

Im Folgenden sind Hotels (H), Hotel garni (Hg), Gasthöfe (Gh), Bauernhöfe (Bh), Pensionen (P) und private Unterkünfte (Pz), aber auch Jugendherbergen und Campingplätze entlang der Donau und der Ausflugsrouten angeführt. Die Orte sind nicht in alphabetischer Reihenfolge, sondern analog zur Streckenführung aufgelistet.

Das Verzeichnis stellt keine Empfehlung der einzelnen Betriebe dar und erhebt keinen Anspruch auf Vollständigkeit. Wichtigstes Auswahlkriterium ist die Nähe zur Radstrecke, in Städten wurden vor allem Betriebe im Zentrum oder nahe zur Route ausgewählt. Betriebe, die Radreisende von der Radroute abholen, sind als solche gekennzeichnet.

Die römische Zahl (I-VI) hinter der Telefonnummer gibt die Preisgruppe des betreffenden Betriebes an. Dabei gibt es folgende Kategorien:

I	unter € 15,–
II	€ 15,– bis € 23,–
III	€ 23,– bis € 30,–
IV	€ 30,– bis € 35,–
V	€ 35,– bis € 50,–
VI	über € 50,–

Die Preisgruppen beziehen sich auf den Preis pro Person in einem Doppelzimmer mit Dusche oder Bad inkl. Frühstück. Bei Betrieben, die Zimmer ohne Bad oder Dusche anbieten, ist dies durch das Symbol nach der Preisgruppe angegeben.

Da wir das Verzeichnis stets aktualisieren, sind wir für Anregungen dankbar. Der Eintrag erfolgt kostenfrei.

Schärding

H Biedermeier Hof, Passauerstr. 139, ✆ 3064, IV

Passau (D) R

PLZ: D-94032-36; Vorwahl: 0851

i Touristinformation, 94032, Rathausplatz 3 und Bahnhofstr. 36, ✆ 95598-0

H Holiday Inn, 94032, Bahnhofstr. 24, ✆ 5900-0, V-VI

H Weißer Hase, 94032, Ludwigstr. 23, ✆ 92110, VI

H Altstadt-Hotel, 94032, Bräug. 23-29, ✆ 3370, V-

VI
H Wilder Mann, 94032, Rathauspl., ✆ 35071, V-VI
H Passauer Wolf, 94032, Rindermarkt 6, ✆ 93151-10, V-VI
H Wienerwald, 94032, Gr. Klingerg. 17, ✆ 33069, III-IV
H Euro Hotel Passau, Neuburger Str. 128, ✆ 98842-0, III-IV
Hg Residenz, 94032, Fritz-Schäffer-Promenade, ✆ 989020, V-VI
Hg König, 94032, Untere Donaulände 1, ✆ 3850, V-VI
Hg Herdegen, 94032, Bahnhofstr. 5, ✆ 955160, IV-V
Hg Spitzberg, 94032, Neuburgerstr. 29, ✆ 955480, IV-V
Hg Deutscher Kaiser, 94032, Bahnhofstr. 30, ✆ 95566-15, IV-V
H Schloss Ort, 94032, Im Ort 11, ✆ 34072, V-VI
H Rotel Inn, 94012, Hbf./ Donaulände, ✆ 95160, II
P Rößner, 94032, Bräug. 19, ✆ 93135-0, III-IV
Gh Blauer Bock, 94032, Höllg. 20, ✆ 34637, III-V
P Gambrinus, 94032, Haibach 20, ✆ 2905, III
⛺ Auf der Veste Oberhaus 125, 94034, ✆ 41351
⛺ Drei-Flüsse-Camping, Irring (10 km Donau aufwärts), ✆ (08546) 633

Innstadt:
H Am Jesuitenschlössl, 94032, Kapuzinerstr. 32, ✆ 38640-1, V-VI
Hg Vicus, 94032, Johann-Bergler-Str. 2, ✆ 93105-0, IV
P Vilsmeier, 94032, Lindental 28a, ✆ 36313, III

Haidenhof:
H Dreiflüssehof, 94036, Danziger Str. 42/44, ✆ 72040, IV-V
H Best Western, 94036, Neuburger Str. 79, ✆ 9518-0, V-VI
Hg Albrecht, 94036, Kohlbruck 18, ✆ 959960, V
Hg Haidenhof, 94036, Brixener Str. 7, ✆ 95987-0, III
P Gabriele, 94032, Adalbert-Stifter-Str. 12, ✆ 6446, III
Pz Weidinger, Brixener Str. 78, ✆ 51975, II

Grubweg:
H Burgwald, 94034, Salzweger Str. 9, ✆ 94169-0, IV
P Frickinger, 94034, Christdobl 13, ✆ 41222, III
Gh Rosencafé, 94034, Donaustr. 23, ✆ 42811, II-III

Hals:

Gh Zur Triftsperre, Tirftsperrstr. 15, ✆ 51162, II-III

Gh Zur Brücke, Landrichterstr. 13, ✆ 43475, II

Zeltplatz an der Ilz, 94034, Halserstr. 34, ✆ 41457

Passau-Haibach R

PLZ: 94032; Vorwahl: 0851

P Gambrinus, Haibach 20 (Südufer), ✆ 2905, III

Kellberg L

PLZ: 94136; Vorwahl: 08501

H Ferienidyll Maxhöhe, Gut Wolfersdorf 1, ✆ 91110

H Lindenhof, Kurpromenade 12, ✆ 8080

Gh Zum Kirchenwirt, St.-Basius-Str. 1, ✆ 8116, II-III

Gh Kernmühle, bei Kellberg (Nordufer), ✆ 567, II-III

Hinding R

PLZ: 4785; Vorwahl: 07713

Tourismusverband Freinberg, ✆ 8244

H Faberhof, Hinding 18, ✆ 20975, III-IV

P Pfeiffer, Hinding 46, ✆ 8218, II

Pz Bachl, Hinding 43, ✆ 8202, I-II

Pyrawang R

PLZ: 4092; Vorwahl: 07714

Gemeindeamt Esternberg, ✆ 6655-10

Pz Holzapfel, Nr. 18, ✆ 6178, I

Pz Unterholzer, Nr. 17, ✆ 6172, I

Pz Grasegger, Nr. 29, ✆ 6170, I

Pz Grassegger, Nr. 12, ✆ 6208, I

Pz Fischer, Nr. 9, ✆ 6504, I

Camping Fischer, Pyrawang 9, ✆ 6504, April-Okt.

Erlau (D) L

PLZ: 94130; Vorwahl: 08591

Gh Zur Post, Hauptstr. 22, ✆ 91490, II-III

Gh Zum Edlhof, Edlhofstr. 10, ✆ 466, III-IV

Obernzell (D) L

PLZ: 94130; Vorwahl: 08591

Tourist-Info, Marktpl. 42 ✆ 9116-119

H Fohlenhof, Matzenberger Str. 36, ✆ 9165, V

H Donautal, Passauer Straße. 19, ✆ 939788, II-III

Gh Alte Schiffspost, Marktpl. 1, ✆ 1030, III-V

Gh Zum Freischütz, Bachstr.7, ✆ 1863, II

P Zur Brücke, Bachstr. 13, ✆ 1379, II-III

P Jell, Siedlungsstr. 10, ✆ 1319, II

P Haus Sybill, Max-Moser-Str. 4, ✆ 751,I-II

Pz Nowak, Hameter Str. 41, ✆ 670, III

Pz Buchner, Rechenmacher Weg 4, ✆ 700, III

Pz Juhnke, Krankenhausstr. 10, ✆ 2999, V

Pz Feiler, Hameter Str. 20, ✆ 1836, V

Kasten R

PLZ: 4091; Vorwahl: 07714

Tourismusverband Vichtenstein, ✆ 8055-0

Gh Pilsl-Wurmsdobler, Kasten 19, ✆ 6502, I-II

Gh Klaffenböck, Kasten 15, ✆ 6505, II

P Donautal, Kasten 22, ✆ 6310-0, II

Bh Schusterbauer, Kasten 3, ✆ 6549, I

Bh Reierbauer, Kasten 8, ✆ 6531, I

Bh Petern, Kasten 13, ✆ 6529, I

Campingplatz, an der Donau, Gemeindeamt: ✆ 8055, ganzjährig

Vichtenstein R

Vorwahl: 07717

Gh Schusta z'Weinbrunn, Wenzelberg 1, ✆ 7586, I

Jochenstein (D) L
PLZ: 94107; Vorwahl: 08591

Tourist-Information Untergriesbach, ✆ 08593/ 1066

Gh Kornexl, Am Jochenstein 10, ✆ 1802, I-II

Gh Fesl, Kohlbachmühle 1 (2,5 km vor dem Ort), ✆ 320, II-III

Camping Kohlbachmühle, ✆ 320

Engelhartszell R
PLZ: 4090; Vorwahl: 07717

Tourismusverband, ✆ 8245 (Sparkasse)

Pz Jausenstation "Zum Jochenstein", Maierhof 17, ✆ 8123, I

H „Zum Goldenen Schiff", Nibelungenstr. 2, ✆ 8009, III-IV

Gh Mühlböck, Marktstr. 35, ✆ 8013, II

Gh Ronthalerhof, Ronthal 2 (3,5 km südöstl. auf B 130), ✆ 8083, III

Gh Zum Haugstein, Stadl 8, ✆ 7318

Pz Hufschmiede, Nibelungenstr. 11, ✆ 8059, II

Pz Donaublick, Sauwaldstr. 122, ✆ 8172, II

Pz Reiter, Siedlungsstr. 76, ✆ 8131, I

Pz Bernhard, Maierhof/Donau 24, ✆ 8070, I

PZ Hechinger, Stiftstr. 16, ✆ 8088, I

Pz Ecker, Maierhof 31, ✆ 8173, I, II

Pz Familie Landl, Maierhof 8, ✆ 7836, II

Bh Berndl, Stadl 13, ✆ 7136, I

Bh Huber, Nibelungenstr. 40, ✆ 8285, I

Bh Jager a. Bach, Flenkental 7, ✆ 7555, I

Radpension Hl. Antonius, Nibelungenstr. 68, ✆ 20049, II

Freibad-Camping, ✆ 0664/8708787, Apr.-Okt.

Engelszell R
Gh Engelszeller Stüberl, Engelszell 20, ✆ 8037

Kramesau L
Gh Luger, Kramesau 4, ✆ 07285/507, II

Niederranna L
PLZ: 4085; Vorwahl: 07285

Marktgemeindeamt Hofkirchen, ✆ 255

Pz Knogler, Nr 31, ✆ 562, I-II

Gh Draxler, Nr 3, ✆ 511, II-III

Pz Leitner, Nr 46, ✆ 519, II

Pz Ecker, Nr. 60, ✆ 516, I

Gh Ratzenböck, Freizell (3 km abwärts), ✆ 226, I

P Pumberger, Au 1 (ggb. Schlögen), ✆ 6317, II

Zeltplatz Ratzenböck, Freizell, ✆ 226

Marsbach
PLZ: 4085; Vorwahl: 07285

Marktgemeindeamt Hofkirchen, ✆ 255

H Falkner, Nr. 2, ✆ 223, V-VI

Gh Pühringer, Nr. 4, ✆ 293, II-III

Dorf
PLZ: 4133; Vorwahl: 07286

Bh Schlagnitweit, Dorf 10 (Abhol.), ✆ 7994 oder 81161, II

Bh Wögerbauer, Dorf 9, ✆ (8)312, I-II

Niederkappel L
PLZ: 4133; Vorwahl: 07286

Gemeindeamt, Niederk. 48, ✆ 8555-0

Gh Leitenbauer, Nr. 32, ✆ 8594, III

Grafenau
Gh Gierlinger, Grafenau 17, ✆ 7213, II

Bh Bumberger, Grafenau 3, ✆ 7633, II

Wesenufer R

PLZ: 4085; Vorwahl: 07718

ℹ Tourismusverband Waldkirchen-Wesenufer, 7255

Gh Schütz, Wesenufer 17, ✆ 7208, III

Gh Zum Schiffmeister, Wesenufer 19, ✆ 7220, I-II

Gh Hofer, Ratzling 13, ✆ 7354, II

P Feiken, Wesenufer 65, ✆ 7506, II

Pz Donaubauer, Wesenufer 44, ✆ 7206, I

Bh Viehböck, Wesenufer 15, ✆ 7213, I

⛺ Nibelungen-Camping, Wesenufer 73, ✆ 7589, vom 1. April-30. Sept.

Au

PLZ: 4085; Vorwahl: 07285

Pz/⛺ Zur Fährfrau, Au 1, 6317, II

Haibach-Schlögen R

PLZ: 4083; Vorwahl: 07279

ℹ Tourismusverband Haibach-Schlögen, ✆ 8235

Gh Pointner, Haibach 4 (mit Abholung), ✆ 8226, III

H Donauschlinge, ✆ 8212 od. 8240, III-IV

P Schlögen, ✆ 8241, III

Pz Knogler, Moos 2 (3,5 km südöstlich, Abholung), ✆ 8522, II

Pz Gaisbauer, Linetshub 6 (Abholung), ✆ 8245

Bh Niedernhager, Sieberstal 4 (Abholung), ✆ 8340, I-II

Bh Wolfartner, Linetshub 3 (Abholung), ✆ 8359, I-II

Bh Schönhuber, Haibach 61 (Abholung), ✆ 8237, I

Bh Pointner, Haibach 15 (Abholung), ✆ 8305

Bh Steinbock, Sieberstal 2, (Abholung), ✆ 8242

Bh Straßl, Linetshub 2, ✆ 8358

⛺ Terrassencamping Donauschlinge, ✆ 8241, vom 1. April-15. Okt.

Inzell R

PLZ: 4083; Vorwahl: 07279

Gh Steindl „Zum Hl. Nikolaus", Inzell 6, ✆ 8328

P Reisinger E., Inzell 9, ✆ 8581, I-II

Bh Reisinger G., Inzell 2, ✆ 8715, I-II

Pz Pointner, Inzell 10, ✆ 8297, I-II

Camping Steindl, Inzell 6, ✆ 8328

Obermühl L

PLZ: 4131; Vorwahl: 07286

i Tourismusverband Obermühl-Kirchberg, ✆ 7216

Gh Aumüller, Obermühl 13, ✆ 7216, II

Gh Bruckwirt, Graben 6 (in Kreuzung n. Altenfelden), ✆ 8321, II-III

Gh Gierlinger, Grafenau 17, ✆ 7213, II

Bh Grafenauer Hof, Grafenau 3, ✆ 7633, II

Haizing R

PLZ: 4081; Vorwahl: 07273

Pz Martina u. Alois Wolkerstorfer, Haizing 23, ✆ 7397

Aschach a.d. Donau R

PLZ: 4082; Vorwahl: 07273

i Zimmervermittlung, ✆ 7000 o. 6355-13

Gh Aschacher Hof, Ritzbergerstr. 7, ✆ 6360, III

Gh Kaiserhof, Kaiserau 1, ✆ 6221-0 o. 8775, II-III

Gh Zur Sonne, Kurzwernhartpl. 5, ✆ 6308, III

Gh Zum Goldenen Hirschen, Reitingerstr. 13, ✆ 6247, III

P Köpplmayr, Stiftstr. 1, ✆ 6349, III

Pz Kaiser, Himmelreich 6, ✆ 8753, I

Pz Rammelmüller, Siernerstr. 72, ✆ 8982, I

Pz Ehrengruber, Oberlandshaag 102, I-II

Pz Jonach, Oberlandshaag 58, ✆ 7480, I-II

Hartkirchen:

Gh Stadler, Kirchenpl 12, ✆ 6367

Pz Knogler, Schmiedstr. 6, ✆ 6454, II

Pz Hofer, Kapellenstr. 4, ✆ 8119, I-II

Bh Gruber, Vornholz 7, ✆ 6651, I

Oberlandshaag L

PLZ: 4101; Vorwahl: 07233

Gh Peterseil „Fischerhof“, Nr.42, ✆ 7412, II-III

Pz Leirich, Nr. 58, ✆ 7480, I

Pz Ehrengruber, Nr. 102, ✆ 7506, I

Unterlandshaag:

Pz Pichler, Unterlandshaag 13, ✆ 7466, I

Pz König, Unterlandshaag 12, ✆ 7463, II

Feldkirchen an der Donau L

PLZ: 4101; Vorwahl: 07233

Tourismusinformation, Hauptstr. 1, ✆ 7190

H TOP-RAD-STOP Faustschlössl, Oberlandshaag 2, ✆ 7402

Gh Schloss Mühldorf, Mühldorf 1, ✆ 7241, II-III

Gh Danninger, Pesenbach 24, ✆ 7273, II

Gh Wögerer, Marktpl. 18, ✆ 7223

Pz Hummer, Bad Mühllacken 12, ✆ 6843, II

PZ Falkner, Oberlandshaag 103, ✆ 7521, II

Pz Sonnleitner, Bad Mühllacken 22, ✆ 6683, II

Pz Pichler, Unterlandshaag 13, ✆ 7466, I

Pz Lackner, Bad Mühllacken 60, ✆ 7281, I

Pz Mayer, Wolfsbach 52, ✆ 6787, I-II

Pz Ehrlinger, Wolfsbach 49, ✆ 6789, II

Pz Leitner, Weidet 7, ✆ 7516, II

Pz Kneidinger, Bad Mühllacken 13, ✆ 6844, I

Pz Kneidinger Martina, Schulstr. 8, ✆ 6758 o. 0664/3449110

Pz Petermüller, Bad Mühllacken 16, ✆ 6686, I-II

Pz Rothbauer, Audorfer Str. 14, ✆ 6733, I

Pz Luger, Im Feld 1, ✆ 6486, I

Pz Weissenberger Erika, Reicherlweg 1, ✆ 7695

Pz Zauner, Lauterbachstr. 2, ✆ 6331

Bh Radlbauernhaus, Bergheim 2, ✆ 6821, I

Bh König, Unterlandshaag 12, 7463, ✆ 20500, II

Bh Hengstschläger, Oberndorf 14, ✆ 6671, I

Bh Schöppl, Bad Mühllacken 19, ✆ 6688, II

Campingplatz Puchner, Golfplatzstr. 21, Bei den Badeseen, ✆ 7268 od. 0664/4824900, Mai-Okt.

Goldwörth:

Pz Baumgartner, Ahornw. 19, ✆ 07234/82021, II

Pz Satzinger, Donaustr. 2, ✆ 07234/2801, I-II

Pz Übermasser, Goldwörther Str. 14, ✆ 07234/29172, I-II

Weidet

PLZ: 4101; Vorwahl: 07233

Pz Leitner, Weidet 16, ✆ 7516 o. 07234/82713, II

Campingplatz Gruber, Weidet 7 (bei den Badeseen), ✆ 7268

Brandstatt R

PLZ: 4070; Vorwahl: 07272

Gh Dieplinger, Brandstatt 4+2, ✆ 2324, III

Gh Klingelmayer, Pupping 14, ✆ 2427, II

P Webinger, Brandstatt 1, ✆ 4279

Fischrest. Dannerbauer, Brandstatt 5, ✆ 2471

Eferding R

PLZ: 4070; Vorwahl: 07272

Tourismusverband, ✆ 5555-160

H Brummeier, Stadtplatz 31, ✆ 2462, V

Gh Zum Goldenen Kreuz, Schmiedstr. 29, ✆ 4247-48, II

Gh „Zum Stadtkrug", Stadtplatz 28, ✆ 6060, III

Ottensheim L

PLZ: 4100; Vorwahl: 07234

Marktgemeindeamt, ✆ 82255-0

H Donauhof, An der Fähre, ✆ 83818-0, III

Gh Rodlhof, Rodl 11, ✆ 83790, II, Campingmögl.

Gh Schwarzer Adler, Marktpl. 19, ✆ 82224, III

Gh Zur Post, Linzer Str. 17, ✆ 82228, II

Pz Hemmelmayr, Sternstr. 9, ✆ 83031, I-II

Pz Pumberger, Jörgerstr.7, ✆ 82123, II

Pz Brem, Jörgerstr. 6, ✆ 84673, II

Pz Brandstätter, Ludlg. 5, ✆ 83816, II

Pz Kerschbaummeyr, Birkenweg 5 (Abholung), ✆ 84291, II

Pz Mayerhofer, Feldstr. 9, ✆ 84687, II

Pz Ruttmann, Hambergstr. 15, ✆ 82066, I-II

Pz Schwendtner, Linzer Str. 34, ✆ 83115, II

Pz Stallinger, Jungbauernhügel 7, ✆ 85063, II

Pz Wolfsteiner, Am Teichfeld 10, ✆ 84020, II

Gh Bergmayr, Walding Nr. 9, ✆ 82308, III

Camping Hofmühle, Höflein 20 (1,5 km westl.), ✆ 82418

Wilhering **L**

PLZ: 4073; Vorwahl: 07226

Gemeindeamt, ✆ 2255

Gh „Zur Alm", Linzer Str. 32, ✆ 2212, III

Gh „Zur Post", Höfer Str. 5, ✆ 2214

Gh Bründl, Fallerstr. 28, ✆ 2186

Bründl, Fallerstr. 28, ✆ 2186

Puchenau **L**

PLZ: 4040; Vorwahl: 0732

„Zur Hammerschmiede", ✆ 22 10 46, II

Pz Kepplinger, Großambergstr. 17, ✆ 22 17 59

Pz Bamminger, Schlossholzweg 17, ✆ 22 16 86

Linz **R**

PLZ: 4020; Vorwahl: 070

Tourist-Information, Hauptpl. 1, ✆ 7070-1777

Internet: www.linz.at

H Schillerpark, Am Schillerpl., ✆ 6950, VI

H City-Hotel, Schillerstr. 52, ✆ 652622, VI

H Dom Hotel, Baumbacherstr. 17, ✆ 778441, V, VI

H Ebelsberger Hof, Wiener Str. 485, ✆ 311733, IV, V

H Novotel, Wankmüllerhofstr. 37, ✆ 347281-0, V

H Prielmayerhof, Weißenwolffstr. 33, ✆ 7741310, V

H Courtyard by Marriott, Europapl. 2, ✆ 6959-0, VI

H Spitzhotel, Fiedlerstr. 6, ✆ 7364410, VI

H Steigenberger Maxx, Am Winterhafen 13, ✆ 7899-0, V

H Arcotel Nike, Untere Donaulände 9, ✆ 7626-0, V, VI

H Drei Mohren, Promenade 17, ✆ 772626, V-VI

H Zur Lokomotive, Weingartshofstr. 40 (Bahnhofsnähe), ✆ 654554/55, IV

H Nibelungenhof, Scharitzerstr. 7 (Bahnhofsnähe), ✆ 656047, V

H Wolfinger, Hauptplatz 19, ✆ 7732910, IV-V

H Kolping, Gesellenhausstr. 5, ✆ 661690, IV

H Goldener Adler, Hauptstr. 56, Linz-Urfahr, ✆ 731147, IV

H Donautal, Obere Donaulände 105 (vor Linz), ✆ 795566, III-IV

Gh Goldener Anker, Hofgasse 5, ✆ 771088, III-IV

H Sommerhaus, Julius-Raab-Str. 10 (Katzbach), ✆ 2457-376, IV

H Ibis, Kärntnerstr. 18-20(Bahnhofsnähe), ✆ 69401, IV-V

H Zum Schwarzen Bären, Herrenstr. 9-11, ✆ 772477-0, IV-V

H Mühlviertlerhof, Graben 24, ✆ 772268, IV
H Haselgraben Stuben, Leonfeldnerstr. 322, ✆ 254148, III
H Landgraf, Hauptstr. 12, ✆ 700711, III
H Kleinmünchen, Wiener Str. 406, ✆ 301313, III-IV
H Wienerwald, Freinbergstr. 18, ✆ 777881, II
H Nöserlgut, Landwiedstr. 69, ✆ 683326, III
Gh Wilder Mann, Goethestr. 14 (Bahnhofsnähe), ✆ 656078, III
Gh Goldenes Dachl, Hafnerstr. 27, ✆ 775897, II
Gh Rothmayr, St. Margarethen 17 (vor Linz), ✆ 774849, III

St. Magdalena, das Bildungszentrum, Schatzweg 177, ✆ 253041-0, II
Jugendgästehaus, Stanglhofweg 3, ✆ 66 44 34
Jutel Linz, Kapuzinerstr. 14, ✆ 778777, I
Campingplatz Pichlinger See, Wiener Str. 937, ✆ 30 53 14

Steyregg — L

PLZ: 4221; Vorwahl: 0732
Stadtgemeindeamt, ✆ 640155
H Weißenwolff, Weißenwolffstr.4, ✆ 64 00 39-0, IV
P Würzburger, Stadtpl. 20, ✆ 640118, II
Pz Buchberger, Weih-Leite 4, ✆ 641671, I
Pz Haneder, Dörfl 17, ✆ 640724, II

Pz Mayr-Preslmayr, Plesching 1, ✆ 244393, II

Windegg (1 km vor Doppelbrücke):

Pz Osterkorn, Nr. 23, ✆ 640197, II
Pz Reisinger, Nr. 24, ✆ 641766, II
Pz Käferböck, Nr. 25, ✆ 640798, II
Campingplatz Pleschinger See, ✆ 247870

Luftenberg-Abwinden — L

PLZ: 4222; Vorwahl: 07237
P Bauer in Hof, Abwinden-Dorf 3, 2455-0
Pz Resanka, Abwinden-Dorf 227, ✆ 4530, I, II
Pz Reiter, Abwinden-Dorf 3, ✆ 2455, II
Pz Janusko, Steining, Fischerweg 9, ✆ 2689, I, II

St. Georgen a. d. Gusen — L

PLZ: 4222; Vorwahl: 07237
Marktgemeinde, Marktpl. 2, ✆ 2255-0
P Kogler, Linzer Str. 28, ✆ 2214
P Zum Holzwurm, Mauthausener Str. 4, ✆ 63131

Langenstein — L

PLZ: 4222; Vorwahl: 07237
Rasthaus Langenstein Ost, Hauptstr. 13, ✆ 5251, II
Pz Bindreiter, Hauptstr. 42, ✆ 2212
Pz Primetzhofer, Hackstiegelweg 2, ✆ 4345

Mauthausen — L

PLZ: 4310; Vorwahl: 07238
Fremdenverkehrsverband, ✆ 2243
Gh Donauhof, Promenade 30, ✆ 2183, III
Gh Pension Weindlhof, Kirchenweg 12, ✆ 2641, III
H Mühlviertlerhof, Heindlkai 5, ✆ 2230, III
P Chinarestaurant Hong Kong City, Heindlkai 11, ✆ 2180, II
P Kurz, Reiferdorf 1, ✆ 3660, III
Gh Zur Traube, Heindlkai 15, ✆ 2023-0, III
Gh Neuhofer, Hinterbergstr. 42 (Bahnhof), ✆ 2245, II
Gh Machlandblick, Oberzirking 4, ✆ 2516, II
Gh Maly, Machlandstr. 1, ✆ 2249, II-III
Pz Auböck, Haid 3, ✆ 4410, I
Pz Windner, Haid 9, ✆ 2541, I

Pz Freudenthaler, Nelkenweg 3, ✆ 4811, I
Pz Großauer, Albern 23, ✆ 3555, I
Pz Ressl, Am Sonnenhang 26, ✆ 29118, I
Bh Peterseil, Reiferdorf 11, ✆ 2864, I
Bh Walenta, Hinterbergstr. 33, ✆ 2308

Au a. d. Donau — L

PLZ: 4331; Vorwahl: 07262
Gh Jägerwirt, Oberer Markt 24, ✆ 58514, III
Gh Stadler, Marktstr. 19, ✆ 58591, I-II
Gh Pühringer, Marktstr. 42, ✆ 58513, II
Pz Froschauer, Marktstr. 28, ✆ 58509, I-II
Pz Waldmann, Gartenweg 3, ✆ 58031

Campinganlage, Hafenstr., ✆ 53090

Naarn — L

PLZ: 4331; Vorwahl: 07262
i Gemeindeamt, ✆ 58255
Gh Zur Traube, Pergerstr. 4, ✆ 58274, II
Pz Landhaus Hackner, Bäckerfeld 2, ✆ 53806, II

Ruprechtshofen:

Gh Fröschl, Nr. 6, ✆ 58288, I-II

Staffling:

Pz Kastner, Staffling 16, ✆ 57872, II

Asten — R

PLZ: 4481; Vorwahl: 07224
Gh Reisinger, Zur Krone, Wienerstr. 6, ✆ 6122, II
Gh Stögmüller, Wienerstr. 13, ✆ 1976, II
Gh Födermayer, Wiener Str. 14, ✆ 6101, II
Astner Stubn, Bahnhofstr. 4, ✆ 6212

St. Florian — R

PLZ: 4490; Vorwahl: 07224
i Tourismusverband, ✆ 8955
Gh Zur Kanne, Marktpl. 7, ✆ 4288, III-IV
H Erzh. Franz Ferdinand, Marktpl. 13, ✆ 4254-0, IV
Gh Zur Grünen Traube, Tillysburg 14, ✆ 07223/3644, III
Pz Zum Goldenen Pflug, Speiserberg 3, ✆ 4226, II-III

Enns — R

PLZ: 4470; Vorwahl: 07223
i Tourismusverband, Hauptpl. 1, ✆ 82777
H Lauriacum, Wiener Str. 5-7, ✆ 82315-0, V
H Am Limes, Stadlg. 2b, ✆ 86401, III
H Zum Goldenen Schiff, Hauptpl. 23, ✆ 86086, IV
H/Gh Zum Schwarzen Bären, ✆ 82671
Gh Rosenhof, Bahnhofweg 16, ✆ 85317, III
Gh Binder, Enghagen 17, ✆ 85203, II
Gh Wurdinger, Vilma-Eckl-Pl. 5, ✆ 82866,III
Gh Ennser Pfandlstube, Mauthausnerstr. 37, ✆ 83875, III
Pz Leitner, Schulgraben 4, ✆ 82683 o. 82385-16,

II
Pz Rittberger, Mauthausner Str. 11, ✆ 82532, II
Pz Berndl, Stiegengasse, ✆ 82278 oder 85366, II
Pz Lehner, Waldstr. 3, ✆ 83613, I

Ennsdorf-Pyburg: (PLZ: 4482)

Gh Stöckler, Wiener Str. 5, ✆ 82600, II

St. Pantaleon

PLZ: 4303; Vorwahl: 07435
Gh Winklehner, ✆ 7584

Wallsee-Sindelburg R

PLZ: 3313; Vorwahl: 07433
Gemeindeamt Wallsee-Sindelburg, ✆ 2216
Gh Grünling, Wallsee 7, ✆ 2231, II

Gh Sengstbratl, Wallsee 21, ✆ 2203, II
Gh Hehenberger, Sindelburg 29, ✆ 2207, III
Gh Wallseerhof, Schulstr. 49, ✆ 2223, II
Pz Hickersberger, am Donau-Altarm Wallsee, ✆ 2550, II
Pz Feirer, Wallsee 192, ✆ 2569, II
Pz Baumgartner Gertrude, Ufer 7, ✆ 2688, II
Pz Neulinger, Marktpl., ✆ 2238, II
Pz Korner, Ufer 20, ✆ 2843, I
Pz Zur Waldermühle, 2km nach Wallsee, ✆ 2786
Mostheuriger Zeillinger, Hofing 93, ✆ 2383, Campingmöglichkeit
Lampersberger, Witzmannsdorf 45, ✆ 07478/434

Sommerau:

Bh Waser, Sommerau 20, ✆ 2786, I

Mitterkirchen L

PLZ: 4343; Vorwahl: 07269
Marktgemeindeamt, ✆ 8255-0
Gh Häuserer, Mitterkirchen 10, ✆ 8325, II
Bh Moser, Mitterkirchen 27, ✆ 8311, II
Bh Gusenbauer, Hofstetten1, ✆ 7838, II
Bh Langeder, Mitterk. 26, ✆ 83130, II
Camping Mairhofer, beim Badesee Weisching, ✆ 8258

Wörth:

Pz Heiml, Wörth 13, ✆ 8250, I

Hörstorf:

Gh Stadlbauer, Hörstorf 4, ✆ 8322, II

Pz Stemmer, Hörstorf 6, ✆ 8187, I-II

Pz Frei, Hörstorf 43, ✆ 8219

Hütting:

Bh Buhri, Hütting 33, ✆ 8314, II

Baumgartenberg

PLZ: 4342; Vorwahl: 07269

(i) Marktgemeindeamt Baumgartenberg, ✆ 2550

Gh Zum Klosterwirt, Nr. 3, ✆ 210

Mettensdorf L

(i) Marktgemeindeamt Baumgartenberg, ✆ 2550

Bh Lettner, Schneckenreitsberg 1 (vor Klam), ✆ 7195, I

Klam L

PLZ: 4352; Vorwahl: 07269

(i) Gemeindeamt, Klam 43, ✆ 7255

Gh Fraundorfer, Klam 1, ✆ 7206, II

Pz Lettner, Klam 10, ✆ 7238, II

Ardagger Markt R

PLZ: 3321; Vorwahl: 07479

(i) Gemeindeamt, ✆ 7312-0

Gh Zum Schatzkastl, Markt 120, ✆ 7500, III

Gh Zur Donaubrücke, Tiefenbach 49 (bei Brücke vor Grein), ✆ 6119, III

Gh Altes Schiffsmeisterhaus, Ardagger Markt 16, ✆ 6318, IV

Pz Pressl, Markt 29, ✆ 7445, II

Pz Kneissl, Markt 3, ✆ 6182, II

Stift Ardagger:

Gh Stiftstaverne, Nr. 3, ✆ 6565, IV

Grein a. d. Donau L

PLZ: 4360; Vorwahl: 07268

(i) Tourismusverband, ✆ 7055

Gh Zur Traube, Greinburgstr. 6, ✆ 312, III

H Goldenes Kreuz, Stadtpl. 8, ✆ 316, IV

Gh Binderalm, Herdmann 4 (Abholung), ✆ 434, III

P Faltinger, Kaiser-Fried.-Str. 1, ✆ 374, II

P Temper, Jubiläumsstr. 36, ✆ 209, I-II
Pz Hametner, Brucknerstr. 19, ✆ 386, I-II
Pz Kloibhofer, Brucknerstr. 1, ✆ 378, II
Pz Eder, Jubiläumsstr. 38, ✆ 410, I-II
Pz Prinz, Brucknerstr. 11, ✆ 7918, II
P Martha, Hauptstr.12, ✆ 345, II-III
P Regina, Klosterg. 4, ✆ 275, II
P Tirol, Spitzfeldstr. 16, ✆ 256, II
Pz Lumesberger, Groißgraben 13, ✆ 7256, II
Pz Schlossgangl, Groißgraben 3, ✆ 7308, II
Pz Pauckner, Groißgraben 1, ✆ 7550, II
Pz Oberzaucher, Fadingerstr. 11, ✆ 495, I

Bh Wurzergut, Herdmann 10 (Abholung), ✆ 456, II

St. Nikola — L

PLZ: 4381; PLZ: Vorwahl: 07268
Gemeindeamt, ✆ 8155
H Zur Post, Nr. 31 , ✆ 8140-0, III
Bh Wörthbauer, Struden 26, ✆ 8025, I

Sarmingstein

P Strudengauhof, Sarmingstein 13, ✆ 8302, II
P Monika, Sarmingstein 11, ✆ 8232
P Schiffmeisterhaus, Sarmingstein 7, ✆ 8294

Hössgang-Freyenstein — R

PLZ: 3323; Vorwahl: 07471
Gh „Zur Ruine Freyenstein", Nr. 8, ✆ 2272, II

Willersbach-Hengstberg

Pz Wiesinger, Hengstberg 11, ✆ 07412/53739, II

Weins-Isperdorf — L

PLZ: 3683; Vorwahl: 07414
Gh Donaublick, Isperdf. 3, ✆ 7228
Gh „Zur Bahn", Weins 36, ✆ 203, III

Ybbs a. d. Donau — R

PLZ: 3370; Vorwahl: 07412
Touristinformation, ✆ 55233
Gh „Zum Braunen Hirschen", Rathausg. 9, ✆ 52245, III
Gh Lindenhof, Stauwerkstr. 45, ✆ 53003, III
Gh Fischerhaus, Stauwerkstr. 71, ✆ 56435, II-III
Gh Zur Blauen Weintraube, Herreng. 8, ✆ 52498
H Babenbergerhof, Wiener Str. 10, ✆ 54334, IV
Hg Villa Vogelsang, Am Vogelsang, ✆ 54681, III-IV
Gh „Zur Stadt Linz", Stauwerkstr. 29, ✆ 52445, II
Gh „Zum Goldenen Adler", Kircheng. 15, ✆ 52232, II
Pz Weber, Trewaldstr. 13, ✆ 58957, I
Pz Fleischerei Moser, Stauwerkstr. 3, ✆ 52434, II
Bh Glöcklhof, Bergingstr. 10, ✆ 52823, II
Gh Pizzeria Giovanni, Schiffmeisterpl. 6, ✆ 56980
Gh „Florianistubn", Sarling 10a, ✆ 56220, II
Camping-Gasthaus Zur Alm, Oberegging 32 (4

km südöstlich), ✆ 52213-0

Säusenstein:

Gh Donaublick, Nr. 42, ✆ 55877, II

Bh Hell, Diedersdorf 3, ✆ 38372, I-II

Bh Zehetgruber, Diedersdorf 6, ✆ 55836, I

Persenbeug-Gottsdorf L

PLZ: 3680; Vorwahl: 07412

i Marktgemeindeamt,Rathauspl. 1 ✆ 52206

Gh Zum Weißen Lamm, Hauptstr. 16, ✆ 58930, III

Pz Hochstöger, Pappelstr. 3, ✆ 53515, II

Pz Slawitscheck, Nibelungenstr. 62, ✆ 58955, I-II

Hagsdorf:

Pz Leeb, Hagsdorf 19, ✆ 54718, II

Gottsdorf-Metzling:

Gh Zum Kirchenwirt, Donaustr. 31, ✆ 52772, II

Gh Zum goldenen Groschen, Wachaustr. 57, ✆ 52443, I-II

Gh Donaurast Nimführ, Wachaustr. 28, ✆ 52438, IV

Pz Donaublick, Wachaustr. 91, ✆ 52254, II

Pz Köck, Donaustr. 34, ✆ 52843, I

Pz Pressl, Donaustr. 38, ✆ 53353, I

Loja

Pz Köfinger, Wachaustr. 101, ✆ 54212, I

Priel

P Porranzl, Harland 263, ✆ 55484

Granz L

Pz Familie Nagl, Granz 36, ✆ 6935

Marbach L

PLZ: 3671; Vorwahl: 07413

i Fremdenverkehrsstelle, ✆ 7045

H Nibelungenhof, Donau 10-11, ✆ 227, III

H Wachauerhof, Nr. 43, ✆ 7035, IV-V

Gh Zur schönen Wienerin, Nr. 48, ✆ 7077, III

Konditorei Braun, Wachaustr. 49, ✆ 203, II

Pz Hofmann, Donauuferstr. 44, ✆ 7044, II

Pz Loidhold, Marbach 19, ✆ 343

Camping Marbach, ✆ 0664/5518815

Krummnussbaum a.d. Dub L

PLZ: 3671; Vorwahl: 07413

Gh Zum Alten Richter, Nr. 6, ✆ 355, II

Pz Zeilinger, Nr. 126, ✆ 7610, II

Maria Taferl L

PLZ: 3672; Vorwahl: 07413

i Marktgemeinde, ✆ 7040

H Krone, Nr. 24, ✆ 6355, V (Abholung)

H Kaiserhof, ✆ 6355, V (Abholung)

P Krone Kaiserhof, ✆ 6355, III-IV (Abholung)

H Rose, Nr. 20, ✆ 304, IV-V (Abholung)

H Zum Guten Hirten, Nr. 23, ✆ 377, III (Abholung)

P Traube, Nr. 23, ✆ 377, II (Abholung)

Gh Goldener Löwe, Hauptstr. 6, ✆ 340, II-III (Abholung)

Gh Dobler, Nr. 10, ✆ 221, II

Gh Gressl, Obererla 25, ✆ 372, II

P Regina, Nr. 42, ✆ 266, II (Abholung)

Café Maria Theresia, Maria T. 9, ✆ 7033, II (Abholung)

P Schüller, Nr. 5, ✆ 303, II (Abholung)

Pz Hinterleitner, Maria Taferl 28, ✆ 7839, I

Pz Rameder-Hackl, Maria Taferl 25, ✆ 7039, I

P Weiss, Obererla 49, ✆ 388, II, (Abholung)

Bh Iber, Untererla 8, ✆ 267, I-II, (Abholung)

Thalheim:

Pz Reisinger, Unterthalheim 34, ✆ 66544, I-II

Gh Blumentalhof, Ziegelstadl 3, ✆ 8289, I-II

Artstetten-Pöbring L

PLZ: 3661; Vorwahl: 07413

i Gemeindeamt, Artstetten 8, ✆ 8235

H Schlossgasthof, Nr. 12, ✆ 8303, III

Gh Landstetter, ✆ 8303

Gh Kloihofer, ✆ 8301

Leiben L

PLZ: 3652; Vorwahl: 02752

i Marktgemeinde, ✆ 71287

Gh Traube, Leiben 7, ✆ 71252, II

Pz Kaufmann, ✆ 72352, I

Krummnussbaum R

PLZ: 3375; Vorwahl: 02757

i Gemeindeamt, ✆ 2403

Gh Landgasthof Gutlederer, Haupstr. 26, ✆ 8463

Gh Zur Schlosstaverne, Hauptstr. 36, ✆ 2331

P Jürgen, Bahnhofstr. 5, ✆ 7304, III

P Lechner, Hauptstr. 51, ✆ 7793, I

Bh Kinderbauernhof Kloimüller, Hauptstr. 9, ✆ 2525, II

Kleinpöchlarn L

PLZ: 3660; Vorwahl: 07413

Gh Zum Dorfwirt, Marktpl. 2, ✆ 8420, II
Gh Schauer-Lahmer, Kremser Str. 6, ✆ 8224, II
Gh Zur Fähre, Zur Fähre 6, ✆ 8361, II
P Kammerer, Linzerstr. 8, ✆ 8297, II
Campingplatz Klein-Pöchlarn, ✆ 8300-10

Ebersdorf L

PLZ: 3652; Vorwahl: 02752
Gh Düregger, Ebersdorf 4, ✆ 71415, III
Gh Gruber, Lehen 6, ✆ 71225, II
Weitenegg:
Gh Gruber, Weitenegg 10, ✆ 71445, II-III

Pöchlarn R

PLZ: 3380; Vorwahl: 02757
Fremdenverkehrsstelle, ✆ 2310-11
H Moser, Bahnhofpl. 3, ✆ 2448,III-IV
Gh Futtertrögl, Kirchenpl. 2, ✆ 2395, III
Gh Scheichelbauer, Wiener Str. 15, ✆ 2367, II
P „Haus Barbara", Wiener Str. 4, ✆ 2321, II
Pz Kronawetter, Bahnstraße 13, ✆ 4526, I
Pz Schmoll, Rüdigerstr. 28, ✆ 8490, II
Pz Waldbauer, Wiener Str. 36, ✆ 8553 oder 7395, II (nur Juli/August)
Zelt oder im Rudervereinshaus
Naturfreunde Bootshaus, max. 10 Pers., Zelt und Notlager (Du, WC)

Melk R

PLZ: 3390; Vorwahl: 02752
Touristen-Information, ✆ 52307-410
H „Zur Post", Linzerstr. 1, ✆ 52345, IV-V
H Stadt Melk, Hauptpl. 1, ✆ 52547, IV-V
H Fürst, Rathauspl. 3, ✆ 52343, IV
H Wachau, Wachberg 3, ✆ 52531, IV
Café Central, Hauptpl. 10, ✆ 52278, IV-V
Gh Goldener Stern, Sterng. 17, ✆ 52214, II
H Wachauerhof, Wiener Str. 30, ✆ 52235, IV
Gh Goldener Hirsch, Rathauspl. 13, ✆ 52257, II-III
Gh Weißes Lamm, Linzer Str. 7, ✆ 54085, II
Pz Horak, Wiener Str. 82, ✆ 50101, II
P Stiftsblick, Herberge Zum Göttlichen Erlöser, Abt-Karl-Str. 13,
✆ 52346
Jugendherberge, Abt-Karl-Str. 42, ✆ 52681, von 1. April-17. Okt.
Melker Fährhaus, ✆ 53291
Camping Kolomaniau

Emmersdorf L

PLZ: 3644; Vorwahl: 02752
Gemeindeamt, ✆ 71469.
H Donauhof, Nr. 40, ✆ 71777-0, V-VI
Gh Zum Schwarzen Bären, Nr. 7, ✆ 71249, IV-V
Gh Zu den drei Linden, Schallemmersdorf 10, ✆ 71893, II-III
Pz Frank, Hain 32, ✆ 71826, I
P Fleischmann, Nr. 92, ✆ 71972, II
P Hollerer, Birkeng. 9, ✆ 71608, II
P Kremser, Rote-Kreuz-Str. 9, ✆ 71878, II
P Sundl, Rote-Kreuz-Str. 18, ✆ 71419, I-II
Pz Lindenhofer, Hofamt 22, ✆ 71482, II
Bh Schwalbenhof, Grimsing 7, ✆ 72114, I-II
Bh Pemmer, Hofamt 24, ✆ 71291, II

Ortsteil Luberegg:

H Landhotel Wachau, Luberegg 20, ✆ 72572, V

St. Georgen:

Landhotel Wachau, Luberegg 20, ✆ 72572, IV

P Brunner, Hain 28, ✆ 71767, II

Gh Donaufelsen, Nr. 7, ✆ 71431, II

Pz Wintesperger, Nr. 4, ✆ 71726, II

Donaucamping, ✆ 71707, 71469

Schönbühel R

PLZ: 3392; Vorwahl: 02752

i Gemeindeamt, ✆ 8619

Gh Stumpfer, Nr. 7, ✆ 8510, II

Pz Miedler, Nr. 81, ✆ 8421, I

Pz Handler, Nr. 120, ✆ 8580, II

Camping Stumpfer, Nr. 7, ✆ 8510

Berging:

Pz Krammel, Nr. 16, ✆ 8796, II

Aggsbach-Dorf R

PLZ: 3642; Vorwahl: 02753

i Gemeindeamt, ✆ 8269 oder 8006

H Donauterrasse, Nr. 19, ✆ 8221, III

Gh Zur Kartause, Nr. 38, ✆ 8243, II-III

Gh Pension Domingo, Nr. 129, ✆ 8353, III

P Haidn, Nr. 100, ✆ 8277, II

Pz Reisinger, Nr. 20, ✆ 8372, II

Aggstein:

Bh Kienesberger, Nr. 8, ✆ 8455, II

Pz Ringseis, Nr. 21, ✆ 8428, II

Herberge Ruine Aggstein, (von April-Okt.), ✆ 8228

Aggsbach-Markt L

PLZ: 3641; Vorwahl: 02712

i Gemeindeamt, ✆ 214

Gh „Zum Kranz", Nr. 161, ✆ 210, II-III

P Angela, Nr.90, ✆ 541, I

P Franziska, Nr. 132, ✆ 371, I

P Donaublick, Nr. 139, ✆ 225, I-II

P Imme, Nr. 136, ✆ 548, I-II

P Mariandl, Nr. 128, ✆ 716, I-II

P Waldesruhe, Nr.118, ✆ 204, II

P Anna, Nr. 24, ✆ 253, I-II

P Loidol, Nr. 114, ✆ 387, I-II

Fw Haus Schleinkhof, Nr. 55, ✆ 349

Fw Alte Post, Nr. 9, ✆ 0664/1630861

Groisbach

PLZ: 3641; Vorwahl: 02712

i Gemeindeamt Aggsbach, ✆ 214

P Prankl, Nr. 33, ✆ 552, I

P Rehberger, Nr. 22, ✆ 713, I

Pz Weingut Herlinde, Nr. 30, ✆ 551, I-II

P Wilhelm, Nr. 20, ✆ 557, II

Willendorf L

PLZ: 3641; Vorwahl: 02712

i Gemeindeamt Aggsbach, ✆ 214

Gh Steinbrunner, Nr. 36, ✆ 290, II

P Schrutz, Nr. 63, ✆ 556, I-II

Fw Löwenhof, Nr. 30, ✆ 781 o. 01/4896431

Spitz a. d. Donau L

PLZ: 3620; Vorwahl: 02713

i Zimmernachweis, ✆ 2363

H Mariandl, Kremser Str. 2, ✆ 2311, III-V

H Wachauerhof, Hauptstr. 15, ✆ 2303, III-IV

H Weinhotel Wachau, Ottenschlägerstr. 30, ✆ 2254, III-IV

H Goldenes Schiff, Mitterg. 5, ✆ 2326, III-IV

Gh Winzerkeller, Kirchenpl. 3, ✆ 2302, III

Gh Prankl, Hinterhaus 16, ✆ 2323, III-V

Gh Zur Ruine Hinterhaus, Hinterhaus 8, ✆ 2831, III-IV

Hg Winzerin, Am Hinterweg 11, ✆ 2938, III-IV

Hg Romantikhof Burkhardt, Kremser Str. 19, ✆ 2356, IV

Hg Ulrike, Rote Torg. 15, ✆ 2654, III

Hg Weinberghof, Am Hinterweg 17, ✆ 2939, IV-V

P Café Bruckner, Hauptstr. 9, ✆ 2329, II-III

P Donaublick, Schopperpl. 3, ✆ 2552, III

P „Haus Oestreicher", Hauptstr. 26, ✆ 2317, III

P 1000-Eimer-Berg, Marktstr. 3, ✆ 2334, III

Pz Gritsch, Kirchensteig 1, ✆ 2743, II

Pz Geppner, In der Spitz 1b, ✆ 2340, II-III

Pz Kausel, Am Hinterweg 10, ✆ 2514, II

Pz Leberzipf, Laaben-Heidg. 2, ✆ 2553, II

Pz Donaubaum, M. u. A., In der Spitz 3, ✆ 2644, II-III

Pz Donabaum Elfriede, In der Spitz 3, ✆ 72912, II

Pz Bracher, Marstal 7, ✆ 72939, II

Pz Datzinger, Rote Torg. 13a, ✆ 2493, II

Pz Donabaum J., Laaben 15, ✆ 2488, II

Pz Gritsch Ruinenblick, Kirchensteig 1, ✆ 2060, II

Pz Eibl, Mieslingtal 3, ✆ 2906, II

Pz Gebetsberger, Obere G. 12, ✆ 2660, II

Pz Gritsch R., Radlbach 11, ✆ 2208, II

Pz Hofstätter, Quitten 2, ✆ 2614, II

Pz Kobald, Mieslingtal 2, ✆ 2270, II

Pz König, Teichbach 3, ✆ 2135, I

Pz Kummer, In der Spitz 1a, ✆ 2154, I

Pz Machhörndl, Gärtnerweg 4, ✆ 2400, II

Pz Martin, Ottenschläger Str. 34, ✆ 2312, II

Pz Nothnagl, Radlbach 7, ✆ 2612, II

Pz Schütz, Schwallenbach 31, ✆ 2174, II

Pz Rixinger, Gut am Steg 8, ✆ 2304, II-III

Pz Stummvoll, Mieslingtal 26, ✆ 2582, II

Pz Will, Mieslingtal 26, ✆ 2919, II

Mühldorf L

PLZ: 3622; Vorwahl: 02713

ℹ Gemeindeamt, ✆ 8230

H Burg Oberranna, Oberranna 1, ✆ 8221, V-VI

Gh Schwarzer Adler, Nr. 15, ✆ 8203, II

Gh Weißes Rößl, Nr. 8, ✆ 8257, II-III

Gh Vorspannhof, Nr. 45, ✆ 8202, II

Gh Munk, Elsarn 12, ✆ 8206, I-II

Arnsdorf R

PLZ: 3621; Vorwahl: 02714

Gh Zur Wachau, Mitterarnsdorf 55, ✆ 8217, III

Gh Wurzberger, Oberarnsdorf 7, ✆ 8439, II

Pz Wessner, Oberarnsdorf 61, ✆ 8480, I-II

Pz Fuchsbauer, Hofarnsdorf 20, ✆ 8358, I-II

Pz Hick, Oberarnsdorf 58, ✆ 8214, II

P Hubmaier, Hofarnsdorf 26, ✆ 8448, II-III

P Pammer, Bacharnsdorf 18, ✆ 6545, II

Pz Wintner, Oberarnsdorf 66, ✆ 8364, I

Pz König, Oberarnsdorf 35, ✆ 8471, II

Pz Scharner, Bacharnsdorf 5, ✆ 6590, II

Wösendorf L

PLZ: 3610; Vorwahl: 02715

Pz Gruber, Nr. 50, ✆ 21634, II

Pz Lengsteiner, Nr. 53, ✆ 2224, II-III

Pz Machherndl, Nr. 105, ✆ 2402, II, III

Pz Wagner, Nr. 90, ✆ 2336, II

Pz Geith, Prof.-Gruberg. 35, ✆ 2356, I

Pz Fellner, Bachg. 5, ✆ 2698, II

Pz Wangler, Nr. 65, ✆ 2337, I, II

Weißenkirchen L

PLZ: 3610; Vorwahl: 02715

ℹ Zimmernachweis, ✆ 2600

Hg Mandl, Nr. 298, ✆ 2353, IV-V

Gh Donauwirt, Wachaustr. 47, ✆ 2247, IV

Gh Zum Kirchenwirt, Kremser Str. 17, ✆ 2332, IV-V

Gh Achleitenstube, Weißenkirchen 5, ✆ 2540, II-III

Gh Weiße Rose, Weißenkirchen 24, ✆ 2371

P Raffelsbergerhof, Nr. 54, ✆ 2201, V-VI

P Heller, Nr. 14, ✆ 2221, II-III

P Schmelz, Nr. 151, ✆ 2272, II

P Meyer, Nr. 20, ✆ 2256, III

P Melitta, Kremser Str. 9, ✆ 2410, III

Pz Bernhard, Nr. 158, ✆ 2827, II

Pz Denk, Bachstr. 74, ✆ 2365, III

Pz Lehensteiner, Nr. 7, ✆ 2284, II-III

Pz Pomassl, Weißenkirchen 175, ✆ 02711/286, II

Pz Punz, Weißenkirchen 332, ✆ 2334, II

Pz Schmelz, Weißenkirchen 79, ✆ 2388, II-III

Pz Schneeweiß, Salzstadl 233, ✆ 2587

Pz Schwaiger, Wösendorf 22, ✆ 2222, II

Pz Mang O., Nr. 40, ✆ 2297, II

Pz Böck, Nr. 109, ✆ 2708, II

Pz Graßl, Nr. 98, ✆ 2822, II

Pz Meder, Nr. 37, ✆ 2266

Pz Leitner, Nr. 55, ✆ 2320, II

Pz Mang, Nr. 340, ✆ 2239, III

Pz Langmayr, Nr. 307, ✆ 2464, II

Pz Mang R., Nr. 299, ✆ 2236, n. V.

Pz Mandl, Nr. 31, ✆ 2345, II

St. Michael

PLZ: 3610; Vorwahl: 02713

Pz Bayer, St. Michael 4, ✆ 2364, II

Joching

PLZ: 3610; Vorwahl: 02715

Pz Ebner, Joching 23, ✆ 2379, II

Pz Jamek, Joching 33, ✆ 2596, I

Pz Brustbauer, Joching 35, ✆ 02732/87300, n. V.

Rossatz R

PLZ: 3602; Vorwahl: 02714

ℹ Gemeindeamt, ✆ 6217

Gh Subenhof, Nr. 16, ✆ 6252, II

Gh Naumann, Rossatz 21, ✆ 6297, II

Pz Baumgartner, Nr. 16, ✆ 6261, II

Pz Graf, Rührsdorf 35, ✆ 6434, I

Pz Hofer, Rührsdorf 3, ✆ 6322, I-II

Pz Hofstetter, Kienstock 11, ✆ 6406

Pz Steinmetz, Rossatz 53, ✆ 6307, II

Pz Sigl, Rossatz 84, ✆ 6301

Pz Schlager, Rossatz 172, ✆ 6362

PZ Schubert, Rossatzbach 28, ✆ 6250

Pz Weidinger, Rossatzbach 38, ✆ 6247

Rossatzbach, ✆ 317

Dürnstein L

PLZ: 3601; Vorwahl: 02711

ℹ Gemeindeamt, ✆ 219, Info 200

H Schlosshotel, Dürnstein 2, ✆ 212, VI

H Richard Löwenherz, Dürnstein 8, ✆ 222, VI

H Gartenhotel und Weinhof, Dürnstein 122, ✆ 206,

IV-V
Gh Sänger Blondel, Dürnstein 64, ✆ 253, IV-V
Gh Zur Bahn, Dürnstein 96, ✆ 357
P Altes Rathaus, Dürnstein 26, ✆ 252, II-III
Pz Pritz, Dürnstein 111, ✆ 302, II
Pz Weixelbaum, Dürnstein 52, ✆ 422, II
Pz Wagner, Dürnstein 29, ✆ 265, I, II
Pz Pölz, Dürnstein 95, ✆ 405, II
Pz Stöger, Dürnstein 57, ✆ 396, III

Ober-Loiben:

P Stockinger, Ober-Loiben 40, ✆ 384, III-IV
Pz Granner, Ober-Loiben 19, ✆ 02732/71754, II
Pz Böhmer A., Ober-Loiben 39, ✆ 237, II,
Pz Böhmer G., Ober-Loiben 44, ✆ 237, I
Pz Blieberger, Ober-Loiben 12, ✆ 02732/81781, II
Pz Doppler, Ober-Loiben 47, ✆ 02732/73711, II
Pz Scheibenpflug, Ober-Loiben 20, ✆ 02732/76152, II
Pz Elfriede, Oberloiben 50, ✆ 02732/73429, II

Unterloiben:

Pz Edlinger, Nr. 6, ✆ 02732/70600, II
Pz Schmelz, Nr. 87, ✆ 02732/78159, II
Pz Scheibenpflug, Unterloiben 58, ✆ 02732/72411, I-II
Pz Stierschneider, Unterloiben 8, ✆ 02732/71422, I-II

Stein a.d. Donau — L

PLZ: 3500; Vorwahl: 02732
i Austropa Verkehrsbüro, ✆ 82676
Gourmet-Hotel „Am Förthof", Förthofer Donaulände 8, ✆ 83345, V-VI
P Einzinger, Steiner Landstr. 82, ✆ 82316, II-III
Pz Stasny, Steiner Landstr. 22, ✆ 82843, II-III
Pz Stasny Ferdinand, Reisperbachtalstr. 50, ✆ 76193
Pz Fiala, Reisperbachtalstr. 24, ✆ 77581, I
Pz Petz, Förthofstr. 7, ✆ 81466, II

Krems — L

PLZ: 3500; Vorwahl: 02732
i Austropa Verkehrsbüro, Undstr. 6, ✆ 82676
H Donauhotel Krems, E. Hofbauerstr. 19, ✆ 87565-0, V
H Alte Post, Ob. Landstr. 32, ✆ 82276, III-IV
Gh „Zum goldenen Engel", Wiener Str. 41, ✆ 82067, IV
P Weingut-Heuriger Zöhrer, Sandgrube 1, ✆ 83191, III-IV
Gh-Weinkellerei Jell, Hoher Markt 8-9, ✆ 82345, III
Gh „Unter den Linden", Schillerstr. 5, ✆ 82115, III-IV
Gh Zur Wiener Brücke, Wiener Str. 2, ✆ 82143, III
P „Schwarzes Rößl", Langenloiser Str. 7, ✆ 82192, IV
Gh Kaiser, Landersdorfer Str. 34, ✆ 83265, II-III
P Kolping-Gästehaus, Ringstr. 46, ✆ 83541, III
Gh „Kremsleithenhof", Kraxenweg 15, ✆ 85671, II-III
P Hietzgern, Unt. Landstraße 53, ✆ 76184, II
Pz Andre, Ob. Landstr. 24, ✆ 78900, II
Pz Pauser, Kaiser-Friedrich-Str. 12, ✆ 82668, I-II
Jugendherberge Krems, Ringstr. 77, ✆ 83452 o.

02622/64210, 1. Apr. bis 31. Okt.
Campingplatz, Parz 1489-13, ✆ 84455

Rohrendorf

Campingplatz Ettenauer, ✆ 02732/57323

Mautern R

PLZ: 3512; Vorwahl: 02732
Gemeindeamt, ✆ 83151
H Landhaus Bacher, Südtirolerpl. 2, ✆ 82937, VI
H Zum Grünen Baum, Rathauspl. 2, ✆ 82909-0, II-IV
Gh Siedler, Mauternbach 2, ✆ 82859, II
Gh Nosko, Südtirolerpl. 3, ✆ 85824, III
P Winzerhof Eder, Hundsheim 7, ✆ 74949, II

P Weinhof am Römerw., Mauternbach 11, ✆ 72848, II
P Severinhof, Frauenhofg. 12, ✆ 84643, II
Pz Kaiser, Grüner Weg 45, ✆ 87429, II
Pz Redl, Hundsheim 10, ✆ 72948, II
Pz Schweigl, Hundsheim 20, ✆ 85750, I

Furth bei Göttweig R

PLZ: 3511; Vorwahl: 02732
Gemeindeamt, Untere Landstr. 17, ✆ 84622
Gh Zur Goldenen Krone, Unt. Landstr. 1, ✆ 84666, III
Gh Schickh-Salzer, Avastr.2, ✆ 7218, IV
P Brandl, Rudolf-Müllauer-Str. 455, ✆ 84882, II
P Parzer, Oberfucha 55, ✆ 2414, II
Pz Lipp, Unt. Landstr. 373, ✆ 70946, I, II
Pz Leitner, Herreng. 37, ✆ 87278, I
Pz Fischer, Hofwiesenstr. 60, ✆ 73092, I
Pz Rohrhofer, Holzstr. 44, ✆ 70002, I
Pz Schwarzhapl-Ramler, Landwidweg 394, ✆ 73763, II (Transfermöglichkeit für Fahrräder)

Aigen:
Pz Fischer, Hofwiesenstr. 60, ✆ 73092, I

Kleinwien:
Gh Schickh-Salzer, Kleinwien 2, ✆ 7218, IV

Steinaweg:
Pz Rohrhofer, Holzstr. 44, ✆ 70002, I

Oberfucha:
P Maier, Oberfucha 3, ✆ 02739/2259, II
P Parzer, Oberfucha 55, ✆ 02739/2414, II

Palt:
Pz Edlinger, Lindengasse 22, ✆ 77622, II

Angern

PLZ: 3506; Vorwahl: 02739
P „Rethallerhof", Angern 5, ✆ 2232, II
P „Weinhof" Aufreiter, Angern 7, ✆ 2205, IV-V
Pz Wolfsberghof, Fa. KOller, WQolfsbergstr. 5, ✆ 2919, II

Hollenburg R

PLZ: 3506; Vorwahl: 02739

P Fidelsberger, Hauptstr. 51, ✆ 2241, II

Wagram o.d. Traisen

PLZ: 3133; Vorwahl: 02783

Gh Zum Schwarzen Adler, Wachaustr. 43, ✆ 8481

Pz Neuhold, Bäckerg. 6, ✆ 394, II

Traismauer R

PLZ: 3133; Vorwahl: 02783

Informationsstelle, ✆ 8555

Gh Zur Weintraube, Wiener Str. 23, ✆ 6349, III-IV

Gh Zum Schwan, Wiener Str. 12, ✆ 6236-0, III-IV

Gh Venusberg, Venusberger Str. 65, ✆ 6357, III

Pz Schopper, Kremserstr. 84, ✆ 8885, II

Pz Raderer, Kremser Str. 82, ✆ 8903, II

Pz Stiegler, E-Werkg. 23, ✆ 6769, I

Pz Kaiblinger, Kriemhildstr. 6, ✆ 6391,II

Pz Maushammer, Am Nasenberg 8, ✆ 7184, I

Pz Troll, Kellerg. 6, ✆ 8572, I

Pz Schreiblehner, Unt. Siebenbrunneng. 15, ✆ 7471, II

Campingplatz Koller, Donaustr. 56, ✆ 7130, ÖZ: März-Nov.

Gemeinlebarn

PLZ: 3133; Vorwahl: 02276

Gh Zum Jägerwirt, Tullner Str. 24, ✆ 2289, II

Pz Schmid, Ortsstr. 13, ✆ 2388, II

Sitzenberg-Reidling R

PLZ: 3454; Vorwahl: 02276

Gemeindeamt, ✆ 2241

Gh Schmid, Schlossbergstr. 20, ✆ 2274, II

Pz Marschik, Weinbergg. 6, ✆ 2557, II

Pz Maier, Weinbergg. 11, ✆ 2762, II

Pz Scharl, Schlossbergstr. 28a, ✆ 6577, II

Pz Maier, ✆ 2762, II

Hasendorf R

PLZ: 3454; Vorwahl: 02276

Gemeindeamt Sitzenberg-Reidling, ✆ 2241

Bh Jilch, Hasendorf 40, ✆ 6733 o. 6724, II

Michelndorf

PLZ: 3451; Vorwahl: 02275

Marktgemeinde Michelhausen, ✆ 5241

H Messerer, Michelndorf 22, ✆ 5278, III

Mitterndorf R

PLZ: 3451; Vorwahl: 02275

Marktgemeinde Michelhausen, ✆ 5241

H Hütt, Mitterndorf 12, ✆ 5254, IV

Atzelsdorf R

PLZ: 3451; Vorwahl: 02275

Gh Zum Grünen Baum, Atzelsdorf 30, ✆ 6812, II

Gh Burchhart, Atzelsdorf 29, ✆ 6802

Asparn R

PLZ: 3442; Vorwahl: 02272

P Haus Silvia, Steinparzg. 5, ✆ 7401, II

Altenwörth L

PLZ: 3474; Vorwahl: 02279

Pz Weinbauernof Waltner, Sigmarstr. 23, ✆ 2851, III-IV

Kirchberg (6 km abseits) L

PLZ: 3413; Vorwahl: 02242

H Marienhof, UNterkirchbacherstr 39, ✆ 6263 (Abholung)

Gh Bonka, Oberkirchbacherstr. 61, ✆ 6645, (Abholung)

Zwentendorf R

PLZ: 3435; Vorwahl: 02277

Gemeindeamt, ✆ 2209

P Langsteiner, Hauptstr. 12, ✆ 22213, II

P Keiblinger, Ing. Aug. Kaglstr. 21, ✆ 2271, I

Pz Jeschko, Barbarag. 13, ✆ 2263, II

Pz Zelenka, Mariahilferg. 16, ✆ 2960, II

Pz Zelenka, Moosbierbaumerstr. 7, ✆ 2931, II

Pischelsdorf

PLZ: 3435; Vorwahl: 02277

Gh Hinterwallner, Pischelsdorf 33, ✆ 2484, II

Pz Marschall, Pischelsdorf 16, ✆ 2480, II

Campingplatz, Pappelallee 1, ✆ 2444

Erpersdorf:

Pz Schreiblehner, Kalmanng. 11, ✆ 3283, II

Langenschönbichl R

PLZ: 3442; Vorwahl: 02272

P Bauer, Hauptstr. 33, ✆ 02272/7261, II

Tulln a. d. Donau R

PLZ: 3430; Vorwahl: 02272

Touristeninformation, ✆ 65836

H Zur Rossmühle, Hauptpl. 12, ✆ 62411-0, IV-VI

H Römerhof, Langenlebarner Str. 66, ✆ 62954, IV

Gh Beim Salzturm, Donaulände 34, ✆ 62658, III

Gh Zum Schwarzen Adler, Rathauspl. 7, ✆ 626760, III

P Zum Springbrunnen, Hauptpl.14a, ✆ 63115, III

P Renate, Langenlebarner Str. 92, ✆ 65077, II

Pz Elisabeth, Nussalle 5, ✆ 64227, II

Pz Keindl, Wilhelmstr. 16, ✆ 63337, II

Pz Hirsch, Am Mittergwendt 33, ✆ 65496, II

Pz Erika, Schießstattgasse 25, ✆ 63692, II

Pz Kainz, Mauthausg. 4, ✆ 62237, II-III

Pz Sabo, A. Bruckner-Str. 9a, ✆ 82698, II

Pz Spieß, Siegmundg. 4, ✆ 64133, II

Pz Schwanzer, J.-Reither-Str. 14, ✆ 62950, III

H Schiff Stadt Wien, Donaulände, ✆ 68386-2, II-III

Alpenvereinsherberge, Donaulände, ✆ 62692, I

Marc Aurel-Park, ✆ 65165, 130 Betten

Donaupark Camping, Hafenstraße, ✆ 52000

Trübensee (L):

Pz Leisser, Trübensee 6, ✆ 64702, I-II

Staasdorf:

Gh Tullnerfelderhof, Tullnerfeldstr. 23, ✆ 66440, III

Nitzing:

Gh Zum Meilenstein, Teichstr. 5, ✆ 64104

Langenlebarn

PLZ: 3425; Vorwahl: 02272

Gh Zum Roten Wolf, Bahnstr. 58, ✆ 62567, III

Gh Buchinger, Wiener Str. 5, ✆ 62527, III
Gh Zum Grünen Baum, Wiener Str. 43, ✆ 62505, III
Pz Augustin, E.-Pollak-Str. 3, ✆ 81955, II
Pz Weidlinger, Tullnerstr. 48, ✆ 62568, II

Muckendorf

PLZ: 3424; Vorwahl: 02242
ⓘ Gemeindeamt Muckendorf-Wipfing, ✆ 312300
Gh „Wolf in der Au", Tullner Str. 1, ✆ 32130-0, III
Pz Svoboda, Leopold-Bonengl-G. 13, ✆ 70636 od. ✆ 0664/7987370, I-II

Greifenstein

PLZ: 3422; Vorwahl: 02242
ⓘ Gemeindeamt Greifenstein, Hauptstr. 43, ✆ 32231 od. Gemeindeamt St. Andrä-Wördern, ✆ 31300.
Gh Brauner Bär, Hauptstr. 10, ✆ 32349
P Villa Neuwirth, Hadersfelder Str. 11, ✆ 33589
Pz Sappert, Hadersfelder Str. 3, ✆ 32828, II

Höflein

PLZ: 3400; Vorwahl 02243
Gh Zum Goldenen Anker, Hauptstr. 134, ✆ 80134, II
Gh Zum Roten Hahn, Hauptstr. 117, ✆ 80180, III
Pz Pernitz, Silberseestr. 65, ✆ 80326, II, III

Stockerau

PLZ: 2000; Vorwahl: 02266
ⓘ Stadtgemeinde, ✆ 695
Hg City-Hotel, Hauptstr. 49, ✆ 62930, III-V
H Kolpinghaus, Adolf Kolpingstr. 1, ✆ 62600, III
Hg Garni, Hauptstr. 49, ✆ 62930, III
Hg Lenaustuben, Wolfikstr. 10, ✆ 62812, II, III
Gh Drei-Königshof, Hauptstr. 29, ✆ 62788-1
P Pummer, Adolf. Kolpingstr. 8, ✆ 62477, I-II
P Neumayr, Hanuschg. 4, ✆ 62708

Korneuburg

PLZ: 2100; Vorwahl: 02262
ⓘ Tourismusbüro, ✆ 770-700
H Zur Sonne, Laaer Str. 12, ✆ 72198, III
Gh Zur Kaiserkrone, Hauptpl. 5, ✆ 72331, III

Bisamberg:

H Ökotel, Kaiserallee, 31, ✆ 75002, II

Langenzersdorf

PLZ: 2103; Vorwahl: 02244
Gh Roderich, Wiener Str. 59, ✆ 2415, III

Kritzendorf

PLZ: 3420; Vorwahl 02243
Appartements Kritzendorf, Hauptstr. 90, ✆ 33884 od. 33885, III
P Zum Eisernen Mann, Hauptstr. 164, ✆ 34253,III
Pz Zuber, Schubertg. 22, ✆ 32914, III

Klosterneuburg

PLZ: 3400; Vorwahl 02243
ⓘ Tourismusverein, ✆ 32038
H Appartementhaus Andrea, Medekstr. 15, ✆ 25022, IV
H Schrannenhof, Niedermarkt 17-19, ✆ 32072-13, V
H Anker, Niedermarkt 5, ✆ 32134, IV
P Alte Mühle, Mühleng. 36, ✆ 37788, IV
P Strohmer, Kierlinger Str. 94b, ✆ 260900, III-IV
H Höhenstrasse, Kollersteig 6, ✆ 32191, IV

H Buschenreiter, Wiener Str. 188, ✆ 32385-0, IV
P Appartements Klosterneuburg bei Wien, Hauptstr. 90-92, ✆ 33884
Pz Bürgerhaus Salmeyer, Stadtpl. 17, ✆ 32146, III
Pz Kranister, Leopoldstr. 4, ✆ 32252, III-IV
Pz Appartement Kutschera, Josef-Brenner-Str. 15, ✆ 32644, III, IV
Pz Artmann, Kierlinger Str. 29, ✆ 32774, II
Pz Gaubitzer, Josef-Brenner-Str. 17, ✆ 34438, III
Pz Urbanek, Hölzlg. 4, ✆ 32373, III
Pz Fux, Doppelng. 55, ✆ 26942, II
Pz Zich, Wiener Str. 54, ✆ 36949, II

Pz Tiefenbacher/Gottlieb, Schubertg. 20, ✆ 36712, III
CVJF-Ferienheim, Maria Gugging (5,5 km westwärts), Hütersteig 8, ✆ 83501
Donaupark-Camping, beim Bahnhof Klosterneuburg-Kierling, ✆25877
ÖCC-Österreichischer Camping-Club, Freizeitzentrum in der Au, ✆ 85877

Weidling:

Pz Weidlinger Krauthahn, Hauptstr. 42, ✆ 35737, III
Pz Auer, Hauptstr. 7, ✆ 22111, III
Pz Deschka, Dehmg. 33, ✆ 35903, III

Pz Kaiservilla, Dehmg. 32, ✆ 35244, III
Pz Scheiner, Klosterneuburger G. 20, ✆ 35672, III

Wien

PLZ: 1xx0 (xx = Bezirk); Vorwahl: 01
Wien-Hotels & Info: ✆ 24555, ÖZ: tägl. 9-19 Uhr, Internet: www.wien.info.

1. Bezirk:

H De France, Schottenring 3, ✆ 313680, VI
H Vienna Marriott, Parkring 12a, ✆ 51518-0, VI
H Zur Wiener Staatsoper, Krugerstr. 11, ✆ 5131274, VI
H Römischer Kaiser, Annag. 16, ✆ 5127751-0, VI
H Kärtnerhof, Grashofg. 4, ✆ 5121923, V-VI

H Post, Fleischm. 24, ✆ 515830, V-VI
H Austria, Wolfeng. 3/ Fleischm. 20, ✆ 51523, VI
H Tigra, Tiefer Gr. 18, ✆ 5339641, V-VI
H König Ungarn, Schulerstr. 10, ✆ 515840, VI
P Schweizer Pension, Heinrichsg. 2, ✆ 5338156, V
P Dr. Geissler, Postg. 14, ✆ 5332803, III-V
P Residenz, Ebendorferstr. 10, ✆ 40647860, V
P Sacher Appartm., Rotenturmstr. 1, ✆ 5333238, V-VI
P Christina, Hafnerst. 7, ✆ 5332961, V-VI
P Aviano, Marco d'Àvianog. 1, ✆ 5128330, V-VI
P Riedl, Georg-Coch-Pl. 3/4/10, ✆ 5127919, V

2. Bezirk:

H Franzenshof, Gr. Stadtgutg. 19, ✆ 2166282, IV
H City-Central, Taborstr. 8a, ✆ 21105, VI
H Hol. Inn Crowne Plaza, Handelskai 269, ✆ 72777, VI
H Adlon, Hofenederg. 4, ✆ 2166788, V
H Lassalle, Engerthstr. 173-175, ✆ 213150, VI
H Capri, Praterstr. 44-46, ✆ 2148404, V-VI
H Stefanie, Taborstr. 12, ✆ 21150-0, VI
H Cristall, Franzensbrückenstr. 9, ✆ 2168142, V-VI
H Nordbahn, Praterstr. 72, ✆ 21130-0, V-VI
H Vienna, Gr. Stadtgutg. 31, ✆ 2143317, V-VI
H Praterstern, Mayerg. 6, ✆ 2140123, III
H Wilhelmshof, Kl. Stadtgutg. 4, ✆ 2145521, V-VI
P Vienna Appartm., Darwing. 8/18, ✆ 0699/19259421, V-VI

3. Bezirk:

H Im Palais Schwarzenberg, Schwarzenbergpl. 9, ✆ 7984515, VI
H Vienna Sporthotel, Baumgasse 83, ✆ 79882010, VI
H Biedermeier, Landstrasser Hauptstr. 28, ✆ 71671-0, VI
H Roter Hahn Tourotel, Landstrasser Hauptstr. 40, ✆ 7132568-0, V-VI
H Don Bosco, Hagenmüllerg. 33, ✆ 71184555, III
H Goldene Spinne, Linke Bahng. 1a, ✆ 7124486, V
H Urania, Obere Weissgerberstr. 7, ✆ 7131711, IV-VI
P Bosch, Keilg. 13 (Nähe Südbhf.), ✆ 7986179, IV-V
P Kirchbichler, Landstrasser Hauptstr. 33, ✆ 7121068, III-IV

4. Bezirk:

H Carlton Opera, Schikanederg. 4, ✆ 5875302, V-VI
H Beim Theresianum, Favoritenstr. 52, ✆ 5051606, V-VI

H Congress, Wiedner Gürtel 34, ✆ 5055506, V-VI
H Prinz Eugen, Wiedner Gürtel 14, ✆ 5051741, VI
H Hol. Inn Wien City, Margarethenstr. 53, ✆ 58850, VI
H Drei Kronen, Schleifmühlg. 25, ✆ 5873289, IV
H Margareten, Margaretenstr. 30, ✆ 588150, III-V
H Haus Technik, Schäffergasse 2, ✆ 5876560 od. ✆ 5127493

5. Bezirk:

H Art Hotel Vienna, Brandmayerg. 7-9, ✆ 54451080, V-VI
H Amarante, Matzleinsdorfer Platz 1, ✆ 5442743, VI
H Ananas, Rechte Wienzeile 93-95, ✆ 546200, VI

6. Bezirk:

H President, Wallg. 23, ✆ 59990, VI
H Schneider, Getreidemarkt 5, ✆ 588380, VI
H Füger Westend City Hostel, Fügerg. 3, ✆ 59767290, IV
Kolpinghaus-Wien Zentral, Gumpendorfer Str. 39, ✆ 5875631, IV-V
P Haydn, Mariahilferstr. 57-59, ✆ 58744140, V
P Corvinus, Mariahilferstr. 57-59, ✆ 5877239, IV-V
P Esterhazy, Nelkengasse 3, ✆ 5875159, II-III
P Spachta, Gfrornerg. 2, ✆ 5970305, IV

7. Bezirk:

H Fürstenhof, Neubaugürtel 4, ✆ 5233267, IV-VI
H Kugel, Siebensterng. 43, ✆ 5233355, IV
H Am Brillantengrund, Bandg. 4, ✆ 5233662, VI
H Admiral, Karl-Schweigerhoferg. 7, ✆ 521410, V-VI
H K&K Maria Theres., Kirchbergg. 6-8, ✆ 52123, VI
P Pharmador, Schottenfeldg. 39, ✆ 5235317,
P Alla Lenz, Halbg. 3-5, ✆ 52369890, IV-VI
P Atrium, Burgg. 118, ✆ 5233114, III-V
P Anna, Zieglerg. 18/1, ✆ 5230106, IV-V
P Carantania, Kandlg. 35, ✆ 5267340, V

P Minu 3, Neubaug. 11, ✆ 5264652, III-IV
Jugendherberge, 7, Myrtheng. / Neustiftg. 85, ✆ 5236316

8. Bezirk:
H Concordia, Schönborng. 6, ✆ 4011810, VI
H Graf Stadion, Buchfeldg. 5, ✆ 4055284, VI
H Rathaus, Langeg. 13, ✆ 4060123, IV-V
H Zipser, Langeg. 49, ✆ 404540, V-VI
P Andreas, Schlösselg. 11, ✆ 4053488, III-V
P Baronesse, Lange G. 61, ✆ 4051061, V-VI
P Columbia, Kochg. 9, ✆ 40567570, V-VI
P Felicitas, Josefsg. 7, ✆ 4057212, IV
P Baltic, Skodag. 15, ✆ 4056266, III-IV

9. Bezirk:
H Arkadenhof, Viriotg. 5, ✆ 3100837, VI
H Atlanta, Währingerstr. 33, ✆ 4051239, V-VI
H Albatros, Liechtensteinstr. 89, ✆ 3173508, VI
H Bellevue, Althanstr. 5, ✆ 313480, VI
H Harmonie, Harmonieg. 5-7, ✆ 3176604, VI
H Strudlhof, Pasteurg. 1, ✆ 3192522, VI
H Mozart, Nordbergstr. 4 (Nähe Donaukanal), ✆ 3171537, IV-VI
P Bleckmann, Währingerstr. 15, ✆ 4080899, V
P Appartm. 700m zum Ring, Van-Swieteng.8, ✆ 40936800, V
P Samwald, Hörlg. 4, ✆ 3177407, III
P Franz, Währingerstr. 12, ✆ 31040400, V
P Auer, Lazarettg. 3, ✆ 4062121 oder 4067103, III
P Astra, Alserstr. 32, ✆ 4024354, IV-V
P Appartement Wien Central, Sechsschimmelg. 4/17, ✆ 0664/1616331

10. Bezirk:
H Bosei, Gutheil-Schoderg. 9, ✆ 66106, VI
H Schweizerhof, Bauernmarkt 22, ✆ 5331931, VI
H/P Cyrus, Laxenburgerstr. 14, ✆ 6022578, IV
P Am Kurpark, Burgenlandg. 72, ✆ 6884508, IV-V
P Puzwidu, Himbergerstr. 69, ✆ 6882168, IV-V
P Wildenauer, Quellenstr. 120, ✆ 6042153, IV

11. Bezirk:
H Weber, Kaiser-Ebersdorfer-Str. 283-285, ✆ 7696973, V
P Czeczil, Zinnerg. 42, ✆ 0664/1075969, V

12. Bezirk:
H Altmannsdorf, Hoffingerg. 26-28, ✆ 801230 , VI
H Cryston, Gaudenzdorfer Gürtel 63, ✆ 8135682, V-VI
H Bergwirt, Maxingstr. 76, ✆ 8773413, V-VI
Gh Riede, Niederhofstr. 18, ✆ 8138576, IV
Jugendgästehaus Kolpingfamilie, 12, Bendlg. 10-12, ✆ 8135487

13. Bezirk:
H Cortina, Hietzinger Hauptstr. 134, ✆ 87774060, VI
H Auhof, Auhofstr. 205, ✆ 8775289, II
Gh Schneider-Gössl, Firmiang. 9-11, ✆ 8776109, V

14. Bezirk:
H Kavalier, Linzerstr. 165, ✆ 910020, VI
H Matauschek, Breitenseerstr. 14, ✆ 9823532, IV
P Rosengarten, Underreing. 33-35, ✆ 91452800, V
P Pillmeier, Sofienalpenstr. 9, ✆ 9792183, III-IV
P Anzengruber, Anzengruberstr. 59, ✆ 9792214, III-IV
P Voggeneder, Josef-Palme-Pl. 3, ✆ 9791207, VI

🏠 Jugendgästehaus Hütteldorf-Hacking, 14, Schlossbergg. 8, ✆ 8771501

🏠 Wien-West I, Hüttelbergstr. 40 (U4 bis Hütteldorf), ✆ 941449, 15. Juli bis 28. Aug.

🏠 Wien-West II, Hüttelbergstr. 80, ✆ 9142314

15. Bezirk:

H Zur Stadthalle, Hackeng. 20 (Westbhf.), ✆ 9824272, V-VI

H Reither, Graumanng. 16, ✆ 8936841, VI

H Lucia, Hütteldorferstr. 79, ✆ 78652720, V

H Westbahn, Pelzg. 1, ✆ 9821480, V-VI

H Altwienerhof, Herklotzg. 6, ✆ 8926000, V-VI

P Fünfhaus, Sperrg. 12, ✆ 8923545, III

P Mailberg, Holocherg. 17, ✆ 9835634, II

P Zur Stadthalle, Hackeng. 33, ✆ 9824272, IV-V

16. Bezirk:

H Gallitzinberg, Johann-Staudstr. 32, ✆ 4198770, V

H Hadrigan, Maroltingerg. 68, ✆ 4932062, IV-V

H Zur Schwalbe, Degeng. 45, ✆ 4861181, V-VI

H Thalia, Lindauerg. 2-6, ✆ 4054513, IV

P Moser, Maroltingerg. 73, ✆ 4939173, IV

🏠 Schlossherberge am Wilhelminenberg, 16, Savoyenstr. 2, ✆ 4858503-700

17. Bezirk:

H Maté, Ottakringerstr. 34-36, ✆ 40455, VI

H Maté-Dependance, Bergsteigg. 22, ✆ 40466, V-VI

H Jäger, Hernalser Hauptstr. 187, ✆ 48666200, VI

H Stalehner, Ranftlgasse 11, ✆ 4082505, III-IV

P Haus Neuwaldegg, Neuwaldeggerstr. 23, ✆ 4863396, III

P Appartm. Bernhofer, Haslingerg. 74, ✆ 4810441, III-V

18. Bezirk:

H Thüringer Hof, Jörgerstr. 4-8, ✆ 401790, VI

H Faist, Schulg. 9, ✆ 4062405, III-IV

19. Bezirk:

H Schild, Neustift a. Walde 97-99, ✆ 44040 440, V-VI

H Park Villa, Hasenauerstr. 12, ✆ 3675700, VI

H Glanzing, Glanzingg. 23, ✆ 47042720, VI

Gh Zur Agnes, Sieveringerstr. 221, ✆ 4401424, IV-V

🏠 Haus Döbling, 19, Gymnasiumstr. 85, ✆ 347631-16, Juli bis Sept. , I-II

20. Bezirk:

H Ibis Wien, Lassallerstr. 7a, ✆ 217700, V

H Vienna, Grosse Stadtgutg. 31, ✆ 2143317, V-VI

H Laselle, Engerthstr. 173-175, ✆ 21315, VI

Jugendgästehaus Brigittenau, 20, Friedrich Engels-Pl. 24, ✆ 3328294-0

P Appartement Huber, Bäuerleg. 5/12, ✆ 0664/1616331

21. Bezirk:

H Karolinenhof, Jedleseer Str. 75, ✆ 2787801, V-VI

H Berger, Brünnerstr. 126, ✆ 2921665, V-VI

Gh Strebersdorferhof, Rußbergstr. 46 (linkes Donauufer), Strebersdorf, ✆ 2925722, IV

P Dreikellerhof, Strebersdorfer Str. 172, Strebersdorf ✆ 2925407

22. Bezirk:

H Hillinger Donaucity, Erzherzog-Karlstr. 105, ✆ 20446460, V-VI

H Donauzentrum, Wagramerstr. 83-85, ✆ 2035545, VI

H Forum Wien, Wagramerstr. 21, ✆ 260200, VI

H Alte Donau, Wagramerstr. 51, ✆ 2044094, V

H Asperner Löwe, Aspernstr. 96, ✆ 2882088, IV

Gh Müllner, Esslinger Hauptstr. 82, ✆ 7747484, IV

Camping Neue Donau, Am Kleehäufel, ✆ 2024010

23. Bezirk:

H Stasta, Lehmanng. 11, ✆ 8659788, V

H Hoffinger, Schuppeng. 19-21, ✆ 661020, V

P Altmann, Breitenfurter Str. 515, ✆ 8898882, IV

P Erlaa, Erlaaer Str. 148, ✆ 6671204, V

Camping Wien Süd, Breitenfurterstr. 269, ✆ 8673649

Schwimmbad-Camping Rodaun, An der Au 2 (S-Bahn bis Liesing), ✆ 884154, 25. März bis 20. Nov.

Danke

Dank an alle, die uns bei der Erstellung dieses Buches tatkräftig unterstützt haben.
Besonderen Dank an die zahlreichen Leser, die uns mit Korrekturen und aktuellen Informationen versorgt haben: F. Rauch, Innsbruck; K. Engel, Ansbach; E. Schalke, Hamburg; E. Höffker, Steinfurt; M. Pollety, München; H. Kindgen, Mainz; H. u. I. Schwarz, Rielasingen; Dr. H. Weiser, Lehre; H. Kahnt; M. Bärmann, Rötenbach; P. Rose, Solingen; K. Bergstedt, Wolfenbüttel; G. Sieber; P. Kaiser, Nürtingen; U. Maier, Schönaich; S. Pfeuffer, Hof; W. Stadelmann, Dillingen; K. Sohn; G. u. K. Stoessel, Karben; M. Spachta, Wien; W. Breuer, Köln; J. Koch; A. Kannengieser, Aschaffenburg; L. Maat, NL-Alkmaar; P. Grauf, Leutenbach; G. Sander, Saarbrücken; M. Meyer, Holle-Luttrum, A. Siefert, Osdorf; M. Günther; K. Grupp; G. Knöß, Frankfurt/M.; A. Lörcher, Freudenstadt; W. Lorenz, Berlin; R. und H.-G. Schulte, Neunkirchen-Seelscheid; R. Bezner, Kirchheim; H. und W. Grünwald, Weßling; J. Krausgruber, Mödling; K.-H. Schulze, Frasdorf; M.-L. Hassos, Garching; G. u. M. Burger, Nürnberg; M. Overhof, Paderborn; U. Witte, Dortmund; H. u. W. Spang, Dorsten; Ch. Beckes, Kiel; K. Gehrke, Herrsching; H. Becker, Mönchengladbach; M. Schmidt, Fürstenau; R. Widmann, Wuppertal; J. Krausgruber, Mödling; L. Hirsch, Hamburg; D. Hahn, Babenhausen; K. u. H. Linck, Northeim; K-J. Radünz, Braunschweig; B. Ressnig, Wallisellen; H. Broer, Giengen; W. Karbach, Bad Vilbel; W. Lambers, Lingen; B. Rudler, Dr. W. Gordziel, Dresden; G. Heigermoser, Dorfen; J. Schöppl, Amberg; N. Kollenda, Berlin; H. Ostertun, Norderstedt; J. und K. Frisch; Astrid; F. W. Schulz, Berlin-Buckow; J. Plöger, Biedenkopf-Breidenstein; A. Hoffmeister, Göttingen; I. Wagner; I. Schönherr; R. Graßl, Weißenkirchen; U. Maier, Schönaich; A. Scharf, Geiselhöring; E. Blessing, Rudersberg; M. Goltz, Ratingen; M. Mayr, Geltendorf; U. Bähr, Unterhaching; Chr. u. W. Weiß; U. Kaufmann, Kehrsatz (CH); M. Zenz, Dresden; M. Nahme; D. Eymers, Hamburg; G. Arnold, Sindelfingen; H.-G. Knaup, Ense-Waltringen; Dr. H. Schauerhofer, Wien; G. Sander, Taufkirchen; St. Schröcker; K. Traiber; A. Krysel, Pforzheim; A. u. G. Schmidt, Zaatzen; S. Gassenmeyer, Bad Kreuznach; W. Gühl, Tacherting; B.-M. Quisinsky; E. Sartorius; Chr. Bosshard, Dietlikon; E. Grünling, Wallsee; D. Korn, Flörsheim/Main; R. Stricker; E. Schulze; P. Stecher (I); W. Gerteisen, Freiburg; G. Straubel, Niedersfeld; K. Köppen, Dornham; H. Hoeck, Bochum; M. u. B. Auchter, Feldkirchen; A. Kooy, Tiel (DK); M. Lattner, Dornbirn; K-H. Schulze, Frasdorf; W. Janssen; M. u. B. Fritzsche, Plauen; K. u. D. Hunsinger, Stuhr; H. Herzog; J. Kupey; M. Lemke u. P. Löhr, Berlin, G. u. S. Anhut, Melsdorf; H.-D. Steiner, Dülmen; U. Bauer, Waiblingen; R. Meyer, Georgsmarienhütte; B. Kölliker; D. Büssenschütt, Bad Nauheim; M. Buck; G. Sachwitz, Darmstadt, T. u. J. Manley; R. Stern, Berlin; E. Huber; G. Groncki, Weddingstedt; A. Barbalata; A. u. J. Galley, Berlin, H. u. J. Seider, Berlin.
Wir bitten alle, die wir vergessen haben, hier zu erwähnen, um Entschuldigung.

Ortsindex

Einträge in *grüner* Schrift beziehen sich aufs Übernachtungsverzeichnis.

bikeline
Rund ums IJsselmeer
Internationale Dollard-Route
Radatlas Ost-Friesland
Nordseeküsten-Radweg 1
Nordseeküsten-Radweg 2
Nordseeküsten-Radweg 3
Nordseeküsten-Radweg 4
Radfernweg Berlin – Kopenhagen
Radatlas Niederrhein
Weser-Radweg
Deutsche Fehnroute
100 Schlösser im Münsterland
Lüneburger Heide-Radweg
Limfjord-Route
Radatlas Mecklenburgische Seen
Ostseeküsten-Radweg 1
Rhein-Radweg 3
Radatlas Vulkaneifel
Leine-Radweg
Ems-Radweg
Elbe-Radweg 2
Elbe-Radweg 1
Berliner Mauer-Radweg
Ostseeküsten-Radweg 2
Rhein-Radweg 2
Mosel-Radweg
Ruhr-Radweg
Lahntal-Radweg
Fulda-Radweg
Muldental-Radweg
Radatlas Brandenburg 3
Oder-Neiße-Radweg
Rhein-Radweg 1
Saar-Radweg
Saarland-Radweg
Deutsche Burgenstraße 1
Main-Radweg
Main-Tauber-Fränkischer Rad-Achter
Radatlas Brandenburg 4
Spree-Radweg
Neckar-Radweg
Nahe-Radweg
Deutscher Limes-Radweg
Drei Täler-Radweg
Radatlas Donau-Allgäu
Liebliches Taubertal
Werratal-Radweg
Rennsteig-Radweg
Iller-Radweg
Kocher-Jagst-Radweg
Bodensee-Radweg
Donau-Bodensee-Radweg
Iller-Radweg
Radatlas München
Tour de Baroque
Fünf-Flüsse
Enz-Nagold-Radweg
Lenne-Route
Bodensee-Königssee-Radweg
Europa-Radweg R1
NiederRheinroute
Via Claudia Augusta
Deutscher Limes-Radweg 1
Schwäbischer-Alb-Radweg